Direito Processual Penal

Direito Processual Penal

2018 • 2ª Edição

Maria João Antunes
Professora da Faculdade de Direito da Universidade de Coimbra

DIREITO PROCESSUAL PENAL

AUTOR
Maria João Antunes
1ª Edição: Abril, 2016

EDITOR
EDIÇÕES ALMEDINA, S.A.
Rua Fernandes Tomás, nºs 76-80
3000-167 Coimbra
Tel.: 239 851 904 · Fax: 239 851 901
www.almedina.net · editora@almedina.net

DESIGN DE CAPA
FBA.

PRÉ-IMPRESSÃO
EDIÇÕES ALMEDINA, SA

IMPRESSÃO E ACABAMENTO
ARTIPOL - ARTES TIPOGRÁFICAS, LDA.
Fevereiro, 2018

DEPÓSITO LEGAL
437035/18

GRUPOALMEDINA

BIBLIOTECA NACIONAL DE PORTUGAL – CATALOGAÇÃO NA PUBLICAÇÃO

ANTUNES, Maria João, 1963-

Direito processual penal. – 2ª ed. – (Manuais universitários)

ISBN 978-972-40-7350-7

CDU 343

NOTA PRÉVIA – 2ª EDIÇÃO

Com a 2ª edição pretendemos que os destinatários do *Direito Processual Penal* – os alunos da unidade curricular Direito Processual Penal da Faculdade de Direito da Universidade de Coimbra – disponham de uma obra que lhes sirva de bibliografia de base. Procedemos a uma atualização do texto anterior, nomeadamente no que se refere à legislação em vigor e à jurisprudência fixada.

O texto parte do programa da unidade curricular, privilegiando a doutrina e a jurisprudência portuguesas, particularmente a do Tribunal Constitucional e a fixada pelo Supremo Tribunal de Justiça. É, por isso, uma obra "incompleta". E como nem sempre avançamos com a solução de questões que apenas ficam enunciadas ou insinuadas é também uma obra "em construção".

São utilizadas as seguintes abreviaturas: CRP – Constituição da República Portuguesa; CP – Código Penal; CPP – Código de Processo Penal; Ac. – Acórdão; TC – Tribunal Constitucional; e STJ – Supremo Tribunal de Justiça.

A jurisprudência referida está disponível em www.tribunalconstitucional.pt ou em www.dgsi.pt.

Alvoco das Várzeas, janeiro de 2018, sem o verde por companhia

Capítulo I
Introdução

1. A "ciência total do direito penal" e o direito processual penal

O direito processual penal faz parte integrante da denominada "ciência total do direito penal", onde se integra o direito penal em sentido amplo, a criminologia e a política criminal. É no direito penal em sentido amplo que, a par do direito penal (substantivo) e do direito da execução de penas e de medidas de segurança (direito penal executivo), se localiza o direito processual penal (direito adjetivo)[1].

Ao direito penal substantivo cabe dizer quando há crime e quais são as consequências jurídicas deste; ao direito penal processual penal cabe a regulamentação jurídica do modo como se investiga a prática de um crime e se determina o seu agente, em ordem à aplicação de uma sanção penal ou à resolução do conflito jurídico-penal de uma forma desviada da tramitação comum; ao direito penal executivo pertence a regulamentação jurídica da execução da pena e da medida de segurança decretada na sentença condenatória proferida em processo penal.

1.1. O direito processual penal, o direito penal e o direito penal executivo

a) O direito processual penal não é direito meramente *instrumental* relativamente ao direito penal. Entre um e outro intercede "uma *relação*

[1] A expressão inspira-se em V. Liszt. Sobre ela, Figueiredo Dias, "Os novos rumos da política criminal e o direito penal português do futuro", p. 7 e ss.

mútua de complementaridade funcional que, só ela, permite também concebê-los como participantes de uma mesma unidade[2]. Isto é particularmente visível no tratamento que é dado quer a questões de natureza substantiva quer de natureza adjetiva.

A questão da inimputabilidade do agente em razão de anomalia psíquica é posta e decidida no próprio processo do facto, como qualquer outra questão atinente à culpa, havendo um tratamento unitário dos casos que levam à aplicação de uma pena e dos que levam, eventualmente, à imposição de uma medida de segurança (artigos 1º, alínea *a)*, e 368º do CPP), uma vez que a declaração de inimputabilidade do agente supõe o estabelecimento de um nexo entre o facto concreto praticado e a anomalia psíquica (artigo 20º do CP) e é pressuposto de aplicação da medida de segurança de internamento a prática de um facto ilícito típico (artigo 91º do CP).

Na mesma linha, o princípio da socialização do agente e a exigência de que a sentença refira, expressamente, os fundamentos da medida da pena (artigos 40º, nº 1, e 71º, nº 3, do CP) ditaram que fosse conferida à determinação da pena ou da medida de segurança um relevo específico na tramitação do processo penal, de que são exemplos vários artigos do CPP: o artigo 160º, ao prever a perícia sobre a personalidade para o efeito de avaliação da personalidade e da perigosidade do agente, nomeadamente para a decisão sobre a determinação da sanção; o artigo 283º, nº 3, alínea *b)*, parte final, ao exigir que a acusação contenha quaisquer circunstâncias relevantes para a determinação da sanção que deva ser aplicada; os artigos 368º e 369º, ao distinguirem a questão da culpabilidade da questão da determinação da sanção; o artigo 370º, ao permitir que o tribunal possa solicitar a elaboração de relatório social, em qualquer altura do julgamento, se o considerar necessário à correta determinação da sanção; o artigo 371º, ao possibilitar a reabertura da audiência para a determinação da sanção; e o artigo 375º, nº 1, por conter exigências específicas de fundamentação relativamente à sentença condenatória.

b) A influência do direito processual penal no direito penal é também evidente. Mostra-se, por exemplo, na doutrina da culpa, por via da verificação das dificuldades de natureza processual em provar um "poder agir

[2] Cf. Figueiredo Dias, *Direito Processual Penal*, 1988-89, § 5.

de outra maneira"[3]. E também no princípio da subsidiariedade da intervenção penal, por força da exigência processual de não sobrecarregar os tribunais penais com todo o tipo de questões, sendo criadas soluções desviadas/divertidas do processamento normal, de que são exemplo os artigos 280º e 281º do CPP e a solução de mediação penal permitida pela Lei nº 21/2007, de 12 de junho.

A *relação mútua de complementaridade funcional* que intercede entre o direito penal e o direito processual penal é hoje particularmente significativa em certos domínios da criminalidade.

A expansão do direito penal ao nível do denominado "direito penal secundário", criminalizando condutas atinentes, por exemplo, a substâncias estupefacientes e psicotrópicas, tem levado a um tratamento processual penal diferenciado com concretização quer em normas especiais no próprio CPP (cf. alínea *m)* do artigo 1º) quer em legislação extravagante. São desta exemplos a Lei nº 101/2001, de 21 de agosto – *Lei das ações encobertas* – e a Lei nº 5/2002, de 11 de janeiro – *Lei da criminalidade organizada e económico-financeira* – que estabelece, entre o mais, um regime especial de recolha de prova e de quebra do segredo profissional.

Por seu turno, dificuldades de natureza processual penal terão contribuído para uma antecipação da tutela penal e para o surgimento de novas incriminações. Por exemplo: em matéria de crimes contra a liberdade e a autodeterminação sexual, através da tipificação do comportamento de quem, intencionalmente, apenas *detiver* fotografia, filme ou gravações pornográficos em que seja utilizado *menor* e de quem apenas *aliciar* menores para fins sexuais (artigos 176º, nº 5, e 176º-A, do CP) e do alargamento dos casos de punição da mera tentativa (artigos 171º, nº 5, 172º, nº 4, e 173º, nº 3, do CP); em matéria de corrupção, por via das alterações introduzidas no CP pelas Leis nºs 118/2001, de 28 de novembro, e 32/2010, de 2 de setembro, tipificando esta última, de forma autónoma, o crime de *recebimento indevido de vantagem* (artigo 372º do CP).

As dificuldades processuais postas pela exigência típica de prática de um qualquer ato ou de omissão contrários aos deveres do cargo nos crimes de corrupção passiva e ativa terão estado na origem de tais alterações (artigos

[3] Este é um dos exemplos de FIGUEIREDO DIAS, *Direito Processual Penal*, 1988-89, §§ 12 e 13, no domínio da doutrina geral do crime.

373º e 374º do CP)[4]. As dificuldades em sede de investigação da prática de determinados crimes estão também por detrás de propostas de criminalização do enriquecimento ilícito/injustificado. Estas ainda não passaram, porém, a letra de lei, em virtude das pronúncias de inconstitucionalidade em sede de fiscalização preventiva da constitucionalidade (Acs. nºs 179/2012 e 377/2015).

c) A *relação mútua de complementaridade funcional*, já assinalada, mostra-se de forma particular em institutos como a prescrição do procedimento criminal (artigos 118º a 120º do CP), a queixa (artigos 113º a 116º do CP e 49º e 51º do CPP) e a acusação particular (artigos 117º do CP e 50º e 51º do CPP), relativamente aos quais a sua pertinência a um ou a outro ramo do direito é questionável. A estes institutos é atribuída quer natureza jurídico-substantiva, quer natureza jurídico-processual quer, ainda, natureza dupla. E tal atribuição é relevante, designadamente, em matéria de aplicação da lei no tempo (artigos 2º do CP e 5º do CPP) e de integração de lacunas (artigos 1º do CP e 4º do CPP).

d) O direito processual penal não se confunde com o direito da execução das penas e das medidas de segurança impostas em processo penal.

Neste direito são identificáveis normas de natureza adjetiva – normas respeitantes ao efeito executivo da sentença e ao processamento geral da execução, contidas quer no CPP (artigos 467º e ss.) quer no Código da Execução das Penas e das Medidas Privativas da Liberdade; e normas de natureza substantiva – normas atinentes à determinação prática do conteúdo da sentença condenatória, ou seja, à realização concreta da sanção imposta nesta decisão, contidas quer no CP (por exemplo, artigos 42º, 43º, 44º, 48º, 49º, 55º, 56º, 58º, nºs 2, 3 e 4, 60º, nº 4, 87º, 89º e 90º) quer naquele Código da Execução.

A autonomia do direito da execução das penas e das medidas de segurança põe a questão pertinente de saber se as normas constantes do artigo 32º da CRP valem também para a fase da execução. O que tem que ver diretamente com a questão de saber se as normas de natureza adjetiva que

[4] Assim, Cláudia Santos, "Os crimes de corrupção de funcionários e a Lei nº 32/2010, de 2 de setembro ('É preciso mudar alguma coisa para que tudo continue na mesma?')", p. 10 e ss.

integram aquele direito mantêm ou não natureza intrinsecamente processual penal[5].

Na jurisprudência constitucional tem-se colocado, concretamente, a questão de saber se a garantia de defesa que é o direito ao recurso se estende ao momento em que está a ser executada a pena de prisão. O TC tem decidido no sentido de já não ser aplicável o disposto no artigo 32º, nº 1, da CRP, sem prejuízo de se dever equacionar a questão da recorribilidade a partir do artigo 20º da CRP (Ac. nºs 150/2013 e 752/2014). No sentido de este entendimento já não valer, porém, para os casos em que está em causa a execução da prisão preventiva vai o Ac. nº 848/2013, entendendo-se que nesta hipótese ainda estamos no âmbito do processo penal.

1.2. O direito processual penal, a criminologia e a política criminal

É hoje manifesto que o direito processual penal é diretamente tributário dos ensinamentos da criminologia e de mandamentos político-criminais.

a) Ao denunciar o processo de *seleção da delinquência* e, em geral, a discrepância entre os crimes cometidos e os denunciados, entre estes e os crimes que são processados e entre estes e os crimes aos quais vem a corresponder uma decisão final (algo que o "efeito de funil" tão bem exprime), a criminologia reflete sobre instâncias formais de controlo que participam no decurso do processo penal – o tribunal, o ministério público e as polícias – denunciando que o criminoso é muitas vezes não propriamente aquele que comete crimes, mas antes *aquele a quem o estigma é aplicado com sucesso*, na expressiva observação de Becker. Sem prejuízo de também a criminologia apontar vantagens na não descoberta e no não sancionamento de todas os crimes. A perseguição total de todo e qualquer crime poderia mesmo questionar o valor da norma que o tipifica, o que aponta para margens positivas de oportunidade quanto à promoção processual.

O processo penal colhe, ainda, ensinamentos nos estudos criminológicos centrados no efeito *estigmatizador* ou *vitimizador* de determinados

[5] No sentido de que só razões meramente técnicas justificam que seja extraído ao direito processual penal a matéria processual penal atinente ao efeito executivo da sentença, Figueiredo Dias, *Direito Processual Penal*, 2004, p. 37 e s., e Anabela Rodrigues, "A fase de execução das penas e medidas de segurança no direito português", p. 5.

momentos ou de certas práticas no decurso do processo.Por exemplo, no que toca à tipologia da sala que poderá fazer da audiência de julgamento uma *cerimónia degradante*, na formulação de Garfinkel; ou no que se refere à prestação múltipla de declarações por parte de vítimas de determinados crimes, nomeadamente crimes contra a liberdade e a autodeterminação sexual. Quanto a estes, destaque-se, por exemplo, o instituto das declarações para memória futura (artigos 271º e 294º do CPP)[6].

São também de grande relevo para o processo penal os estudos criminológicos que traçam a distinção entre a pequena criminalidade e a criminalidade grave. Louvando-se nesta distinção e assumindo que se trata aqui de «duas realidades claramente distintas quanto à sua explicação criminológica, ao grau de danosidade social e ao alarme coletivo que provocam», o CPP procedeu àquela distinção nos artigos 280º, 281º e 344º e na delimitação dos processos especiais (processo sumário e processo sumaríssimo)[7].

b) Por seu turno, um programa político-criminal fundado no mandamento da necessidade de tutela de bens jurídicos e da reintegração do agente na sociedade projeta-se necessariamente no processo penal. Reclama, nomeadamente, que o processo penal se desenrole de forma célere, que seja dado relevo adequado à determinação da sanção, que a resolução do conflito jurídico-penal tenha lugar também por via de mecanismos de diversão e que o arguido e a vítima participem na administração da justiça penal, criando para o efeito espaço para soluções processuais de consenso. Tomando de empréstimo palavras de Fernanda Palma, faz sentido defender que "o Processo Penal, não podendo corrigir totalmente as deficiências da seleção ou de uma definição de crime arbitrária, deve ser, pelo menos, através de um conceção material de crime constitucionalmente apoiada, uma instância racionalizadora de distinção de casos segundo critérios razoáveis de justiça e uma antecipação dos fins reparadores das penas"[8]. É o que sucede, seguramente, com os institutos previstos nos artigos 280º e 281º do CPP.

[6] Sobre os aspetos destacados, Costa Andrade, "O Novo Código Penal e a Moderna Criminologia", p. 192 e ss. Desenvolvidamente, Figueiredo Dias/Costa Andrade, *Criminologia. O homem delinquente e a sociedade criminógena*, p. 365 e ss.
[7] Cf. *Exposição de motivos* do Decreto-Lei nº 78/87, de 17 de fevereiro, diploma que aprovou o CPP vigente, parte II., ponto 6.
[8] Cf. "O Problema Penal do Processo Penal", p. 51.

O programa político-criminal do presente aponta para distinções ao nível do processo no âmbito da criminalidade mais grave, o que tem expressão, desde logo, no nº 3 do artigo 34º do CRP, onde se distingue a *criminalidade especialmente violenta* e a *altamente organizada*. Mas também nas alíneas *i), j), l)* e *m)* do artigo 1º do CPP. Sem prejuízo de já em 1987 tal distinção ter sido considerada no nº 2 do artigo 1º do CPP, autonomizando-se os casos de terrorismo, criminalidade violenta ou altamente organizada (condutas que integrassem os crimes então previstos nos artigos 287º, 288º ou 289º do CP ou que dolosamente se dirigissem contra a vida, a integridade física ou a liberdade das pessoas e fossem puníveis com pena de prisão de máximo igual ou superior a cinco anos).

Perante certas formas de criminalidade, de que a criminalidade organizada e o terrorismo são exemplos, pede-se hoje ao Estado que satisfaça "'paradoxalmente' duas ambições: que limite os poderes do Estado, em nome da proteção dos direitos dos cidadãos; e que amplie os poderes do Estado, também em nome dos direitos dos cidadãos"[9]. O processo penal das "duas velocidades", o que distingue a criminalidade grave da pequena e média, é confrontado com a necessidade de uma "terceira velocidade" que introduza diferenças no âmbito da criminalidade grave. Ponto é que não se verifique um indesejável efeito de contaminação. Ponto é que estas diferenças não alastrarem depois à criminalidade grave restante[10].

O perigo a que aludimos está de certa forma patente nas alíneas *j), l)* e *m)*, do nº 1 do artigo 1º do CPP, já referidas. Entre outras razões, por delas parecer decorrer que *todos* os factos subsumíveis numa das incriminações do catálogo integram necessariamente a respetiva categoria[11]. Trata-se de interpretação que o aplicador deverá arredar, sendo-lhe exigível que leve a cabo um juízo ulterior quanto à *natureza* violenta, especialmente violenta ou altamente organizada da criminalidade concretamente envolvida no processo[12].

[9] Cf. Anabela Rodrigues, "A defesa do arguido: uma garantia constitucional em perigo no 'admirável mundo novo'", p. 550.

[10] Sobre isto, Maria João Antunes, "Direito Penal Clássico vs. Direito Penal do Inimigo: Implicações na Investigação Criminal", p. 121 e ss.

[11] Assim, avaliando criticamente estas normas, Costa Andrade, *"Bruscamente no Verão Passado", a reforma do Código de Processo Penal. Observações críticas sobre uma Lei que podia e devia ter sido diferente*, p. 50 e ss. Em sentido crítico, também Faria Costa, "Os códigos e a mesmidade: o Código de Processo Penal de 1987", p. 449 e s.

[12] Neste sentido, relativamente à alínea *m)* do artigo 1º do CPP e ao artigo 1º da Lei nº 5/2002, de 11 de janeiro, Silva Dias, "Criminalidade organizada e combate ao lucro ilícito", p. 28 e

2. As finalidades do processo penal

Ao processo penal são apontadas três finalidades essenciais: a realização da justiça e a descoberta da verdade material, finalidades que são autónomas entre si[13]; a proteção perante o Estado dos direitos fundamentais das pessoas (do arguido, mas também de outras pessoas); e o restabelecimento da paz jurídica (comunitária e do arguido) posta em causa com a prática do crime. Estas finalidades não são, porém, integralmente harmonizáveis, sendo antes de concluir, em geral, pelo seu "carácter irremediavelmente antinómico e antitético"[14].

A finalidade de realização da justiça e de descoberta da verdade material pode conflituar com a finalidade de proteção perante o Estado dos direitos fundamentais das pessoas. Por exemplo, em razão da previsão de determinados métodos de obtenção da prova, como as buscas domiciliárias ou as escutas telefónicas, as quais podem envolver até terceiros e não apenas o arguido, e à admissibilidade de medidas de coação, como, por exemplo a prisão preventiva (artigos 177º e 202º do CPP, respetivamente)[15]. Por outro lado, poderá conflituar com a finalidade de restabelecimento da paz jurídica. Por exemplo, quando se preveja, depois do trânsito em julgado da decisão, a revisão da sentença ou se admita a reabertura da fase de inquérito (artigos 279º e 449º do CPP, respetivamente).

A proteção perante o Estado dos direitos fundamentais das pessoas pode conflituar com a finalidade de realização da justiça e de descoberta da verdade material. Por exemplo, quando se proíbam certos métodos de prova e a valoração das provas assim obtidas ou quando se proíba a valoração do silêncio do arguido quanto aos factos que lhe sejam imputados (artigos 126º e 61º, nº 1, alínea *d)*, 343º, nº 1, e 345º, nº 1, do CPP, respetivamente). Poderá conflituar também com o restabelecimento da paz jurídica. Por exemplo, quando se admita, já depois do trânsito em julgado

ss. Neste sentido vai, de resto, o nº 2 do artigo 1º desta Lei, por decorrer desta norma que, relativamente a alguns crimes, a lei só se aplica se o crime for praticado de forma organizada.

[13] Cf. *infra* Capítulo VI, ponto 6. As medidas de garantia patrimonial prosseguem a finalidade de realização da justiça e não propriamente a de descoberta da verdade material.

[14] Cf. Figueiredo Dias, "O Novo Código de Processo Penal", p. 13. E, ainda, *Direito Processual Penal*, 1988-89, § 29 e ss.

[15] Salienta este aspeto, Winfried Hassemer, "Processo penal e direitos fundamentais", p. 21 e s.

da decisão, a revisão de sentença condenatória de pessoa já entretanto falecida (artigos 449º, nº 4, do CPP e 127º e 128º do CP).

A finalidade de restabelecimento da paz jurídica – finalidade constitucionalmente tutelada, uma vez que uma das garantias do arguido em processo criminal é o seu julgamento no mais curto prazo compatível com as garantias de defesa (artigo 32º, nº 2, segunda parte, da CRP) –, pode conflituar com a finalidade de realização da justiça e de descoberta da verdade material. Por exemplo, quando à decisão final (condenatória ou absolutória) se ligue o efeito de caso julgado e, consequentemente, o efeito de irrecorribilidade da decisão. Poderá conflituar também com a proteção perante o Estado dos direitos fundamentais das pessoas. Por exemplo, quando se sujeite o arguido a prisão preventiva, restringindo o seu direito à liberdade, por haver perigo, em razão da natureza e das circunstâncias do crime ou da personalidade do arguido, de que este perturbe gravemente a ordem e a tranquilidade públicas (artigo 204º, alínea *c)*, do CPP).

Segundo o ensinamento de Figueiredo Dias, a via de superação da impossibilidade de harmonização integral destas finalidades passa por "operar a *concordância prática* das finalidades em conflito; de modo a que de cada uma se salve, em cada situação o máximo conteúdo possível, otimizando os ganhos e minimizando as perdas axiológicas e funcionais", com o limite da intocável dignidade da pessoa humana[16]. A *mútua compressão das finalidades em conflito por forma a atribuir a cada uma a máxima eficácia possível* é notória, por exemplo, no regime da sujeição do arguido a medidas de coação e a medidas cautelares e de polícia (artigos 191º e ss. e 249º e ss. do CPP), bem como no regime dos meios de obtenção da prova (artigos 171º e ss. do CPP), onde é evidente o conflito entre a finalidade de realização da justiça e de descoberta da verdade material e a de proteção dos direitos fundamentais das pessoas. Com o limite de se eleger esta finalidade em detrimento da outra quando está em causa a intocável dignidade da pessoa humana, proibindo determinados métodos de prova e fazendo corresponder às provas assim obtidas a sanção da nulidade e a proibição da sua utilização (artigo 126º do CPP).

[16] Cf. "O Novo Código de Processo Penal", p. 13, e já antes "Para uma reforma global do processo penal português. Da sua necessidade e de algumas orientações fundamenais", p. 206 e ss. Cf., ainda, a *Exposição de motivos* do Decreto-Lei nº 78/87, parte II., ponto 5.

Na jurisprudência constitucional o Ac. nº 607/2003 é muito significativo da operação de concordância prática das finalidades de realização da justiça e de descoberta da verdade material e de proteção de direitos fundamentais do arguido. O julgamento incidiu sobre norma relativa à valoração como meio de prova de "diário" apreendido em busca domiciliária validamente autorizada.

No Ac. 81/2007 foi julgada norma relativa à manutenção nos autos de fotografia de terceiro, utilizada sem o seu consentimento durante a fase inquérito, para identificação pelas vítimas de suspeitos que são arguidos em processo penal ainda sem decisão transitada em julgado. Esta decisão, além de ser relevante por estar em causa um direito fundamental de *terceiro*, mostra que o processo penal também é palco de conflitos entre direitos fundamentais. No caso, entre o *direito à imagem de terceiro* e o *direito de defesa dos arguidos*.

Relativamente à intrusão nos direitos fundamentais de *terceiro* no âmbito do processo penal é hoje pertinente equacionar se pode ser ordenada a colheita coativa de material biológico para determinação do perfil genético de alguém distinto do arguido, nomeadamente da *vítima* do crime, por tal se revelar muito importante, por exemplo, na investigação de um crime contra a liberdade sexual[17].

3. A conformação jurídico-constitucional do processo penal português

A propósito das relações entre o processo penal e a Constituição é comum acentuar-se que o *direito processual penal é o sismógrafo da Constituição de um Estado*[18], dependendo *a estrutura e a caracterização do processo penal das orientações políticas típicas historicamente afirmadas. É verdadeiro direito constitucional aplicado*, em uma dupla dimensão: os fundamentos do direito processual penal são, simultaneamente, os alicerces constitucionais do Estado; a concreta regulamentação de singulares problemas processuais deve ser conformada jurídico-constitucionalmente[19]. É até criticado o modo como o processo penal é marcado por normas, valorações, argumentações e conceptualizações de natureza jurídico-consti-

[17] Sobre isto, por referência ao direito espanhol, ARANTZA LIBANO BERISTAIN, "La práctica del análisis de perfiles de ADN a personas distintas al imputado en el proceso penal" p. 207 e ss.

[18] ROXIN/SCHÜNEMANN, *Strafverfahrensrecht*, p. 9.

[19] Cf. FIGUEIREDO DIAS, *Direito Processual Penal*, 1988-89, § 3.

tucional que podem descaracterizar o direito processual penal ao ponto de fazer dele uma mera "colónia do direito constitucional"[20].

a) O texto constitucional versa sobre a detenção, em flagrante delito e fora dele (artigo 27º, nº 3, alíneas *a), b), c), f)* e *g)*); o dever de informação das razões da privação da liberdade (artigo 27º, nº 4); o dever de indemnizar o lesado por privações da liberdade contra o disposto na Constituição e na lei (artigo 27º, n. 5); a apresentação do detido ao juiz no prazo máximo de 48 horas (artigo 28º, nº 1); a natureza excecional da prisão preventiva, que deverá estar sujeita aos prazos estabelecidos na lei (artigo 28º, nºs 2 e 4); o dever de comunicação da decisão judicial que ordene ou mantenha uma medida de privação da liberdade (artigo 28º, nº 3); o direito de não ser julgado mais do que uma vez pela prática do mesmo crime (artigo 29º, nº 5); o direito à revisão da sentença e à indemnização pelos danos sofridos em caso de condenação injusta (artigo 29º, nº 6); a providência de *habeas corpus* contra o abuso de poder, por virtude de prisão ou detenção ilegal (artigo 31º); o direito ao recurso enquanto garantia de defesa (artigo 32º, nº 1); o direito de escolher defensor e ser por ele assistido em todos os atos do processo, sem prejuízo de a lei dever prever casos e fases em que a assistência é obrigatória (artigo 32º, nº 3); a competência reservada do juiz para a instrução e para a prática dos atos instrutórios que se prendam diretamente com os direitos fundamentais (artigo 32º, nº 4); a submissão da audiência de julgamento e dos atos instrutórios que a lei determinar ao princípio do contraditório (artigo 32º, nº 5); o direito de intervenção no processo por parte do ofendido (artigo 32º, nº 7); a cominação da nulidade das provas obtidas mediante tortura, coação, ofensa da integridade física ou moral da pessoa, abusiva intromissão na vida privada, no domicílio, na correspondência ou nas telecomunicações (artigo 32º, nº 8); o princípio do juiz natural (artigo 32º, nº 9); as situações em que é permitida a entrada no domicílio dos cidadãos contra a sua vontade (artigo 34º, nºs 2 e 3); a admissibilidade de ingerências na correspondência, nas telecomunicações e nos demais meios de comunicação (artigo 34º, nº 4); os desvios à regra da aplicação

[20] Assim, PETER RIESS, "Derecho constitucional y proceso penal", p. 126 e ss. No sentido de que a expressão "direito constitucional aplicado" apaga as diferentes autonomias dos dois ramos do direito e insinua uma pã-constitucionalização de efeitos intoleráveis, FARIA COSTA, "Um Olhar Cruzado entre a Constituição e o Processo Penal", p. 187.

igual da lei processual penal (artigos 130º, 163º, alínea *c)*, 157º, nºs 2 e 3, e 196º, nº 1); e, ainda, sobre a intervenção do júri no julgamento dos crimes graves (artigo 207º, nº 1).

A CRP contém também determinações genéricas de acordo com as quais o processo criminal assegura todas as garantias de defesa (artigo 32º, nº 1); todo o arguido se presume inocente até ao trânsito em julgado da sentença de condenação, devendo ser julgado no mais curto prazo compatível com as garantias de defesa (artigo 32º, nº 2); o processo criminal tem estrutura acusatória, com repartição das funções processuais de investigar, acusar e julgar entre a magistratura judicial e a do ministério público (artigos 32º, nº 5, e 219º, nºs 1 e 2). Além de outras normas gerais com relevo processual penal direto: acesso ao direito e aos tribunais (artigo 20º, nºs 1 e 2); proteção adequada do segredo de justiça (artigo 20º, nº 3); direito a um processo equitativo (artigo 20º, nº 4); princípio da legalidade criminal (artigo 29º, nº 1); publicidade das audiências dos tribunais (artigo 206º); estatuto e funções do juiz (artigos 202º, nºs 1 e 2, 203º, 215º, 216º), do ministério público (artigo 219º) e da polícia (artigo 272º, nºs 1 e 2).

O direito processual penal é *direito constitucional aplicado* ainda sob um outro ponto de vista: a conformação do processo penal traduz-se, muitas vezes, numa restrição de direitos fundamentais do arguido e de terceiros que envolve todo o regime constitucional de restrição dos direitos, liberdades e garantias (artigos 17º e 18º da CRP).

A *constituição processual penal* tem dado origem a vasta jurisprudência constitucional quer em sede de fiscalização abstrata, preventiva e sucessiva, quer no âmbito da fiscalização concreta das normas processuais penais aplicadas pelos tribunais nas decisões recorridas. Sendo pedida, muitas vezes, a apreciação de determinada disposição legal processual penal (ou de várias conjugadamente), na *interpretação normativa* feita, no caso, pelo tribunal recorrido. Mesmo sem declaração prévia de inconstitucionalidade, com força obrigatória geral, de determinada norma, várias alterações legislativas têm sido motivadas pela jurisprudência constitucional[21].

[21] Cf. FERNANDA PALMA, "Linhas estruturais da reforma penal – Problemas de aplicação da lei processual penal no tempo", p. 14 e s., e MARIA JOÃO ANTUNES, "Direito processual penal – 'direito constitucional aplicado'", p. 746 e ss., e "Direito Penal, Direito Processual Penal e

b) Dispondo o artigo 12º, nº 2, da CRP que as pessoas coletivas gozam dos direitos e estão sujeitas aos deveres compatíveis com a sua natureza, é cada vez mais pertinente, dada a extensão crescente da responsabilidade criminal às pessoas coletivas e entidades equiparadas (artigo 11º do CP), a questão de saber quais os direitos constitucionalmente consagrados, com relevo em matéria de processo penal, cujo gozo é compatível com a sua natureza[22]. Com a complexidade acrescida de a resposta dever atender também à natureza pública ou privada da pessoa coletiva.

Relativamente a direitos constitucionalmente consagrados com relevo em matéria de processo penal, cujo gozo é compatível com a natureza das pessoas coletivas, há já alguma jurisprudência constitucional. O TC tem entendido que o direito de acesso ao direito e aos tribunais (artigo 20º) é compatível com a natureza das pessoas coletivas privadas (Acs. nºs 539/97, 174/2000 e 216/2010), sem que dele decorra, porém, o direito à proteção jurídica por parte de pessoas jurídicas com fins lucrativos (Ac. nº 216/2010); bem como é compatível o direito ao sigilo da correspondência, consagrado no artigo 34º, nº 1, da CRP, sem prejuízo de o "conteúdo" do direito poder ser diferente consoante o titular seja pessoa singular ou coletiva (Acs. nºs 198/85 e 569/98). Em matéria de buscas domiciliárias, o TC entendeu que já extravasa o âmbito normativo de proteção do artigo 34º, nº 2, da CRP a sede e o domicílio profissional de pessoas coletivas, não estando por isso na competência reservada do juiz ordenar a busca que aí se realize (Acs. nºs 593/2008 e 596/2008).

Deve notar-se que a Diretiva (EU) 2016/343 do Parlamento Europeu e do Conselho, de 9 de março de 2016, relativa ao reforço de certos aspetos da presunção de inocência, aplica-se, exclusivamente, às pessoas singulares (artigo 2º). Lê-se mesmo no considerando (13) que "a presente diretiva reconhece que as necessidades e os níveis de proteção de alguns aspetos da presunção de inocência são diferentes consoante se trate de pessoas singulares ou coletivas", tal como já o reconheceu o Tribunal de Justiça.

Direito da Execução das Sanções Privativas de Liberdade e jurisprudência constitucional", p. 103 e ss.

[22] No sentido de ser razoável atribuir à pessoa coletiva o direito à não autoincriminação, Silva Dias/Vânia Costa Ramos, *O direito à não auto-incriminação* (nemo tenetur se ipsum accusare) *no processo penal e contra-ordenacional português*, p. 42.

4. A estrutura do processo penal português

Ao longo dos tempos são identificáveis duas estruturas do processo penal que se contrapõem, até por a elas corresponderem diferentes conceções do poder estadual (estrutura inquisitória, de pendor autoritário, e estrutura acusatória, de pendor liberal), sem prejuízo de serem identificáveis traços de estruturas de natureza mista (inquisitória mitigada ou moderna)[23].

Na estrutura processual penal inquisitória domina o interesse estadual e consequentemente a finalidade de realização da justiça e de descoberta da verdade material. As funções de investigação, de acusação e de julgamento cabem a uma mesma entidade – ao juiz –, em uma estrutura processual em que o arguido tem o estatuto de objeto do processo com desconsideração dos seus direitos, já que se pretende a consecução daquela finalidade a todo o custo.

Na estrutura processual penal acusatória, o processo penal é visto como uma disputa entre o Estado e o indivíduo indiciado. A verdade que se obtém é uma verdade meramente formal, emergente de regras de repartição do ónus da prova, com respeito dos princípios da igualdade de armas e do dispositivo. Há uma cisão entre a entidade que investiga e acusa e a que julga, tendo o arguido o estatuto de sujeito processual, por se tratar de estrutura processual que tem como finalidade a proteção dos direitos das pessoas.

4.1. O Código de Processo Penal de 1929

O Código de Processo Penal que antecedeu o vigente é um diploma com marcas do período político onde se inseriu e se foi inserindo, revelando a forma como se foram estabelecendo as relações entre o Estado e o indivíduo na perseguição do crime e dos criminosos.

Ao CPP de 1929 correspondeu uma estrutura de forma acusatória que era, em bom rigor, materialmente inquisitória, uma vez que o juiz que julgava também instruía, cabendo ao ministério público deduzir a acusação. Ventos políticos de mudança levaram a que o Decreto nº 35 007, de 13 de outubro de 1945, entregasse a instrução preparatória ao ministério público, subtraindo-a da competência do juiz de julgamento. Tra-

[23] Sobre isto, desenvolvidamente, FIGUEIREDO DIAS, *Direito Processual Penal*, 1988-89, § 55 e ss. E, ainda, EDUARDO CORREIA, *Processo Criminal*, p. 6 e ss.

tava-se, porém, de um ministério público governamentalizado e não controlado judicialmente, nomeadamente quando se intrometia na esfera dos direitos fundamentais das pessoas. Só com a Lei nº 2/72, de 10 de maio, é que é promovida a fiscalização judicial da atividade instrutória do ministério público e das polícias, por via da criação da figura do juiz de instrução, tendo havido também uma melhoria da posição processual do arguido nas fases anteriores ao julgamento, com o Decreto-Lei nº 185/72, de 31 de maio. Ambos os diplomas não podem deixar de ser vistos como expressão de alterações políticas ocorridas já na fase final da ditadura, associadas ao período marcelista[24].

Com o 25 de abril de 1974 e com a Constituição da República Portuguesa de 1976 abre-se o período conducente à reforma do processo penal tendo em vista o processo penal de um Estado de direito democrático.

4.2. O Código de Processo Penal de 1987 – processo penal de estrutura acusatória integrado por um princípio de investigação

Tendo em vista o processo penal de um Estado de direito democrático (artigo 2º da CRP), o CPP de 1987 foi estruturado sem perder de vista a concordância prática das finalidades, necessariamente conflituantes, que são apontadas ao processo penal, segundo um *modelo acusatório* (artigo 32º, nº 5, primeira parte, da CRP), integrado por um *princípio subsidiário de investigação*[25].

A estrutura acusatória carateriza-se pela adoção de um *princípio de acusação*, segundo o qual a entidade que investiga e acusa – o ministério público – é distinta da que julga – o juiz –, com repartição de funções entre magistraturas distintas, procurando "alcançar o desiderato da máxima acusatoriedade possível" (artigos 27º, nº 2, 32º, nºs 4 e 5, 202º, nºs 1 e 2, e 219º da CRP e artigos 8º, 9º, 48º, 53º, nº 2, alínea *b)*, 262º e ss. e 311º e ss. do CPP)[26]; e pelo reconhecimento de um leque alargado de *sujeitos processuais*, que contempla também o arguido, ou seja, pelo reconhecimento de participantes processuais com uma *participação constitutiva na declaração*

[24] Para uma síntese sobre o Código de 1929 e as alterações relevantes que se lhe seguiram, Anabela Miranda Rodrigues, "O inquérito no novo Código de Processo Penal", p. 67 e s.

[25] Assim, Figueiredo Dias, "Sobre os sujeitos processuais no novo Código de Processo Penal", p. 34, e "Os princípios estruturantes do processo e a revisão de 1998 do Código de Processo Penal", p. 202 e s.

[26] Cf. Figueiredo Dias, "O Novo Código de Processo Penal", p. 15.

do direito do caso, com "*direitos* (que surgem, muitas vezes, sob a forma de *poderes-deveres* ou de *ofícios de direito público*) *autónomos de conformação da concreta tramitação do processo como um todo, em vista da sua decisão final*"[27]. Sem que se possa concluir, porém, que o processo penal português está estruturado segundo um modelo de "processo de partes", em razão da posição e das atribuições que o ministério público tem no processo[28].

A estrutura acusatória é integrada por um princípio subsidiário de investigação a cargo do juiz, por via do poder-dever que lhe é atribuído de esclarecer e instruir autonomamente o facto sujeito a julgamento, criando ele próprio as bases necessárias à sua decisão. O tribunal pode sempre *ordenar oficiosamente a produção de todos os meios de prova cujo conhecimento se lhe afigure necessário à descoberta da verdade e à boa decisão da causa* (artigo 340º, nº 1, do CPP). Pode sempre fazê-lo em nome do carácter indisponível do objeto do processo e da intenção de prosseguir a realização da justiça e a descoberta da verdade material. Com o limite de se tratar sempre de uma prossecução processualmente válida, que garanta a proteção dos direitos das pessoas (do arguido e de terceiros).

As regras de inquirição de testemunhas contidas no artigo 348º do CPP espelham de forma muito clara a estrutura do processo penal português: a marca acusatória revela-se na regra segundo a qual *a testemunha é inquirida por quem a indicou, sendo depois sujeita a contra-interrogatório* (não é interrogada por via do juiz); a natureza subsidiária do princípio da investigação mostra-se na regra de acordo com a qual *os juízes e os jurados podem, a qualquer momento, formular à testemunha as perguntas que entenderem necessárias para esclarecimento do depoimento prestado e para boa decisão da causa*[29].

Não obstante não tenha consagração expressa na letra da CRP, o Tribunal Constitucional fundamenta constitucionalmente o princípio da investigação e da verdade material (Acs. nºs 394/89 e 137/2002).

[27] Cf. Figueiredo Dias, "La protection des droits de l'homme dans la procedure penale portugaise", p. 9, e "Sobre os sujeitos processuais no novo Código de Processo Penal", p. 9.

[28] Cf. *infra* Capítulo III, ponto 2., alínea *b)*.

[29] Assim, Figueiredo Dias, "Os princípios estruturantes do processo e a revisão de 1998 do Código de Processo Penal", p. 211 e s.

Capítulo II
O direito processual penal e a sua aplicação

1. A interpretação e a integração da lei processual penal

a) A interpretação da lei processual não põe o intérprete perante problemas específicos de interpretação da lei. Deve apenas assinalar-se que no processo interpretativo deverão sempre ser consideradas as finalidades do processo penal e que o princípio da interpretação conforme à Constituição tem aqui o peso que lhe advém da denominada "constituição processual penal".

De acordo com o artigo 80º, nº 3, da *Lei de Funcionamento, Organização e Processo do Tribunal Constitucional*, o TC pode mesmo impor ao tribunal recorrido uma interpretação normativa que seja conforme à Constituição. Já impôs a interpretação segundo a qual o artigo 199º, nº 1, alínea *a)* do CPP não abrange os titulares de cargos políticos (Acs. nºs 41/2000 e 444/2003); a interpretação dos artigos 411º, nº 1, e 333º, nº 5, no sentido de que o prazo para interposição do recurso da decisão condenatória de arguido ausente se conta a partir da notificação pessoal e não a partir do depósito na secretaria, independentemente dos motivos que determinaram tal ausência e se os mesmos são ou não justificáveis (Ac. nº 312/2005); bem como a interpretação do artigo 379º, nº 2, no sentido de ser admissível a suscitação, perante o tribunal que proferiu a decisão, de vícios desta que sejam enquadráveis no elenco dos vícios da sentença, mesmo quando desta se não possa interpor recurso (Ac. nº 53/2006).

b) Sobre a integração de lacunas dispõe o artigo 4º do CPP no sentido de se aplicarem por *analogia*, aos casos omissos, as disposições do Código. Na impossibilidade desta aplicação observam-se as *normas do processo civil* que se harmonizem com o processo penal e, na falta delas, aplicam-se os *princípios gerais do processo penal*. Têm uma dupla função: é a partir destes princípios que é feito o controlo do recurso ao direito subsidiário; os princípios gerais do processo penal cumprem uma função integradora, na falta das outras duas fontes de integração de lacunas da lei processual penal.

Não obstante a admissibilidade expressa do recurso à analogia, diferentemente do que sucede quanto à lei penal (artigo 1º, nº 3, do CP), é de entender que o princípio da legalidade criminal (artigo 29º, nº 1, da CRP) se estende, *na medida imposta pelo seu conteúdo de sentido*, ao processo penal, já que a este cabe assegurar ao arguido todas as garantias de defesa (artigo 32º, nº 1, da CRP). Com a consequência de não ser constitucionalmente admissível a aplicação de normas por analogia sempre que tal aplicação «venha a traduzir-se num *enfraquecimento da posição* ou numa *diminuição dos direitos processuais do arguido* (desfavorecimento do arguido, analogia "in malam partem")»[30].

A jurisprudência constitucional estendeu o princípio da legalidade criminal ao processo penal (artigos 29º, nº 1, e 32º, nº 1, da CRP), com a consequência da proibição do recurso à analogia, sempre que dela resulte um enfraquecimento da posição processual do arguido ou uma diminuição dos seus direitos processuais no Ac. nº 324/2013[31].

2. A aplicação da lei processual penal no espaço

Sobre a aplicação da lei processual penal no espaço dispõe o artigo 6º do CPP, estatuindo que *a lei processual penal é aplicável em todo o território por-*

[30] Cf. Figueiredo Dias, *Direito Processual Penal*, 1988-89, § 97 e ss.

[31] Sobre a norma cuja apreciação foi requerida ao TC, Figueiredo Dias/Nuno Brandão, "Irrecorribilidade para o STJ: redução teleológica permitida ou analogia proibida? Anotação ao acórdão do Supremo Tribunal de Justiça de 18 de fevereiro de 2009", p. 629 e ss., e Sandra Oliveira e Silva, "As alterações em matéria de recursos, em especial a restrição de acesso à jurisdição do supremo Tribunal de Justiça – garantias de defesa em perigo?", p. 265 e ss. Cf., ainda, Ac. do TC nº 399/2014.

tuguês (princípio da territorialidade) *e, bem assim, em território estrangeiro nos limites definidos pelos tratados, convenções e regras do direito internacional.*

O *princípio do auxílio jurídico inter-estadual em matéria penal* que é identificável nesta matéria tem concretização em normas contidas no CPP no livro sobre as relações com autoridades estrangeiras e entidades judiciárias internacionais (artigo 229º e ss.); em legislação extravagante como a lei da cooperação judiciária internacional em matéria penal (Lei nº 144/99, de 31 de agosto), o diploma sobre o mandado de detenção europeu (Lei nº 65/2003, de 23 de agosto) e o regime jurídico da emissão, transmissão, reconhecimento e execução de decisões europeias de investigação em matéria penal (Lei nº 88/2017, de 21 de agosto); e em normas convencionais como, por exemplo, a Convenção de Auxílio Judiciário em Matéria Penal entre os Estados Membros da Comunidade dos Países de Língua Portuguesa, aprovada pela Resolução da Assembleia da República nº 46/2008, em 18 de julho de 2008, e ratificada pelo Decreto do Presidente da República nº 64/2008, de 12 de setembro[32].

3. A aplicação da lei processual penal quanto às pessoas

A lei processual penal aplica-se a todas as pessoas, nacionais ou não, a quem seja aplicável o direito penal português, estendendo-se mesmo a quem não é arguido em processo penal (por exemplo, a quem presta declarações na qualidade de ofendido ou de testemunha)[33].

A regra da aplicação da lei processual penal a todas as pessoas, não invalida que haja isenções fundadas em preceitos de direito internacional, de que é exemplo a Convenção sobre Relações Diplomáticas, assinada em Viena em 1961. Há imunidades pessoais de direito internacional, que assistem, por exemplo, a um Chefe de Estado ou a um diplomata acreditado junto de um Estado estrangeiro, que se prendem "com a garantia de que certas pessoas com funções de representação do Estado no exterior podem desempenhá-las livremente, sem que a sua eventual responsabilidade criminal perante a lei de outro país (e, portanto a sua

[32] Sobre cooperação judiciária passiva, a Lei da Cooperação Judiciária Internacional em Matéria Penal e a Convenção de Auxílio Judiciário em Matéria Penal entre os Estados Membros da Comunidade dos Países de Língua Portuguesa (CPLP), cf. a Diretiva da Procuradora-Geral da República nº 2/2016.

[33] Sobre isto, Figueiredo Dias, *Direito Processual Penal*, 1988-89, § 113 e ss.

sujeição ao respetivo poder judicial) prejudique o normal desenvolvimento das relações internacionais"[34].

Há ainda limitações fundadas no direito constitucional português que, de todo o modo, não têm propriamente o sentido de a lei processual penal portuguesa não se aplicar a certas pessoas, mas tão só o de esta ser aplicável com especialidades de regime, em razão das funções por elas exercidas. É o caso do Presidente da República (artigos 130º, nºs 1, 2 e 4, e 163º, alínea *c)*, da CRP), dos Deputados (artigo 157º, nºs 2 e 3, da CRP) e dos membros do Governo (artigos 163º, alínea *c)*, e 196º, nº 1, da CRP).

4. A aplicação da lei processual penal no tempo

Segundo o artigo 5º do CPP, a lei processual penal é de aplicação imediata, sem prejuízo da validade dos atos realizados na vigência da lei anterior (nº 1).

Diferentemente do que decorre do CP (artigo 2º), a lei processual penal nova aplica-se aos processos pendentes (iniciados anteriormente à sua vigência). Com duas limitações: quando da sua aplicabilidade imediata possa resultar *agravamento sensível e ainda evitável da situação processual do arguido, nomeadamente uma limitação do seu direito de defesa* (alínea *a)* do nº 2); ou quando da sua aplicabilidade imediata possa resultar *quebra da harmonia e unidade dos vários atos do processo.*

A primeira limitação não se louva propriamente numa extensão do conteúdo de sentido do *princípio da aplicação da lei penal mais favorável* (artigo 29º, nº 4, da CRP), entendido este como princípio que encontra justificação numa exigência de necessidade da sanção, mas antes no mandamento constitucional de acordo com o qual *o processo criminal assegura todas as garantias de defesa* (artigo 32º, nº 1, da CRP). Deste mandamento decorre que a lei processual penal nova não se aplique de imediato, mantendo-se a vigente no momento em que o processo foi iniciado, se da sua aplicação resultarem prejuízos para a defesa do arguido[35].

A razão que está por detrás da segunda limitação levou mesmo o legislador processual penal a determinar que o CPP de 1987 se aplicasse

[34] Cf. Pedro Caeiro, *Fundamento, conteúdo e limites da jurisdição penal do Estado. O caso português*, p. 364.

[35] No sentido de o artigo 29º, nº 4, da CRP ser invocável quando a lei nova interferir com uma posição processual do arguido, Fernanda Palma, "Linhas estruturais da reforma penal – Problemas de aplicação da lei processual penal no tempo", p. 20.

somente aos processos iniciados na sua vigência: processos iniciados a partir de 1 de janeiro de 1988 (artigo 7º do Decreto-Lei nº 78/87, de 17 de fevereiro, e artigo único da Lei nº 17/87, de 1 de junho).

Através do Ac. nº 4/2009, de 18 de fevereiro, foi fixada jurisprudência no sentido de que "nos termos dos artigos 432º, nº 1, alínea *b)*, e 400º, nº 1, alínea *f)*, do CPP, na redação anterior à entrada em vigor da Lei nº 48/2007, de 29 de agosto, é recorrível o acórdão condenatório proferido, em recurso, pela relação, após a entrada em vigor da referida lei, em processo por crime a que seja aplicável pena de prisão superior a 8 anos". O processo penal não asseguraria todas as garantias de defesa se houvesse aplicação imediata da lei que alterou o regime dos recursos, alargando os casos de irrecorribilidade da decisão em segundo grau, nos casos em que o arguido pudesse contar com dois graus de recurso no momento em que foi proferida a decisão condenatória em primeira instância. As garantias de defesa já não são, porém, postas em causa se se aplicar aquela lei a processo pendente ainda sem decisão de 1ª instância.

O TC tem entendido que a questão de constitucionalidade dos regimes de aplicação da lei processual penal no tempo pode e deve ser vista à luz do princípio constitucional da aplicação da lei mais favorável ao arguido constante do nº 4 do artigo 29º da CRP (Acs. nºs 247/2009 e 551/2009).

Capítulo III
Participantes e sujeitos processuais

O processo penal inicia-se, prossegue e chega ao seu termo a partir da participação de um número considerável de intervenientes – o tribunal (o juiz), o ministério público, os órgãos e as autoridades de polícia criminal, o ofendido, o assistente, o suspeito, o arguido, o defensor, a testemunha, o perito, o consultor técnico e o lesado. A participação de cada um no processo é distinta e aponta para a distinção entre sujeitos processuais e participantes processuais.

Enquanto os participantes processuais "praticam atos singulares, cujo conteúdo processual se esgota na própria atividade", os sujeitos processuais são titulares de "*direitos* (que surgem, muitas vezes, sob a forma de *poderes-deveres* ou de *ofícios de direito público*) *autónomos de conformação da concreta tramitação do processo como um todo, em vista da sua decisão final*"[36]. Ou seja, têm uma *participação constitutiva na declaração do direito do caso*. Neste sentido, os sujeitos processuais são o tribunal (o juiz), o ministério público, o arguido, o defensor e o assistente.

1. Tribunal (juiz)

O estatuto de sujeito processual do tribunal (do juiz) funda-se nos princípios jurídico-constitucionais do monopólio da função jurisdicional

[36] Cf. Figueiredo Dias, "Sobre os sujeitos processuais no novo Código de Processo Penal", p. 9.

(reserva de juiz), da independência e do juiz natural ou legal (artigos 27º, nº 2, 34º, nº 2, 202º, nºs 1 e 2, 203º e 32º, nº 9, da CRP e artigo 6º, nº 1, da Convenção Europeia dos Direitos do Homem, nos termos do qual qualquer pessoa tem o direito a que a sua causa seja examinada por um *tribunal independente e imparcial*).

a) Em face do *princípio do monopólio da função jurisdicional* cabe ao juiz a aplicação e a declaração do direito do caso através de decisões com força de caso julgado. Os tribunais judiciais são os órgãos competentes para decidir as causas penais e aplicar penas e medidas de segurança (artigo 8º do CPP), para administrar a justiça em nome do povo, reprimindo a violação da legalidade democrática (artigo 202º, nºs 1 e 2, da CRP).

O princípio da reserva de juiz é um dos princípios mais sensíveis nas fases que antecedem o julgamento, designadamente na fase de inquérito, cuja direção cabe ao ministério público, precisamente por ser da competência reservada do juiz o exercício de todas a funções jurisdicionais. Tal justifica que estas funções sejam da competência do juiz de instrução (artigos 17º, 268º e 269º do CPP. E, ainda, por exemplo, artigo 215º, nº 4, do mesmo Código), a quem a CRP reserva a prática de atos instrutórios que se prendam diretamente com os direitos fundamentais, de acordo com o artigo 32º, nº 4.

Por referência a esta norma constitucional, à que determina que o processo penal tem estrutura acusatória (artigo 32º, nº 5, da CRP) e à que defere ao ministério público competência para exercer a ação penal (artigo 219º, nº 1, da CRP), o juiz de instrução desempenha um papel duplo: por um lado, cabe-lhe exercer todas as funções jurisdicionais até à remessa do processo para julgamento; por outro, compete-lhe proceder à instrução e decidir quanto à pronúncia (artigo 17º do CPP)[37].

b) O *princípio da independência judicial* significa independência perante os restantes poderes do Estado, de quaisquer grupos da vida pública, da administração judicial e dos outros tribunais e implica uma exigência de imparcialidade[38]. Esta exigência justifica que a promoção processual

[37] Cf. *infra* Capítulo IV, ponto 3.2., e Capítulo V, ponto 2.

[38] Sobre isto, Figueiredo Dias / Maria João Antunes, "La notion européenne de tribunal indépendant et impartial. Une aproche à partir du droit portugais de procédure penal", p. 734 e ss.

ocorra segundo os ditames do princípio da acusação e que haja uma previsão suficientemente ampla de *suspeições* do juiz (impedimentos, recusas e escusas). *Justice must only be done; it must also seen to be done*[39].

Nos artigos 39º e 40º do CPP estão previstas, de forma expressa e taxativa, causas de suspeição do juiz – *impedimentos* – fundadas em *relações pessoais* (por exemplo, quando o juiz for, ou tiver sido, cônjuge ou representante legal do arguido, do ofendido ou de pessoa com a faculdade de se constituir assistente ou parte civil ou quando viver ou tiver vivido, com qualquer dessas pessoas, em condições análogas às dos cônjuges); em *intervenção no processo* (por exemplo, quando o juiz tiver intervindo no processo como órgão de polícia criminal, tiver presidido a debate instrutório ou deva intervir como testemunha); e em *relações de parentesco, de afinidade ou análogas às dos cônjuges* (por exemplo, quando o juiz de julgamento e o de instrução sejam cônjuges entre si).

O propósito de garantir efetivamente a imparcialidade do juiz, levou o legislador a estatuir, por recurso a uma cláusula geral de suspeição, além dos casos expressamente previstos na lei, que a intervenção de um juiz no processo pode ser *recusada*, podendo também o próprio juiz pedir *escusa*, quando correr o risco de ser considerada suspeita, por existir motivo, sério e grave, adequado a gerar desconfiança sobre a sua imparcialidade (artigo 43º do CPP).

Relativamente à participação do juiz de julgamento em fases anteriores do processo (no inquérito ou na instrução na qualidade de juiz de instrução), o CPP apenas especifica como causa de impedimento a aplicação das medidas coação de proibição e imposição de condutas, de obrigação de permanência na habitação e de prisão preventiva, a presidência do debate instrutório e a recusa do arquivamento em caso de dispensa da pena ou de suspensão provisória do processo (artigo 40º, alíneas *a)*, *b)* e *e)*, do CPP). Quanto a outros atos processuais isolados que o juiz de instrução tenha praticado, ordenado ou autorizado (por exemplo, uma busca domiciliária, uma escuta telefónica ou a aplicação de uma medida de coação diferente das referidas), os sujeitos processuais interessados poderão apenas requerer a recusa de um tal juiz – ou o próprio juiz formular um pedido de escusa – se a participação

[39] Sobre isto, FIGUEIREDO DIAS /MARIA JOÃO ANTUNES, "La notion européenne de tribunal indépendant et impartial. Une aproche à partir du droit portugais de procédure penal", p. 737 e ss. Sobre o princípio da acusação, cf. *infra*, Capítulo IV, ponto 1.3.

anterior no processo estiver rodeada de circunstâncias suscetíveis de gerar desconfiança sobre a imparcialidade do julgador (artigo 43º do CPP).

Esta distinção está suportada nas funções que estão reservadas ao juiz de instrução até ao julgamento. Enquanto juiz das liberdades, o juiz de instrução só deve estar impedido de participar no julgamento quando a sua intervenção processual contenda com o objeto do processo. É manifestamente o que sucede com a presidência do debate instrutório, tendo em vista a decisão de pronúncia ou de não pronúncia e o que pode suceder com a aplicação daquelas medidas de coação, na medida em que um dos seus pressupostos é a existência de *fortes indícios* de prática de crime doloso. Nomeadamente quando o juiz de instrução divirja da requerida pelo ministério público, especialmente quando esta não seja nenhuma daquelas (artigo 194º, nºs 2 e 3, do CPP).

É vasta a jurisprudência constitucional sobre a matéria das suspeições. Merece um especial destaque o Ac. do TC nº 186/98, até pelas alterações legislativas a que deu origem, mediante o qual foi declarada, "com força obrigatória geral, a inconstitucionalidade da norma constante do artigo 40º do Código de Processo Penal na parte em que permite a intervenção no julgamento do juiz que, na fase de inquérito, decretou e posteriormente manteve a prisão preventiva do arguido, por violação do artigo 32º, nº 5, da Constituição da República Portuguesa"[40].

c) O *princípio do juiz natural ou legal*, na formulação que a CRP lhe dá no artigo 32º, nº 9, significa que «nenhuma causa pode ser subtraída ao tribunal cuja competência esteja fixada em lei anterior», valendo quer para o tribunal de julgamento quer para o juiz de instrução quer para o tribunal de recurso[41].

Deste princípio decorre que cabe à *lei* definir a competência do tribunal ou do juiz, de harmonia com o artigo 165º, nº 1, alínea *p)*, da CRP, onde se dispõe que é da exclusiva competência da Assembleia da República, salvo autorização ao Governo, legislar sobre *competência dos tribunais*. Do princípio do juiz natural ou legal resulta também a proibição da criação de tribunais especiais ou de exceção ou da atribuição da competência

[40] Sobre esta decisão, criticamente, Figueiredo Dias, "Os princípios estruturantes do processo e a revisão de 1998 do Código de Processo Penal", p. 207 e ss. Sobre a matéria destacam-se, ainda, os Acs. nºs 29/99, 338/99, 423/2000, 297/2003 e 129/2007.

[41] Assim, Acs. do TC nºs 614/2003 e 41/2016.

a um tribunal ou a um juiz distinto do que era competente segundo lei anterior. Desta forma, garante-se que a administração da justiça penal não sofra interferências políticas, religiosas ou outras por via da manipulação de regras de competência. Segundo Figueiredo Dias, "o princípio do juiz legal não obsta a que uma causa penal venha a ser apreciada por tribunal diferente do que para ela era competente ao tempo da prática do facto que constitui o objeto do processo; só obsta a tal quando, mas também sempre que, a atribuição de competência seja feita através da criação de um juízo *ad hoc* (isto é: de exceção), ou da definição *individual* (portanto *arbitrária*) da competência, ou do *desaforamento* concreto (e portanto *discricionário*) de uma certa causa penal, por qualquer outra forma discriminatória que lese ou ponha em perigo o direito dos cidadãos a uma a uma justiça penal *independente e imparcial*"[42].

Os artigos do capítulo II (*Da competência*) do título I (*Do juiz e do tribunal*) do livro I (*Dos sujeitos do processo*) da Parte I do CPP, a par de normas das leis de organização judiciária (cf. Lei nº 62/2013, de 26 de agosto – *Lei da Organização do Sistema Judiciário*), procuram dar resposta a dimensões fundamentais do princípio do juiz natural ou legal: à exigência de *determinabilidade*; ao princípio da *fixação da competência*; e à exigência de *procedimentos* quanto à distribuição interna de processos[43].

Uma das normas do CPP que suscitou viva discussão doutrinal e jurisprudencial a partir do princípio do juiz natural ou legal foi a contida no artigo 16º, nº 3, por a mesma introduzir o método concreto de determinação da competência do tribunal. Não obstante o juiz singular ter, em geral, competência para julgar crimes cuja pena aplicável não exceda 5 anos de prisão (3 anos na versão primitiva), esta disposição legal atribui-lhe competência para julgar crimes aos quais seja aplicável pena mais grave, desde que o ministério público entenda que, *no caso concreto*, a medida da pena de prisão a aplicar não deve ser superior a 5 anos (3 anos na versão primitiva), não podendo o tribunal, nestes casos, condenar em pena mais elevada (nº 4)[44]. O TC concluiu sempre, porém, pela conformidade constitucional da norma,

[42] Cf. "Sobre o sentido do princípio jurídico-constitucional do 'juiz natural'", p. 86.
[43] Cf. Gomes Canotilho/Vital Moreira, *Constituição da República Portuguesa Anotada*, anotação ao artigo 32º, ponto **XVI.**
[44] Sobre esta discussão, Figueiredo Dias, "Sobre os sujeitos processuais no novo Código de Processo Penal", p. 18 e ss. E, *infra*, Capítulo VII, ponto 1.

tendo a mesma sido apreciada também à luz de outros parâmetros (dos princípios da reserva da função jurisdicional, da legalidade da ação penal e da separação de poderes e das garantias de defesa do arguido)[45].

2. Ministério público

Por determinação constitucional, a magistratura do ministério público goza de estatuto próprio e de autonomia, sendo os seus agentes magistrados hierarquicamente subordinados (artigo 219º, nºs 2, 4 e 5). A Procuradoria-Geral da República é o órgão superior do ministério público, sendo presidida pelo Procurador-Geral da República na legitimação do qual convergem as vontades políticas do Presidente da República e do Governo (artigos 220º e 133º, alínea *m)*, da CRP).

A ligação ao Ministério da Justiça (e ao Governo em geral) tem que ver, porém, exclusivamente, com a circunstância de esta magistratura participar na execução de uma política criminal que não é por si definida, mas antes pelos órgãos de soberania (Governo e Parlamento), nomeadamente através da definição de objetivos, prioridades e orientações em matéria de prevenção da criminalidade, investigação da criminalidade, ação penal e execução de penas e medidas de segurança (artigo 219º, nº 1, da CRP, artigo 1º da Lei nº 17/2006, de 23 de maio – *Lei Quadro da Política Criminal* – e Lei nº 96/2017, de 23 de agosto – *Lei de Política Criminal para o biénio 2017-2019*). É de afirmar que a magistratura do ministério público, como um todo, é, mais do que autónoma, verdadeiramente independente perante o poder político, uma vez que não está sujeita a quaisquer instruções do poder executivo relativamente à investigação, à promoção, à condução ou à conclusão de qualquer processo penal *concreto* (cf. artigos 2º, nº 1, do *Estatuto do Ministério Público* – Lei nº 60/98, de 27 de agosto, que o republica, e 3º, nº 2, da Lei nº 62/2013, de 26 de agosto – *Lei da Organização do Sistema Judiciário*)[46].

a) O ministério público é um órgão de administração da justiça, é uma autoridade judiciária a par do juiz e do juiz de instrução (artigos 1º, alínea *b)*, e 54º do CPP), ao qual cabe exercer a ação penal orientado pelo prin-

[45] Cf., entre outros, Acs. nºs 393/89, 435/89, 143/90, 31/91 e 212/91.

[46] Para este conceito de autonomia, Figueiredo Dias, "Autonomia do Ministério Público e seu dever de prestar contas à comunidade", p. 192. Cf., ainda, sobre o atributo constitucional da autonomia, o Ac. do TC nº 305/2011.

cípio da legalidade (artigo 219º, nº 1, da CRP), no sentido de a promoção processual não poder ser comandada pela sua discricionariedade livre, devendo ser antes comandada pela sua discricionariedade vinculada, "pela sua *obediência à lei*, aos juízos de valor legais e, sobretudo, aos programas político-criminais democraticamente definidos e aos quais o ministério público deve obediência e pelos quais tem de prestar contas"[47].

O ministério público tem a particular função, segundo o artigo 53º, nº 1, do CPP, de colaborar com o tribunal na descoberta da verdade e na realização do direito, o que torna claro que a sua atitude não é a de interessado na acusação. Traduz-se antes em uma intervenção processual que obedece a *critérios de estrita objetividade*, deduzindo ou não acusação em função do que tiver investigado "à charge e à décharge". Como destaca Anabela Rodrigues, "na fase de inquérito não se visa, pois, fundamentar a acusação mas sim 'decidir sobre ela' (art. 262º, nº 1), no que vai implicado que se proceda *integralmente* à investigação do caso, ou seja, que se proceda a *todas* as diligências para o apuramento da verdade e, portanto, também àquelas que possam concorrer para uma decisão de não-acusação"[48]. A autonomia de que goza o ministério público carateriza-se pela sua vinculação a critérios de legalidade e de objetividade e pela exclusiva sujeição dos magistrados às diretivas, ordens e instruções previstas no respetivo Estatuto (artigos 2º, nº 2, da Lei nº 60/98, de 27 de agosto, e 3º, nº 3, da *Lei da Organização do Sistema Judiciário*).

b) Fica assim prejudicada a caracterização do processo penal como um *processo de partes*, bem como fica arredado o apelo a um *princípio de igualdade de armas* entre a acusação e a defesa. Este princípio, além de não ter cobertura no texto da CRP, "perde a nitidez, no próprio direito ordinário, por o modelo de processo penal não assumir (...) uma estrutura acusatória pura, num sentido formal"[49] (artigos 53º e 409º, nº 1, do CPP),

[47] Cf. Figueiredo Dias, "Autonomia do Ministério Público e seu dever de prestar contas à comunidade", p. 204 e s. Cf., ainda, *infra*, Capítulo IV, ponto 1.2., alínea *b)*.

[48] Cf. Anabela Rodrigues, "O inquérito no novo Código de Processo Penal", p. 74. E, ainda, Figueiredo Dias, "Le rôle du Ministère Public en justice pénale", p. 392, e Germano Marques da Silva, "Sobre a liberdade no processo penal ou do culto da liberdade como componente essencial da prática democrática", p. 1374.

[49] Cf. Fernanda Palma, "Direito penal e processual penal (o papel da jurisprudência constitucional no desenvolvimento dos princípios no caso português e um primeiro confronto

de harmonia com a incumbência constitucional de o ministério público, magistratura *que goza de autonomia, exercer a ação penal orientado pelo princípio da legalidade* (artigo 219º, nºs 1 e 2).

É bem significativa da posição processual penal do ministério público a competência que lhe é deferida para interpor recursos, ainda que no exclusivo interesse da defesa (artigos 53º, nº 2, alínea *d)*, e 401º, nº 1, alínea *a)*, do CPP). O STJ fixou jurisprudência no sentido de que "em face das disposições conjugadas dos artigos 48º a 52º e 401º, nº 1, alínea *a)*, do Código de Processo Penal e atentas as origens, natureza e estrutura, bem como o enquadramento constitucional e legal do Ministério Público, tem este legitimidade e interesse para recorrer de quaisquer decisões mesmo que lhe sejam favoráveis e assim concordantes com a sua posição anteriormente assumida no processo" (Ac. nº 5/94, de 27 de outubro).

c) Além da competência para interpor recursos, ainda que no exclusivo interesse da defesa (artigos 53º, nº 2, alínea *d)*, e 401º, nº 1, alínea *a)*, do CPP), compete, em especial, ao ministério público receber as denúncias, as queixas e as participações e apreciar o seguimento a dar-lhes (artigos 53º, nº 2, alínea *a)*, 241º, 245º e 247º do CPP); dirigir o inquérito (artigos 53º, nº 2, alínea *b)*, e 263º do CPP); deduzir a acusação e sustentá-la efetivamente na instrução e no julgamento, sem prejuízo de esta intervenção processual dever obedecer a *critérios de estrita objetividade* (artigos 53º, nºs 1 e 2, alínea *c)*, e 283º, 285º, nº 3, 302º, nº 4, e 360º, nº 1, do CPP); e promover a execução das penas e das medidas de segurança (artigos 53º, nº 2, alínea *e)*, e 469º do CPP).

3. Arguido e suspeito

«Desde o momento em que uma pessoa adquirir a qualidade de arguido é-lhe assegurado o exercício de direitos e de deveres processuais, sem prejuízo da aplicação de medidas de coação e de garantia patrimonial e da efetivação de diligências probatórias, nos termos especificados na lei». É desta forma que o artigo 60º do CPP dispõe sobre a posição processual do arguido, com um conteúdo que vai ao encontro de um pro-

com a jurisprudência espanhola)", p. 1742, nota 13. No sentido do texto, cf. os Acs. do TC nºs 38/89, 356/91, 538/2007 e 160/2010.

cesso penal de estrutura acusatória, onde o arguido assume o papel de sujeito processual.

O CPP tem normas específicas sobre o *momento* e o *modo* de constituição de arguido.

a) Segundo o artigo 57º do CPP assume a qualidade de *arguido* todo aquele contra quem for deduzida acusação ou requerida instrução num processo penal, o que significa que a fase de inquérito (artigo 262º e ss. do CPP) pode decorrer contra um agente indeterminado ou contra um mero *suspeito* – a pessoa relativamente à qual exista indício de que cometeu um crime ou que nele participou, na definição que é dada no artigo 1º, alínea *e)*, do CPP.

Ao distinguir o *arguido* do *suspeito*, a lei processual penal supõe que à constituição de arguido se liga o reconhecimento do estatuto de *sujeito processual* (artigos 58º, nºs 2 e 4, 60º e 61º do CPP), por contraposição ao de mero participante processual. De um ponto de vista material, a constituição de arguido significa, ainda, que foi ultrapassada a mera existência de *indício* de que a pessoa visada cometeu um crime ou que nele participou.

Para obviar a um encurtamento ilegítimo dos direitos processuais que devem ser dados materialmente a quem vê dirigir-se contra si um processo penal, o artigo 59º, nº 2, do CPP confere ao *suspeito* o *direito de ser constituído arguido*, a seu pedido, sempre que estiverem a ser efetuadas diligências que pessoalmente o afetem.

Pela mesma razão, o CPP prevê outros casos de constituição obrigatória de arguido antes de ser deduzida a acusação ou de ser requerida a instrução (nos casos em que haja despacho de arquivamento): o artigo 272º, nº 1, estatui que é obrigatório interrogar como arguido a pessoa determinada contra quem correr inquérito em relação à qual haja *suspeita fundada da prática do crime*, salvo se não for possível notificá-la; o artigo 58º, nº 1, alínea *a)*, dispõe sobre a obrigatoriedade de constituição de arguido logo que, correndo inquérito contra pessoa determinada em relação à qual haja *suspeita fundada da prática de crime*, esta prestar declarações perante qualquer autoridade judiciária ou órgão de polícia criminal; o artigo 58º, nº 1, alínea *b)*, determina a regra da obrigatoriedade de constituição de arguido logo que tenha de ser aplicada a qualquer pessoa uma medida de coação ou de garantia patrimonial (e, no mesmo sentido vai o artigo 192º, nºs 1 e 2); o artigo 58º, nº 1, alínea *c)*, estatui sobre a obrigatoriedade de constituição de arguido logo que um suspeito for detido, nos termos e para os efeitos dos artigos 254º a 261º; o artigo 58º, nº 1, alínea *d)*, dispõe sobre a obrigatoriedade de constituição de arguido logo que for levantado auto de notícia que dê uma pessoa como agente de um crime e aquele lhe for comunicado, salvo se a notícia for manifestamente infundada; o artigo 59º, nº 1, determina a obrigatoriedade de constituição de arguido se, durante inquirição feita a pessoa que não é arguido, surgir *fundada suspeita de crime* por ela cometido.

De um ponto de vista material, a constituição de arguido durante o inquérito tem, de facto, também o significado de ter sido ultrapassada a mera existência de *indício* de que a pessoa visada cometeu um crime ou que nele participou, havendo já uma *suspeita fundada da prática de crime*[50]. No CPP de 1929 havia mesmo uma norma – o artigo 251º – a definir arguido como aquele sobre quem recai *forte suspeita* de ter perpetrado uma infração, cuja *existência* está *suficientemente comprovada*.

b) A constituição de arguido é, ela mesma, uma *garantia* dada àquele que vê dirigir-se contra si um processo penal. É devidamente formalizada no decurso da tramitação processual, quando seja caso de constituição obrigatória de arguido, por força do disposto nos artigos 58º, nº 1, e 272º, nº 1 do CPP.

Opera-se através de uma *comunicação*, oral ou por escrito, feita ao visado por uma autoridade judiciária ou por um órgão de polícia criminal, caso em que é comunicada a esta autoridade para o efeito de ser validada (artigo 58º, nº 3, do CPP), de que a partir desse momento aquele deve considerar-se arguido num processo penal. Bem como da *indicação* e, se necessário, explicação dos direitos e deveres processuais referidos no artigo 61º do CPP que, por essa razão, passam a caber-lhe (artigos 58º, nºs 2 e 4, e 59º, nºs 2, parte final, e 3, do CPP). Com a consequência de as declarações prestadas pela pessoa visada não poderem ser utilizadas como prova, havendo aqui uma proibição de valoração da prova, se houver omissão ou violação destas formalidades (artigo 58º, nº 5, do CPP). Por outro lado, a não constituição de arguido nos casos em que é *obrigatória* (artigos 58º, nº 1, e 272º, nº 1, do CPP) constitui nulidade, dependente

[50] Já assim, relativamente ao direito anterior a 1987, FIGUEIREDO DIAS, *Direito Processual Penal*, 2004, p. 425 e s.

de arguição, segundo o disposto no artigo 120º, nº 2, alínea *d)*, do CPP, por se tratar de *ato legalmente obrigatório*[51].

c) A assunção da qualidade de arguido é uma *garantia*, por dela decorrer para o arguido o estatuto de sujeito processual durante todo o decurso do processo penal (artigo 57º, nº 2, do CPP). Trata-se de uma posição processual que lhe permite uma *participação constitutiva na declaração do direito do caso concreto*, através da concessão de *direitos processuais autónomos*, legalmente definidos, que deverão ser respeitados por todos os intervenientes no processo penal (entre outros, artigos 60º e 61º, nº 1, do CPP).

O estatuto processual do arguido está enformado por três vetores fundamentais: o *direito de defesa*; o *princípio da presunção de inocência* até ao trânsito em julgado da sentença de condenação; e o *princípio do respeito pela decisão de vontade* do arguido, uma das implicações do princípio da presunção de inocência[52].

d) O *direito de defesa* constitui uma "categoria aberta" à qual devem ser imputados, desde logo, os direitos que são reconhecidos ao arguido em cumprimento do princípio do contraditório: o direito de estar presente em todos os atos processuais que diretamente lhe disserem respeito (artigos 61º, nº 1, alínea *a)*, do CPP e, por exemplo, artigos 271º, nº 1, e 332º, nº 1, do mesmo diploma); o direito de ser ouvido pelo tribunal ou pelo juiz de instrução sempre que ele deva tomar qualquer decisão que pessoalmente o afete (artigo 61º, nº 1, alínea *b)*, do CPP e, por exemplo, artigo 194º, nº 4, do mesmo Código); o direito de intervir oferecendo provas e requerendo as diligências que se lhe afigurarem necessárias (artigo 61º, nº 1, alínea *g)*, do CPP); e o direito às últimas declarações (artigo 361º, nº 1, do CPP). Nas palavras de Faria Costa, o direito que a lei processual penal oferece ao arguido de se "pronunciar e contrariar todos os testemunhos ou meios de prova"[53].

[51] Assim, Henriques Gaspar, *Código de Processo Penal Comentado*, comentário ao artigo 120º, ponto **6.**

[52] Sobre estes vetores, Figueiredo Dias, "La protection des droits de l'homme dans la procedure penale portugaise", p. 15 e ss. e "Sobre os sujeitos processuais no novo Código de Processo Penal", p. 26 e ss.

[53] Cf. Faria Costa, "Um Olhar Cruzado entre a Constituição e o Processo Penal", p. 192.

Devem também ser imputados a tal categoria o direito de ser informado dos factos que lhe são imputados antes de prestar declarações perante qualquer entidade; de constituir advogado ou solicitar a nomeação de um defensor; de ser assistido por defensor em todos os atos processuais em que participar e, quando detido, comunicar, mesmo em privado com ele; de ser informado dos direitos que lhe assistem pela autoridade judiciária ou pelo órgão de polícia criminal perante os quais seja obrigado a comparecer; de não ser condenado por factos que alterem não substancialmente os descritos na acusação ou na pronúncia, sem previamente lhe ser dada a possibilidade de deles se defender; de não ser condenado por factos que alterem substancialmente os descritos na acusação ou na pronúncia, ainda que tal alteração tenha como efeito apenas a agravação dos limites máximos das sanções aplicáveis; e de recorrer, das decisões que lhe forem desfavoráveis (artigos 61º, nºs 1, alíneas *c), e), f), h)* e *i)*, e 2, 143º, nº 4, 332º, nº 1, 358º, nº 1, 359º, nº 1, 399º e 409º, nº 1, do CPP). Devem ainda destacar-se, por referência ao direito de defesa do arguido, o direito de requerer a abertura de instrução, como forma de controlar a decisão de acusação do ministério público ou do assistente, em caso de procedimento dependente de acusação particular (artigo 287º, nº 1, alínea *a)*, do CPP); o direito de requerer a intervenção do tribunal de júri (artigo 13º do CPP); bem como o direito de se opor à desistência da queixa ou da acusação particular, podendo por esta via ver a sua inocência declarada em julgamento (artigo 51º do CPP).

Pode colocar-se a questão de saber se as garantias de defesa que o processo penal deve assegurar, de acordo com o estatuído no artigo 32º, nº 2, da Constituição, supõem ou não que, no decurso do inquérito, sejam dados a conhecer ao arguido, em sede de interrogatório, todos os factos posteriormente referidos na acusação do ministério público. No Ac. nº 72/2012, o TC decidiu "não julgar inconstitucionais as normas constantes dos artigos 272º, nº 1, 120º, nº 2, alínea *d)*, 141º, nº 4, alínea *c)* e 144º, todos do Código de Processo Penal, quando interpretadas no sentido de que não constitui nulidade, por insuficiência de inquérito, o não confronto do arguido, em interrogatório, com todos os factos concretos que venham a ser inseridos na acusação contra ele deduzida".

É ainda por referência à categoria do direito de defesa que deve ser entendida a tramitação processual dos crimes que levam à aplicação de uma medida de segurança, concretamente à de internamento de inimputável perigoso. Estes não se distinguem dos casos que levam à condenação em pena, estabelecendo a lei a obrigatoriedade da assistência do defensor naqueles casos (artigo 1º, alínea *a)*, e 64º, nº 1, alínea *c)*, do CPP). Deste modo, é assegurada uma proteção efetiva dos direitos e garantias processuais do arguido, uma vez que a medida de segurança é aplicada depois de se ter logrado uma certeza processualmente válida quanto às questões do facto e da culpa[54].

O CPP não valora a anomalia psíquica do arguido do ponto de vista da capacidade processual penal. O processo penal comum e os processos especiais são tramitados independentemente de o arguido ser portador de uma anomalia psíquica que lhe diminua ou exclua a capacidade de exercer o direito de defesa ou, mais amplamente, que lhe diminua ou exclua a capacidade de assumir de forma efetiva o estatuto de sujeito do processo penal, *participando de forma constitutiva na declaração do direito do caso*. A anomalia psíquica não é valorada no sentido de se afirmar ou não a *capacidade judiciária do arguido*, ou seja, a *suscetibilidade de estar, por si, em juízo, a suscetibilidade de um exercício pessoal da sua defesa*[55].

Ao não prever a suspensão do processo em razão da falta de capacidade processual do arguido, o regime vigente tem em vista as finalidades processuais de descoberta da verdade material e de realização da justiça e de restabelecimento da paz jurídica posta em causa com a prática do crime, bem como a finalidade apontada à pena de reafirmação da validade da norma violada com a prática do crime. Estas finalidades processuais e esta finalidade de prevenção geral positiva dependem em larga medida do lapso de tempo dentro do qual a punição tenha lugar.

A circunstância de a existência de uma anomalia psíquica no decurso do processo penal, não ser causa de suspensão do processo, ainda que diminua ou exclua a capacidade processual penal do arguido, não invalida a relevância processual penal de tal anomalia.

[54] Na conclusão, Maria João Antunes, "La reforme de la procedure penale et la protection des droits de l'"homme au Portugal", p. 1280.

[55] Cf. Germano Marques da Silva, *Direito Processual Penal Português. Noções e Princípios Gerais. Sujeitos Processuais. Responsabilidade Civil conexa com a Criminal. Objeto do Processo*, p. 311 e s., onde o autor é crítico da solução vigente, e Pedro Soares Albergaria, "Anomalia psíquica e capacidade do arguido para estar em juízo", p. 175 e ss., onde o autor defende a relevância processual penal da anomalia psíquica. Sobre isto, cf., ainda, Damião da Cunha, "Inimputabilidade e incapacidade processual em razão de anomalia psíquica", p. 106 e ss.

O arguido é *obrigatoriamente representado por defensor* em qualquer ato processual, à exceção da constituição de arguido, quando se suscitar no processo a questão da inimputabilidade ou da imputabilidade diminuída (artigo 64º, nº 1, alínea *d)*, do CPP); fora destes casos, pode ser nomeado defensor, a pedido do tribunal ou do arguido, sempre que as circunstâncias do caso revelarem a necessidade ou a conveniência de o arguido ser assistido (art. 64º, nº 2, do CPP); se o ato processual for a audiência de julgamento, haverá assistência obrigatória de defensor se o arguido estiver ausente, por se encontrar praticamente impossibilitado de comparecer, nomeadamente por doença grave (artigos 64º, nº 1, alínea *g)*, e 334º, nº 4, do CPP). A *assistência obrigatória de defensor* é a forma de responder aos casos em que possa haver incapacidade processual penal do arguido. Deve acentuar-se, por um lado, que a defesa é sempre técnica, no sentido de ter que ser assumida por advogado ou advogado estagiário (artigo 330º, nº 1, do CPP), e, por outro, que o defensor tem também o estatuto de sujeito processual penal, no sentido de que não lhe cabe uma mera representação dos interesses do arguido[56].

Por outro lado, a anomalia psíquica no decurso do processo releva no âmbito dos meios processuais, designadamente no âmbito da prova pericial, prevendo-se expressamente a *perícia psiquiátrica* (artigo 159º, nºs 6 e 7, do CPP); da prova por confissão, acautelando a possibilidade de autoincriminações falsas (artigo 344º, nº 3, alínea *b)*, do CPP); e das medidas de coação a que o arguido pode ser sujeito, consagrando-se a possibilidade de *internamento preventivo em hospital psiquiátrico* ou em *estabelecimento análogo adequado*, adotando as cautelas necessárias para prevenir os perigos de fuga e de cometimento de novos crimes (artigo 202º, nº 2, do CPP).

e) O *princípio da presunção de inocência* até ao trânsito em julgado da sentença de condenação tem uma incidência direta no estatuto processual do arguido, prescrevendo a própria CRP, como corolário desta presunção, que o arguido deve ser julgado no mais curto prazo compatível com as garantias de defesa (artigo 32º, nº 2, da CRP e, também, artigos 6º, nº 2, da Convenção Europeia dos Direitos do Homem e 48º, nº 1, da Carta dos Direitos Fundamentais da União Europeia). Daqui decorre, por exemplo, que as fases processuais anteriores ao julgamento não

[56] Cf. *infra* ponto **4.**

possam prolongar-se além do que já não possa ser razoavelmente considerado compatível com a presunção de inocência do arguido, num exercício de ponderação das finalidades que são apontadas ao processo penal de um Estado de direito democrático[57].

O princípio da presunção de inocência tem incidência direta no estatuto processual do arguido, na parte em que este comporta a possibilidade de este ser sujeito à aplicação de medidas de coação e de garantia patrimonial (artigos 60º e 61º, nº 3, alínea *c)*, do CPP). Desta presunção decorre que só poderão ser aplicadas as medidas de coação que "*ainda se mostrem comunitariamente suportáveis face à possibilidade de estarem a ser aplicadas a um inocente*"[58].

O princípio da presunção de inocência tem incidência direta no estatuto processual do arguido, também na parte em que este permite que seja sujeito a diligências de prova, constituindo as suas declarações quer um meio de prova quer um meio de defesa (artigos 60º, 61º, nº 3, alínea *c)*, e 140º do CPP). Desta presunção decorre que, não obstante esta sujeição, o tribunal deve dar como provados os factos favoráveis ao arguido, quando fica aquém da *dúvida razoável*, apesar de toda a prova produzida. É com este conteúdo que se afirma um dos mais marcantes princípios gerais do processo penal – o princípio *in dubio por reo*[59].

Do princípio da presunção de inocência decorre, ainda, uma exigência de respeito pela decisão de vontade do arguido.

Na Diretiva (EU) 2016/343 do Parlamento Europeu e do Conselho, de 9 de março de 2016, relativa ao reforço de certos aspetos da presunção de inocência, destaca-se que o suspeito e o arguido têm o direito de não ser apresentados como culpados pelas autoridades públicas antes da decisão definitiva, que o ónus da prova recai sobre a acusação, que qualquer dúvida razoável quanto à culpabilidade da pessoa em causa dever ser decidida a favor desta e que qualquer pessoa tem o direito à não autoincriminação e o direito ao silêncio (artigos 4º, 6º e 7º)[60].

[57] Cf. *supra*, Capítulo I, ponto 2.

[58] Cf. Figueiredo Dias, "Sobre os sujeitos processuais no novo Código de Processo Penal", p. 27 e *infra*, Capítulo VI, ponto 5.

[59] Cf. *infra*, Capítulo VII, ponto 3.4.

[60] Sobre a proposta que esteve na base da Diretiva – Proposta de Diretiva do Parlamento Europeu e do Conselho relativa ao reforço de certos aspetos da presunção de inocência, de

f) O *princípio do respeito pela decisão de vontade* do arguido, constitucionalmente fundado no princípio da presunção de inocência, na proibição de provas obtidas mediante tortura, coação, ofensa da integridade física ou moral da pessoa, abusiva intromissão na vida privada, no domicílio, na correspondência ou nas telecomunicações e na exigência de processo equitativo (artigos 32º, nºs 2, primeira parte, e 8, e 20º, nº 4, parte final, da CRP), tem especial incidência na posição processual deste sujeito, enquanto objeto de diligências probatórias (artigos 60º e 61º, nº 3, alínea *c)*, do CPP).

O arguido está protegido por um estatuto fundado no respeito incondicional pela sua decisão de vontade, com reflexos na matéria de prova, por via do princípio da legalidade da prova, de acordo com o qual *só são admissíveis as provas que não forem proibidas por lei.* E por via do reconhecimento do *direito à não autoincriminação*: do *direito ao silêncio* quanto às declarações relativas aos factos que lhe são imputados e aos seus antecedentes criminais (artigos 59º, nº 2, 61º, nº 1, alínea *d)*, 125º, 126º, 132º, nº 2, 141º, nºs 4, alíneas *a)* e *b)*, e 5, 143º, nºs 1 e 2, 144º, nº 1, 343º, nº 1, 344º e 345º, nº 1, segunda parte, do CPP); e do *direito a não facultar meios de prova*, como, por exemplo, a prova documental[61].

O direito do arguido à não autoincriminação, surgido no contexto restrito das declarações do arguido, lança hoje novas interrogações quanto ao seu âmbito de aplicação, nomeadamente perante a realidade dos perfis de ADN e das técnicas neurológicas para fins de investigação crimina[62]. E con-

27 de novembro de 2011, reformulada em dezembro de 2014 –, Maria João Antunes/Joana Costa, "Comentário à Proposta de Diretiva do Parlamento Europeu e do Conselho relativa ao reforço de certos aspetos da presunção de inocência e do direito de comparecer em tribunal em processo penal (com (2013) 821 final)", p. 21 e ss.

[61] Estes são direitos que a jurisprudência do Tribunal Europeu dos Direitos do Homem integra no *direito a um processo equitativo*, consagrado no artigo 6º da Convenção Europeia dos Direitos do Homem. Sobre isto, com referências jurisprudenciais abundantes, Joana Costa, "O princípio *nemo tenetur* na Jurisprudência do Tribunal Europeu dos Direitos do Homem", p. 130 e ss.

[62] No sentido de a colheita de saliva para efeitos de realização de análises de ADN não estar coberta pelo direito à não autoincriminação, Costa Andrade, "*Nemo tenetur se ipsum accusare* e direito tributário. Ou a insustentável indolência de um acórdão (nº 340/2013) do Tribunal Constitucional", p. 143 e s. Em sentido divergente, Silva Dias/Vânia Costa Ramos, *O direito à não auto-incriminação* (nemo tenetur se ipsum accusare) *no processo penal e contra-ordenacional*

tinua a discutir-se uma sua fundamentação mais substantiva ou antes mais adjetiva[63].

Na jurisprudência constitucional encontramos uma e outra abordagem no Ac. nº 155/2007, relativamente à colheita de vestígios biológicos de um arguido para determinação do seu perfil genético, quando este tenha manifestado a sua expressa recusa em colaborar ou permitir tal colheita. O TC entendeu que o direito à não autoincriminação não abrange o *uso, em processo penal, de elementos que se tenham obtido do arguido por meio de poderes coercivos, mas que existam independentemente da vontade do sujeito*, como é o caso da colheita de saliva para efeitos de realização de análises de ADN[64].

É também relevante para a discussão o Ac. nº 14/2014, de 28 de maio, que fixou jurisprudência no sentido de que "os arguidos que se recusarem à prestação de autógrafos, para posterior exame e perícia, ordenados pelo Exmº Magistrado do Mº Pº, em sede de inquérito, incorrem na prática de um crime de desobediência, previsto e punível pelo artigo 348º, nº 1 *b*), do Código Penal, depois de expressamente advertidos, nesse sentido, por aquela autoridade judiciária".

É também hoje pertinente a questão de saber se no processo penal podem ser valoradas provas que foram produzidas fora do seu âmbito e que lhe são, por isso, "emprestadas". Por exemplo, os documentos entregues à administração fiscal no cumprimento de um dever de colaboração, as declarações prestadas numa comissão parlamentar de inquérito, as declarações prestadas perante os reguladores dos mercados financeiros ou as declarações prestadas no contexto de uma investigação interna em meio empresarial. Com a dificuldade, neste último caso, de o pedido de empréstimo poder ser de uma pessoa coletiva que queira defender-se em processo onde se investigue a sua responsabilidade criminal[65].

português, p. 30 e ss. Sobre a questão, do ponto de vista das novas técnicas neurológicas, Susana Aires de Sousa, "Neurociências e processo penal: verdade *ex machina*?", p. 899 e ss.

[63] Sobre este aspeto, Costa Andrade, *Sobre as proibições de prova em processo penal*, p. 125 e s. e "*Nemo tenetur se ipsum accusare* e direito tributário. Ou a insustentável indolência de um acórdão (nº 340/2013) do Tribunal Constitucional", p. 147 e ss., e Silva Dias/Vânia Costa Ramos, *O direito à não auto-incriminação* (nemo tenetur se ipsum accusare) *no processo penal e contra-ordenacional português*, p. 14 e s.

[64] Para uma análise da jurisprudência do Tribunal Europeu dos Direitos do Homem relativamente à recusa de extração de material corpóreo para análise, Joana Costa, "O princípio *nemo tenetur* na Jurisprudência do Tribunal Europeu dos Direitos do Homem", p. 155 e ss.

[65] Sobre o tema, em geral, já Eduardo Talamini, "Prova emprestada no processo civil e penal", p. 145 e ss. O primeiro exemplo integra já a jurisprudência constitucional, por via do

g) Além dos deveres já referidos, em matéria de aplicação de medidas de coação e de garantia patrimonial e de efetivação de diligências probatórias, que o podem mesmo sujeitar a exames nos termos dos artigo 171º e 172º do CPP, o artigo 61º do CPP faz ainda recair sobre o arguido os deveres processuais de comparecer perante o juiz, o ministério público ou os órgãos de polícia criminal sempre que a lei o exigir e para tal tiver sido devidamente convocado (alínea *a)* do nº 3); de responder com verdade às perguntas feitas por entidade competente sobre a sua identidade (alínea *b)* do nº 3 e artigos 141º, nº 3, e 342º do CPP); e de prestar termo de identidade e residência logo que assuma a qualidade de arguido (alínea *c)* do nº 3 e artigo 196º do CPP).

4. Defensor

O defensor em processo penal tem o estatuto de sujeito processual[66]. O direito de escolher defensor e de ser por ele assistido em todos os atos do processo constitui uma das garantias de defesa do arguido que o processo criminal assegura, de acordo com o artigo 32º, nº 3, primeira parte, da CRP, onde se estatui ainda que a lei especifica os casos e as fases em que a assistência por advogado é obrigatória. É esta obrigatoriedade que aponta precisamente no sentido de o defensor ter uma posição de sujeito do processo penal. O artigo 20º, nº 1, da CRP complementa a norma constitucional, ao determinar que a justiça não pode ser denegada por insuficiência de meios económicos, o que é assegurando pela Lei nº 34/2004, de 29 de julho, sobre o acesso ao direito e aos tribunais, especificamente no que se refere à proteção jurídica em processo penal (artigos 39º a 44º).

Ac. nº 340/2013, com a anotação crítica de Costa Andrade, "*Nemo tenetur se ipsum accusare* e direito tributário. Ou a insustentável indolência de um acórdão (nº 340/2013) do Tribunal Constitucional", p. 121 e ss. Sobre isto, também Sandra Oliveira e Silva, "*Nemo tenetur se ipsum accusare* e direito tributário: das (iniludíveis) antinomias à harmonização (possível)", p. 833 e ss. Para os outros exemplos, Gustavo Badaró, "Prova emprestada no processo penal e a utilização de elementos colhidos em Comissões Parlamentares de Inquérito", p. 157 e ss., Paulo Sousa Mendes, "A utilização em processo penal das informações obtidas pelos reguladores dos mercados financeiros", p. 596 e ss., e Ana Pais, "Os programas de *compliance* e o risco de privatização do processo penal. Em especial, a problemática da "prova emprestada" e o princípio *nemo tenetur se ipsum accusare*", p. 671 e ss.

[66] Sobre isto, Figueiredo Dias, "Sobre os sujeitos processuais no novo Código de Processo Penal", p. 11, e *Direito Processual Penal*, 2004, p. 467 e ss.

Ao defensor não deve caber uma mera representação dos interesses do arguido, mas antes o papel de *órgão de administração da justiça que atua no exclusivo interesse da defesa*. Deve, por isso, haver atos em que a assistência do defensor é obrigatória, o que faz dele um sujeito do processo penal e não um mero participante. Um processo penal que assegure ao arguido todas as garantias de defesa caracteriza-se também pela assistência obrigatória do defensor. A atuação do defensor é exclusivamente em favor do arguido, pelo que se justifica que atue ainda que sem ou mesmo contra a vontade deste.

a) No CPP há uma disposição geral sobre a obrigatoriedade de assistência do defensor (artigo 64º, nº 1) que contempla os interrogatórios de arguido detido ou preso (artigos 141º, nº 2, e 144º, nº 3); os interrogatórios feitos por autoridade judiciária (artigo 143º, nº 2); o debate instrutório e a audiência (artigos 300º, nºs 3 e 4, 325º, nº 5, 332º, nº 5 e 384º, nº 6); qualquer ato processual, à exceção da constituição de arguido, sempre que o arguido for cego, surdo, mudo, analfabeto, desconhecedor da língua portuguesa, menor de 21 anos, ou se suscitar a questão da sua inimputabilidade ou da sua imputabilidade diminuída; os recursos ordinários ou extraordinários; as declarações para memória futura (artigos 271º e 294º); e a audiência de julgamento realizada na ausência do arguido (artigos 196º, nº 3, alínea *d)*, 333º, nº 7, e 334º, nº 4). Além de outros casos que a lei preveja, poderá ser sempre nomeado defensor ao arguido, se as circunstâncias do caso revelarem a necessidade ou a conveniência deste ser assistido, sendo obrigatoriamente nomeado, se não houver ainda defensor nomeado ou advogado constituído, quando for deduzida acusação contra o arguido ou requerida a abertura de instrução (artigos 64º, nºs 2 e 3, e 287º, nº 4). A não comparência do defensor nos casos em que a lei exigir a respetiva comparência constitui nulidade insanável (artigo 119º, alínea *c)*, do CPP).

A assistência obrigatória do defensor, muito particularmente quando o arguido seja "representado, para todos os efeitos possíveis, pelo defensor" (artigo 334º, nº 4, do CPP), autoriza-nos a concluir que este também *participa de forma constitutiva na declaração do direito do caso*.

No Ac. do TC nº 67/2006 não foi julgada inconstitucional a norma do artigo 281º do CPP, em conjunto com o disposto no artigo 64º do mesmo diploma, interpretados no sentido de ser dispensada a assistência de defensor ao arguido no ato em que este é chamado a dar a sua concordância à suspensão provisória do processo. O parâmetro de controlo foi precisamente o nº 3 do artigo 32º da CRP.

No Ac. 291/2006 também não foi julgada inconstitucional a norma constante do artigo 64º, nº 1, alínea *c)* do CPP, na parte em que exclui o arguido invisual das situações em que é obrigatória a assistência ao arguido pelo seu defensor em todos os atos processuais em que aquele esteja presente. Foi alegada a violação dos artigos 13º, nº 1, 32º, nº 3 e 71º, nº 1 e 2, da CRP, assim como dos princípios constitucionais subjacentes a essas disposições. Note-se, porém, que a inclusão do arguido cego teve lugar com a Lei nº 48/2007, de 29 de agosto.

b) Segundo o artigo 63º do CPP, o defensor exerce os direitos que a lei reconhece ao arguido, salvo os que ela reservar pessoalmente a este. Por exemplo, o direito de prestar declarações até ao encerramento da audiência, quando esta comece sem a sua presença; o direito à última palavra, o direito que a lei processual penal reconhece ao arguido de proferir as últimas declarações, mesmo antes de ser encerrada a discussão na audiência de julgamento; o direito de recorrer da sentença, depois de ter sido notificado da decisão, em caso de audiência na ausência do arguido (artigos 333º, nº 3, e 361º, nº 1, 333º, nº 5, 334º, nº 6, do CPP, respetivamente).

c) O defensor poderá ser um advogado ou um defensor nomeado, podendo o arguido, neste caso, constituir advogado em qualquer altura do processo, segundo o artigo 62º, nº 1, do CPP. Diferentemente do que já sucedeu entre nós exige-se hoje que a defesa seja técnica. Aponta nesse sentido o artigo 330º, nº 1, do CPP, na parte que se refere à substituição do defensor por outro advogado ou advogado estagiário e já não à substituição por *pessoa idónea*, como sucedia na versão original, e a alteração do nº 2 do artigo 62º do CPP. Na redação primitiva desta norma, a nomeação de defensor pelo juiz incidia *preferencialmente* (não exclusivamente) em advogado ou advogado estagiário.

d) A constituição de advogado ou a nomeação de defensor constitui uma garantia de defesa do arguido e, como tal, é assumida no CPP. Além do já destacado, note-se que o arguido goza, em qualquer fase do processo, do direito de, quando detido, comunicar, mesmo em privado, com o defensor (artigo 61º, nº 1, alínea *f)*, segunda parte, do CPP); que nem mesmo nos casos de terrorismo, criminalidade violenta ou altamente organizada se estende ao defensor o regime de incomunicabilidade a que pode ser sujeito o arguido antes do primeiro interrogatório judicial (artigo 143º, nº 4, do CPP); que é proibida, sob pena de nulidade, a apreensão e qualquer outra forma de controlo da correspondência entre o arguido e o seu defensor, salvo se o juiz tiver fundadas razões para crer que aquela constitui objeto ou elemento de um crime (artigo 179º, nº 2, do CPP); e que é proibida a interceção e a gravação de conversações ou comunicações entre o arguido e o seu defensor, salvo se o juiz tiver fundadas razões para crer que aquela constitui objeto ou elemento de um crime (artigo 187º, nº 5, do CPP).

A ressalva que é feita no artigo 143º, nº 4, do CPP – mesmo nos casos aí previstos o arguido poderá sempre comunicar, mesmo em privado, com o defensor – foi determinada pelo Ac. do TC nº 7/87. O Tribunal pronunciou-se, em sede de fiscalização preventiva do decreto que aprovou o CPP, no sentido da inconstitucionalidade da norma que estendia a incomunicabilidade ao defensor, por violação do artigo 32º, nº 3, da CRP. Para o Tribunal "'assistência abrange', não apenas a simples presença física do defensor aos atos do processo, mas o direito de o arguido comunicar com ele".

5. Assistente e ofendido

O assistente é também um sujeito do processo do penal[67]. O *assistente* é, em princípio, quem se considera *ofendido* com a infração penal, é o titular dos interesses que a lei quis especialmente proteger com a incriminação, nas palavras do artigo 68º, nº 1, alínea *a)*, do CPP[68]. Ao distinguir

[67] Sobre isto, Figueiredo Dias, "Sobre os sujeitos processuais no novo Código de Processo Penal", p. 9 e ss., e *Direito Processual Penal*, 2004, p. 505 e ss. E, ainda, Damião da Cunha, "A participação dos particulares no exercício da ação penal (alguns aspetos)", pp. 629 e s. e 638 e ss.

[68] Sobre um "conceito restrito" de ofendido, criticamente, Silva Dias, "A tutela do ofendido e a posição do assistente no processo penal português", p. 57 e ss.

o *assistente* do *ofendido*, a lei processual penal supõe que à constituição de assistente se liga o reconhecimento do estatuto de *sujeito processual* (artigos 68º, nº 1, alínea *a)*, e 69º do CPP), por contraposição ao de mero participante processual. A constituição de assistente, da qual decorre para quem se constitui o estatuto de sujeito do processo penal, é uma forma de proteger os interesses das vítimas da prática de crimes, já com muita tradição no direito processual penal português. A própria CRP inclui nas garantias de processo criminal o direito de o ofendido intervir no processo, nos termos da lei (artigo 32º, nº 7).

a) Segundo o artigo 68º do CPP podem constituir-se assistentes, além do ofendido maior de 16 anos e de outras pessoas e entidades a quem leis especiais conferirem esse direito: as pessoas de cuja queixa ou acusação particular depender o procedimento (alínea *b)* do nº 1 e artigos 113º, nº 1, e 117º do CP); no caso de o ofendido ter morrido sem ter renunciado à queixa, o cônjuge sobrevivo não separado judicialmente de pessoas e bens ou a pessoa, de outro ou do mesmo sexo, que com o ofendido vivesse em condições análogas às dos cônjuges, os descendentes e adotados, ascendentes e adotantes, ou, na falta deles, irmãos e seus descendentes, salvo se alguma dessas pessoas houver comparticipado no crime (alínea *c)* do nº 1 e artigos 113º, nº 2, e 117º do CP); no caso de o ofendido ser menor de 16 anos ou por outro motivo incapaz, o representante legal e, na sua falta, as pessoas indicadas na alínea *c)* do nº 1 do artigo 68º do CPP, segundo a ordem aí referida, ou, na ausência dos demais, a entidade ou instituição com responsabilidades de proteção, tutelares ou educativas, quando o mesmo tenha sido judicialmente confiado à sua responsabilidade ou guarda, salvo se alguma dessas pessoas houver comparticipado no crime (alínea *d)* do nº 1 e artigos 113º, nº 4, e 117º do CP); qualquer pessoa nos crimes contra a paz e a humanidade, bem como nos crimes de tráfico de influência, favorecimento pessoal praticado por funcionário, denegação de justiça, prevaricação, corrupção, peculato, participação económica em negócio, abuso de poder e de fraude na obtenção ou desvio de subsídio ou subvenção (alínea *e)* do nº 1).

Esta última alínea alarga o âmbito dos que podem constituir-se assistentes, em razão da natureza e da relevância dos bens jurídicos protegidos por estas incriminações, em matéria de violações do direito internacional humanitário (Lei nº 31/2004, de 22 de julho), de crimes contra a realização do Estado de direito (artigo 335º do CP), de crimes contra a realização da justiça (artigos 368º, 369º), de crimes cometidos no exercício de funções públicas (artigos 372º a 377º e 382º do CP), de crime de responsabilidade de titular de cargo político (artigos 16º a 18º, 20º a 23º e 26º da Lei nº 34/87, de 16 de julho) e de crimes contra a economia (artigos 36º e 37º do Decreto-Lei nº 28/84, de 20 de janeiro). Qualquer pessoa, desde que maior de 16 anos de idade, pode exercer o seu direito de cidadania de *contribuir de forma constitutiva para a declaração do direito do caso*, o que dá cumprimento ao "desejo de uma colaboração de todos os particulares na deteção e processamento de tais infrações"[69]. Qualquer pessoa o pode fazer, assumindo todas as responsabilidades ao nível do processo que daí advêm, nomeadamente a de guardar segredo quando o inquérito esteja subtraído à regra da publicidade (artigos 86º e 89º do CPP). A constituição de assistente é até estimulada pelo legislador. Por exemplo, a Lei nº 19/2008, de 21 de abril, que aprova medidas de combate à corrupção, estatui que "a constituição de assistente nos crimes referidos na alínea *e)* do nº 1 do artigo 68º do Código de Processo Penal das associações sem fins lucrativos cujo objeto principal seja o combate à corrupção não está sujeita ao pagamento de qualquer taxa de justiça" (artigo 5º).

A circunstância de não ser identificável um titular *individual* dos interesses que a lei quis *especialmente* proteger com a incriminação não deve obstar a que uma pessoa individual se constitua assistente se em relação a ela ainda se puder dizer que a incriminação *também* protege os seus interesses. Por exemplo: não obstante o crime de *denúncia caluniosa* ser um crime contra a realização da justiça (artigo 365º do CP), quem seja caluniado poderá constituir-se assistente.

De acordo com jurisprudência fixada, "no procedimento criminal pelo crime de falsificação de documento, previsto e punido pela alínea *a)* do nº 1 do artigo 256º do Código Penal, a pessoa cujo prejuízo seja visado pelo agente tem legitimidade para se constituir assistente" (Ac. nº 1/2003, de 16

[69] Cf. Figueiredo Dias, *Direito Processual Penal*, 2004, p. 514. Refere-se a um direito de cidadania Henriques Gaspar, *Código de Processo Penal*, comentário ao artigo 68º, ponto **8.** Cf., ainda, Silva Dias, "A tutela do ofendido e a posição do assistente no processo penal português", p. 62 e s.

de janeiro)[70]; "em procedimento por crime de abuso de confiança contra a segurança social, previsto e punido no artigo 107º do Regime Geral das Infrações Tributárias, o Instituto de Gestão Financeira da Segurança Social tem legitimidade para se constituir assistente" (Ac. nº 2/2005, de 16 de fevereiro); "no crime de denúncia caluniosa, previsto e punido pelo artigo 365º do Código Penal, o caluniado tem legitimidade para se constituir assistente no procedimento criminal instaurado contra o caluniador" (Ac. nº 8/2006, de 12 de outubro); "em processo por crime de desobediência qualificada decorrente de violação de providência cautelar, previsto e punido pelos artigos 391º do Código de Processo Civil e 348º, nº 2, do Código Penal, o requerente da providência tem legitimidade para se constituir assistente (Ac. 10/2010, de 17 de novembro).

Além do CPP, outras leis preveem a possibilidade de constituição de assistente. Por exemplo, a Lei nº 28/84, de 20 de janeiro (diploma sobre as infrações contra a economia e a saúde pública), estabelece que as associações de consumidores e as associações profissionais "são admitidas a intervir como assistentes nos processos previstos neste diploma" (artigo 44º, nº 1); a Lei nº 83/95, de 31 de agosto (diploma sobre direito de participação procedimental e ação popular) permite a constituição como assistente de associações e fundações que sejam titulares do direito de ação popular (artigos 1º e 25º); a Lei nº 20/96, de 6 de julho, prevê que "no caso de crimes cuja motivação resulte de atitude discriminatória em razão de raça ou de nacionalidade, designadamente nos crimes previstos nos artigos 132º, nº 2, alínea *d)*, 146º, 239º e 240º do Código Penal, podem constituir-se assistentes em processo penal as associações de comunidades de imigrantes, antirracistas ou defensoras dos direitos humanos, salvo expressa oposição do ofendido, quer este requeira ou não a sua constituição como assistente" (artigo único, nº 1); e a Lei nº 35/98, de 18 de julho (diploma que define o estatuto das organizações não governamentais de ambiente) reconhece legitimidade às ONGA para se constituírem assistentes em processo penal por crimes contra o ambiente (alínea *d)* do artigo 10º).

[70] Sobre esta jurisprudência, SILVA DIAS, "A tutela do ofendido e a posição do assistente no processo penal português", p. 61 e s.

b) O assistente é admitido a intervir no processo como colaborador do ministério público, a cuja atividade subordina a sua intervenção no processo (artigo 69º, nº 1, do CPP). É sempre representado por advogado (artigo 70º do CPP).

Compete ao assistente, em especial: intervir no inquérito e na instrução, oferecendo provas e requerendo as diligências que se afigurarem necessárias e conhecer os despachos que sobre tais iniciativas recaírem; deduzir acusação independente da do ministério público e, no caso de procedimento dependente de acusação particular, ainda que aquele a não deduza; e interpor recurso das decisões que o afetem, mesmo que o ministério público o não tenha feito, dispondo, para o efeito, de acesso aos elementos processuais imprescindíveis, sem prejuízo do regime aplicável ao segredo de justiça (artigos 69º, nº 2, 284º, 285º, e 401º, nº 1, alínea *b)*, do CPP).

A possibilidade que é dada ao assistente de *participar de forma constitutiva na declaração do direito do caso* está ainda presente na legitimidade para requerer a abertura da instrução (artigo 287º, nº 1, alínea *b)*, do CPP), no requisito da sua concordância para haver suspensão provisória do processo (artigo 281º, nº 1, alínea *a)*, do CPP) e na possibilidade que lhe é reconhecida de requerer ao ministério público a aplicação deste instituto.

Através do Assento nº 8/99, de 30 de outubro de 1997, foi fixada jurisprudência no sentido de que "o assistente não tem legitimidade para recorrer, desacompanhado do ministério público, relativamente à espécie e medida da pena aplicada, salvo quando demonstrar um concreto e próprio interesse em agir"[71].

O Ac. nº 5/2011, de 9 de fevereiro, fixou a seguinte jurisprudência: "em processo por crime público ou semipúblico, o assistente que não deduziu acusação autónoma nem aderiu à acusação pública pode recorrer da decisão

[71] Para uma análise crítica deste entendimento, Cláudia Santos, "Assistente, recurso e espécie e medida da pena", p. 151 e ss., e "A 'redescoberta' da vítima e o direito processual penal português", p. 1146 e ss. Sobre a questão, também Damião da Cunha, "A participação dos particulares no exercício da ação penal (alguns aspetos) ", p. 646 e s., e Helena Mourão, "Da delimitação subjetiva do direito ao recurso em matéria penal – Fundamento e legitimidade para recorrer", p. 25 e s.

de não pronúncia, em instrução requerida pelo arguido, e da sentença absolutória, mesmo não havendo recurso do Ministério Público"[72].

No Ac. nº 15/2016, de 26 de outubro, foi fixada jurisprudência no sentido de que "nos termos do artigo 70º, nº 1, do Código de Processo Penal, o ofendido que seja advogado e pretenda constituir-se assistente, em processo penal, tem de estar representado nos autos por outro advogado".

c) De acordo com o artigo 68º, nº 3, do CPP, o assistente pode intervir em qualquer altura do processo, aceitando-o no estado em que se encontrar, desde que o requeira ao juiz até cinco dias antes do início do debate instrutório ou da audiência de julgamento; no prazo estabelecido para deduzir acusação nos termos do artigo 284º do CPP ou para requerer a abertura da instrução; ou *no prazo para interposição de recurso da sentença.* Este último limite, constante da alínea *c)* daquele número e artigo, foi aditado pela Lei nº 130/2015, de 4 de setembro. O STJ fixou, entretanto, jurisprudência no sentido de que "após a publicação da sentença proferida em 1º instância, que absolveu o arguido da prática de um crime semipúblico, o ofendido não pode constituir-se assistente, para efeitos de interpor recurso dessa decisão, tendo em vista o disposto no artigo 68º, nº 3, do Código de Processo Penal, na redação vigente antes da entrada em vigor da Lei nº 130/2015, de 04-09" (Ac. nº 12/2016).

A posição processual do assistente e as suas atribuições, ou seja, a circunstância de ter estatuto de sujeito processual, faz-nos duvidar da bondade da alteração legislativa. Está mais de acordo com este estatuto fixar como limite temporal a *audiência de julgamento.* O *prazo para interposição de recurso da sentença* é um momento tardio para o assistente requerer a intervenção no processo, considerando que o que está em causa é a *participação constitutiva na declaração do direito do caso* e que o momento privilegiado para esta declaração é a audiência de julgamento em 1ª instância.

d) A versão primitiva do CPP previa somente o *ofendido* e o *assistente* como participantes processuais, reconhecendo ao último o estatuto de sujeito do processo penal. A utilização do termo *vítima,* em apenas dois dos seus artigos (1º, nº 1, alínea *g*), e 88º), estava reservada para os casos

[72] Em sentido concordante, HELENA MOURÃO, "Da delimitação subjetiva do direito ao recurso em matéria penal – Fundamento e legitimidade para recorrer", p. 26 e s.

em que fosse necessário lançar mão da categoria criminológica que o termo concretiza[73].

Na versão vigente, por via de alterações legislativas que certamente desconhecem o sentido de cada um destes conceitos, com destaque para a Lei nº 130/2015, de 4 de setembro, a *vítima* surge também como participante processual enquanto tal, na aceção geral do conceito. Por exemplo: segundo o artigo 281º, nº 7, em processo por crime de violência doméstica não agravado pelo resultado, a vítima pode requerer ao ministério público a suspensão provisória do processo; de acordo com o artigo 292º, nº 2, o juiz de instrução interroga a vítima, mesmo que não se tenha constituído assistente, quando o julgar necessário e sempre que esta o solicitar; em face do estatuído no artigo 212º, nº 4, em caso de revogação e substituição das medidas de coação, a vítima deve ser ouvida, sempre que necessário, mesmo que não se tenha constituído assistente.

É muito mais criticável, porém, a introdução, agora feita através daquela Lei, de um novo artigo no CPP – o artigo 67º-A (*Vítima*) –, ao qual correspondeu a introdução de um novo *título* no *livro I* da *parte I – Vítima*. Segundo o preceituado nos nºs 4 e 5, assiste à vítima o direito de participação ativa no processo penal, bem como o direito a colaborar com as autoridades policiais ou judiciárias competentes, prestando informações e facultando provas que se revelem necessárias à descoberta da verdade e à boa decisão da causa[74]. Com isto perde a categorização criminológica e a distinção ao nível processual dos diversos papéis que a vítima pode desempenhar no processo penal (ofendido, assistente ou lesado). Ganhará, certamente, o discurso político, o discurso que é apenas "politicamente correto".

Aquela Lei de 2015 aprova o *Estatuto da Vítima*, um conjunto de medidas que visam assegurar a proteção e a promoção dos direitos das vítimas da criminalidade (artigos 1º e 11º a 27º), transpondo a Diretiva 2012/

[73] Sobre a evolução legislativa nesta matéria, até 2007, Cláudia Santos, "A 'redescoberta' da vítima e o direito processual penal português", p. 1137 e ss. Para algumas interrogações sobre a relevância que a vítima vem assumindo, Lamas Leite, "Alguns claros e escuros no tema da mediação penal de adultos", p. 581 e ss.

[74] Não obstante as alterações legislativas de 2015, Cláudia Santos, "Beccaria e a Publicização da Justiça Penal à Luz da Contemporânea Descoberta da Vítima (a alteração ao Código de Processo Penal introduzida pela Lei nº 130/2015, de 4 de setembro, e o sentido da nova definição de vítima", p. 146 e s., conclui que a vítima não é um novo sujeito do processo penal.

/29/UE do Parlamento Europeu e do Conselho, de 25 de outubro de 2012, que estabelece normas relativas aos direitos, ao apoio e à proteção das vítimas da criminalidade e que substitui a Decisão-Quadro 2001/ /220/JAI do Conselho, de 15 de março de 2001.

A Lei nº 130/2015 procede à distinção entre "vítima" e "vítima especialmente vulnerável" (artigos 20º e 21º e 67º-A, nºs 1 e 2, do CPP), estatuindo que integram esta última categoria as vítimas de criminalidade violenta e de criminalidade especialmente violenta (artigos 1º, alíneas *j)* e *l)*, e 67º, nº 3, do CPP), adotando um conceito amplo de vítima, bem distinto do de *ofendido* (artigo 68º, nº 1, alínea *a)*, do CPP). Abrange "a pessoa singular que sofreu um dano, nomeadamente um atentado à sua integridade física, ou psíquica, um dano emocional ou moral, ou um dano patrimonial, diretametne causado por ação ou omissão, no âmbito da prática de um crime", bem como "os familiares de uma pessoa cuja morte tenha sido diretamente causada por um crime e que tenham sofrido um dano em consequência dessa morte" (artigo 67º-A, nº 1, alínea *a)*, do CPP)[75].

6. Partes civis

A intervenção processual do *ofendido* ou do *assistente* ocorre na "ação penal" propriamente dita. Já na "ação civil", correspondente ao pedido de indemnização de perdas e danos emergentes da prática do crime, intervém o *lesado*. Por lesado entende-se a pessoa que sofreu danos ocasionados pelo crime, ainda que se não tenha constituído ou não possa constituir-se assistente, o que é significativo da autonomia das figuras. O lesado pode, de facto, não ser o ofendido da prática do crime, do mesmo modo que o pedido de indemnização de perdas e danos pode ser deduzido contra *pessoas com responsabilidade meramente civil.* O *demandado* pode, pois, não ter também a posição de arguido (artigos 73º e 74º do CPP). O *lesado* e a *pessoa com responsabilidade civil* são as partes civis que intervêm no processo penal.

A indemnização de perdas e danos emergentes de crime é regulada pela lei civil (artigo 129º do CP). Porém, o pedido correspondente é deduzido pelo lesado no processo penal respetivo, segundo um *princípio de*

[75] No sentido de que o conceito de vítima não deve estender-se para além da pessoa *diretamente atingida*, Costa Andrade, *A vítima e o problema criminal*, p. 36 e s.

adesão, só o podendo ser em separado nos casos previstos na lei (artigos 71º, 72º e 74º do CPP). A ação de indemnização conserva a sua especificidade de verdadeira ação civil, respeitando, nomeadamente, o princípio do pedido, o que faz das partes civis *sujeitos da ação civil* e não da penal (artigos 72º, 73º, 74º e 77º e, ainda, 400º, nº 3, do CPP). Deve-se concluir que "as partes civis se podem (e porventura devem) ser consideradas sujeitos do processo penal num sentido eminentemente formal, já de um ponto de vista material são sujeitos da ação civil que adere ao processo penal e que como ação civil permanece até ao fim"[76].

a) O princípio da adesão (artigo 71º do CPP) só excecionalmente é quebrado, podendo haver pedido em separado nos casos previstos no artigo 72º do CPP.

Também só por força de razões ponderosas é que é quebrado o princípio do pedido, sem que seja posta em causa, porém, a natureza civil da quantia arbitrada oficiosamente. A Lei nº 59/98, de 25 de agosto, introduziu o artigo 82º-A, nos termos do qual o tribunal pode atribuir, em caso de *condenação*, uma quantia a título de *reparação* pelos prejuízos sofridos, quando particulares exigências de proteção da vítima o imponham, ainda que não tenha sido deduzido pedido de indemnização civil no processo penal ou em separado[77]. E com as alterações introduzidas pela Lei nº 48/2007, de 29 de agosto, este artigo passou mesmo a poder ter aplicação em processo sumaríssimo, onde não é permitida a intervenção das partes civis (artigos 393º e 394º do CPP).

Por outro lado, o artigo 21º, nº 2, da Lei nº 112/2009, de 16 de setembro (diploma que estabelece o regime jurídico aplicável à prevenção da violência doméstica, à proteção e à assistência das suas vítimas), dispõe que, para efeito desta lei, há sempre lugar à aplicação do disposto no artigo 82º-A do CPP, exceto nos casos em que a vítima a tal expressamente se opuser; e o artigo 16º, nº 2, da Lei nº 130/2015, de 4 de setembro

[76] Cf. Sobre isto e, em geral, sobre o estatuto processual do lesado, FIGUEIREDO DIAS, "Sobre os sujeitos processuais no novo Código de Processo Penal", p. 15, e COSTA PINTO, "O estatuto do lesado no processo penal", p. 694 e ss.

[77] A lei portuguesa prevê um regime especial de indemnização a vítimas de crimes violentos e de violência doméstica na Lei nº 104/2009, de 14 de setembro – de adiantamento pelo Estado das indemnizações devidas a estas vítimas –, regime que não prejudica o disposto no artigo 82º-A, segundo o disposto no artigo 247º, nº 3, do CPP.

(diploma que aprova o estatuto da vítima), estatui que há sempre lugar à aplicação do disposto no artigo 82º-A do CPP em relação a vítimas especialmente vulneráveis, exceto nos casos em que a vítima a tal expressamente se opuser.

Ainda assim, apesar do disposto nas normas referidas, estamos perante uma *indemnização*. Trata-se de uma indemnização que, excecionalmente, é arbitrada oficiosamente.

b) Como sujeitos que são da ação civil, a intervenção processual das partes civis (do demandado civil e do lesado) restringe-se à sustentação e à prova da questão civil (artigo 74º, nºs 2 e 3, do CPP), sem prejuízo de o *lesado* poder requerer que o arguido ou o civilmente responsável prestem *caução económica* ou que seja decretado contra estes o *arresto preventivo*, se houver fundado receio de que faltem ou diminuam substancialmente as garantias de pagamento da indemnização ou de outras obrigações civis derivadas do crime (artigos 227º, nº 3, e 228º, nº 3, do CPP). Estes dois meios processuais são medidas de garantia patrimonial que não perdem, porém, natureza processual penal. Ainda que utilizados no âmbito de uma relação de natureza civil, terão sempre que ver com a indemnização ou outras obrigações civis emergentes da prática de um *crime*[78].

7. Órgãos de polícia criminal

Para efeitos do disposto no CPP, "órgãos de polícia criminal" são "todas as entidades e agentes policiais a quem caiba levar a cabo quaisquer atos ordenados por uma autoridade judiciária ou determinado por este Código" (alínea *c)* do artigo 1º). E são "autoridades de polícia criminal" os "diretores, oficiais inspetores e subinspetores de polícia e todos os funcionários policiais a quem as leis respetivas reconhecerem essa qualidade" (alínea *d)* do artigo 1º).

O CPP emprega aqui uma "técnica de duplo reenvio"[79]. Relativamente ao que devemos entender por "órgãos de polícia criminal" e por "autoridades de polícia criminal", o CPP reenvia-nos sempre, *internamente*, para a definição formal constante daquelas alíneas do artigo 1º e destas, *exter-*

[78] Cf. *infra*, Capítulo VI, ponto 6.

[79] Cf. Faria Costa, "As Relações entre o Ministério Público e a Polícia: a Experiência Portuguesa", p. 238 e s.

namente, para as leis orgânicas e estatutárias das várias polícias. Daquelas alíneas avulta também, de imediato, que o CPP não atribui competências processuais especificamente a uma qualquer polícia, resultando antes que o estatuto de órgão e de autoridade de polícia criminal e as respetivas competências decorrem da lei, nomeadamente da *Lei de organização da investigação criminal* (Lei nº 49/2008, de 27 de agosto – artigos 3º a 9º) e das leis próprias daqueles órgãos e autoridades. Por outras palavras, "o CPP parte, pois, da ideia de que o que define a atividade de um órgão, enquanto órgão de polícia criminal, é, não a sua qualificação orgânica ou institucional, mas sim a qualidade dos atos que pratica"[80].

A Lei nº 49/2008, dispõe no artigo 3º, nº 1, que são órgãos de polícia criminal de *competência genérica*, a Polícia Judiciária (artigos 1º a 5º da Lei nº 37/2008, de 6 de agosto), a Guarda Nacional Republicana (artigo 3º, nº 1, alínea *e)*, da Lei nº 63/2007, de 6 de novembro) e a Polícia de Segurança Pública (artigo 3º, nº 2, alínea *e)*, da Lei nº 53/2007, de 31 de agosto), estando a respetiva competência definida nos artigos 6º e 7º Já são órgãos de polícia criminal de *competência específica*, por exemplo, o Serviços de Estrangeiros e Fronteiras (artigos 1º, nº 2, e 2º, nº 1, alínea *g)*, do Decreto-Lei nº 252/2000, de 21 de setembro), a Autoridade de Segurança Alimentar e Económica (artigo 15º, nº 1, do Decreto-Lei nº 194/2012, de 23 de agosto), os Serviços da Administração Tributária (artigo 40º, nº 2, da Lei nº 15/2001, de 5 de junho – *Regime Geral das Infrações Tributárias*) e a Inspeção-Geral da Agricultura, do Mar, do Ambiente e do Ordenamento do Território (artigos 2º, nº 2, alínea *h)*, e 11º, nº 1, do Decreto-Lei nº 23/2012, de 1 de fevereiro).

a) Os órgãos de polícia criminal atuam, no processo, sob a direção das autoridades judiciárias (ministério público, juiz e juiz de instrução, segundo o artigo 1º, alínea *b)*, do CPP) e na sua dependência funcional, competindo-lhes coadjuvá-las com vista à realização das finalidades do processo (artigos 55º, nº 1, 56º, 263º, 270º, 288º, nº 1, e 290º, nº 2, do CPP).

Segue-se um modelo que concilia a *autonomia orgânica* destes órgãos, no sentido de persistir a sua dependência organizatória, administrativa

[80] Cf. Damião da Cunha, *O Ministério Público e os Órgãos de Polícia Criminal no Novo Código de Processo Penal*, p. 14.

e disciplinar perante o poder executivo, com a *dependência funcional* em relação às autoridades judiciárias[81].

Esta dependência funcional faz dos órgãos de polícia criminal meros participantes processuais. Sem prejuízo de as investigações e os atos delegados pelas autoridades judiciárias serem realizados por funcionários designados pelas autoridades de polícia criminal competentes para o efeito, no âmbito da *autonomia técnica* (que assenta na utilização de um conjunto de conhecimentos e métodos de agir adequados) e da *autonomia tática* (que consiste na escolha do tempo, lugar e modo adequados à prática dos atos correspondentes ao exercício das atribuições legais dos órgãos de polícia criminal) necessárias ao eficaz exercício dessas atribuições; e sem prejuízo de os órgãos de polícia criminal impulsionaram e desenvolverem, por si, as diligências legalmente admissíveis (artigo 2º, nºs 5, 6, e 7, primeira parte, da *Lei de organização da investigação criminal*, Lei nº 49/2008). Ficando sempre assegurado que a autoridade judiciária pode, a todo o tempo, avocar o processo, fiscalizar o seu andamento e legalidade e dar instruções específicas sobre a realização de quaisquer atos (artigo 2º, nº 7, parte final da mesma Lei).

b) Aos órgãos de polícia criminal está legalmente deferida a prática de certos atos, mesmo por iniciativa própria. Está-lhes reservada uma área de competência própria, apesar da sua posição processual de participantes processuais e ainda que tais atos dependam depois de validação da autoridade judiciária[82].

Compete-lhes colher notícia dos crimes e impedir tanto quanto possível as suas consequências; descobrir os seus agentes; levar a cabo os atos necessários e urgentes destinados a assegurar os meios de prova; proceder à constituição de arguido e sujeitá-lo a termo de identidade e residência (artigos 55º, nº 1, 58º, nº 2, 171º, nº 4, 173º, 174º, nº 5, 177º, nº 3, 178º, nº 4, 196º, nº 1, 241º, 243º, 248º a 253º e 257º, nº 2, do CPP).

[81] Cf. Sobre isto, Figueiredo Dias, "Sobre os sujeitos processuais no novo Código de Processo Penal", p. 12 e ss. Em geral, sobre o relacionamento entre o ministério público e os órgãos de polícia criminal, Damião da Cunha, *O Ministério Público e os Órgãos de Polícia Criminal no Novo Código de Processo Penal*, p. 105 e ss., e Faria Costa, "As Relações entre o Ministério Público e a Polícia: a Experiência Portuguesa", p. 235 e ss.

[82] Cf. *infra*, Capítulo VI, ponto 3.

Alguns dos atos que integram a área de competência própria dos órgãos de polícia criminal estão reservados às autoridades de polícia criminal, como, por exemplo, a detenção fora de flagrante delito, nos termos do disposto no artigo 257º, nº 2. Bem como lhe estão reservados atos que dependem de delegação da autoridade judiciária, como, por exemplo, ordenar a efetivação de perícia, nos casos previstos no artigo 270º, nº 3, do CPP.

Capítulo IV
A tramitação do processo penal comum – a fase de inquérito

A tramitação do processo penal comum é tendencialmente unitária. É *unitária*, porque é sempre integrada pelas fases obrigatórias de inquérito (artigo 262º e ss. do CPP) e de julgamento (artigo 311º e ss.) e pela fase facultativa de instrução (artigo 286º e ss. do CPP). É *tendencialmente* unitária na medida em que, consoante a natureza, a gravidade do crime ou a maior ou menor facilidade de apreciação e valoração da prova por parte do tribunal, assim é competente para julgar o tribunal do júri, o tribunal coletivo ou o tribunal singular (artigos 13º, 14º e 16º do CPP).

As diversas fases do processo comum e este processo como um todo obedecem a um conjunto de princípios gerais. Estes princípios gerais do processo penal, cujo papel ao nível da interpretação da lei processual penal e da integração de lacunas já foi enfatizado[83], podem agrupar-se em princípios gerais da *promoção processual*, da *prossecução processual*, da *prova* e da *forma*. Sem que se possa afirmar que cada tipo de princípios tem que ver especificamente com determinada fase do processo, a verdade é que em cada uma há uns que são mais pertinentes do que outros. É o que sucede, por exemplo, com os princípios gerais da promoção processual

[83] Cf. *supra*, Capítulo II, ponto 1.

e com alguns dos princípios da prossecução processual relativamente à fase de inquérito.

1. Princípios gerais da promoção processual

Os princípios gerais relativos à promoção do processo penal são os princípios da *oficialidade*, da *legalidade* e da *acusação*.

1.1. Princípio da oficialidade

Segundo o *princípio da oficialidade*, a *iniciativa de investigar* a prática de uma infração e a *decisão de a submeter a julgamento* cabe a uma entidade *pública*, estadual[84]. Não cabe, portanto, a uma entidade particular, designadamente ao ofendido ou a outras pessoas.

O direito penal é um direito de tutela subsidiária de bens jurídicos, o que faz do processo penal um assunto da comunidade jurídica, em consonância com o entendimento de que é tarefa estadual perseguir e punir o crime e o criminoso, firmando-se nesta matéria o princípio do monopólio estadual da função jurisdicional (artigos 9º, alínea *b)*, 27º, nº 2, e 202º, nºs 1 e 2, da CRP).

O princípio da oficialidade é acolhido no artigo 219º, nº 1, da CRP quando defere ao *ministério público* – a uma entidade estadual – competência para *exercer a ação penal*. No CPP, o artigo 48º confere ao *ministério público* legitimidade para *promover o processo penal*, competindo-lhe *adquirir a notícia do crime* (artigo 241º) e, em especial, *receber as denúncias, as queixas e as participações e apreciar o seguimento a dar-lhes* (alínea *a)* do nº 2 do artigo 53º), bem como, investigada a notícia do crime, encerrar o inquérito, *arquivando-o* ou *deduzindo acusação* (artigo 276º, nº 1). Por seu turno, o artigo 119º, alínea *b)*, comina a sanção da nulidade quando não haja promoção do processo pelo ministério público nos termos do artigo 48º, constituindo a falta uma *nulidade insanável*.

A regra de que relativamente aos crimes públicos cabe ao ministério público promover o processo penal (artigos 48º, 53º, nº 2, alínea *a)*, e 276º, nº 1, do CPP) comporta desvios que se traduzem em limitações e exceções ao princípio da oficialidade: limitações decorrentes da existência de *crimes semipúblicos* e exceções derivadas da existência de *crimes particulares*.

[84] Sobre este princípio, Figueiredo Dias, *Direito Processual Penal*, 1988-89, § 122 e ss.

a) Os crimes semipúblicos – crimes cujo procedimento criminal depende de queixa (por exemplo, artigos 143º, nº 2, e 178º, nºs 1 e 3, do CP) – constituem uma limitação ao princípio da oficialidade, na medida em que é necessário que o ofendido ou outras pessoas (artigo 113º do CP) deem conhecimento do facto ao ministério público (ou a qualquer outra entidade que tenha obrigação legal de lha transmitir) para que este promova o processo (artigo 49º, nºs 1 e 2, do CPP). Constituem apenas uma limitação ao princípio, uma vez que cabe depois ao ministério público, ao encerrar o inquérito, arquivá-lo ou deduzir acusação (artigo 276º, nº 1, do CPP). Sem prejuízo de o titular do direito de queixa (artigo 113º do CP) poder desistir da mesma até à publicação da sentença de primeira instância, desde que não haja oposição do arguido, a quem é dada desta forma a possibilidade de afirmar a sua inocência perante um tribunal (artigos 116º, nº 2, do CP e 51º do CPP). De um outro ângulo, pode afirmar-se que, desta forma, previne-se uma *forma larvada de roubo do conflito*[85].

b) Os crimes particulares – crimes cujo procedimento criminal depende de acusação particular (por exemplo, artigos 188º e 207º do CP) – já constituem uma exceção ao princípio da oficialidade, na medida em que é necessário que o ofendido ou outras pessoas (artigos 113º e 117º do CP) se queixem, se constituam assistentes e deduzam acusação particular (artigos 50º, nº 1, 246º, nº 4, e 68º, nºs 1, alínea *b)*, e 2, e 285º, nº 1, do CPP). Constituem uma exceção, por um lado, porque a abertura do inquérito por parte do ministério público está dependente da apresentação da queixa do ofendido (ou de outras pessoas) e da constituição deste como assistente; e, por outro, porque cabe ao assistente, no final do inquérito, decidir sobre a dedução da acusação. Caso seja apresentada acusação particular, ao ministério público caberá apenas acusar pelos mesmos factos, por parte deles ou por outros que não importem uma alteração substancial daqueles (artigos 50º, nº 2, e 285º, nº 4, do CPP). Sem prejuízo de o titular do direito de acusação particular (artigos 113º e 117º do CP) poder desistir da mesma até à publicação da sentença de primeira instância, desde que não haja oposição do arguido, a quem é dada desta forma a possibilidade de afirmar a sua inocência perante

[85] Cf. Costa Andrade, "Consenso e oportunidade (reflexões a propósito da suspensão provisória do processo e do processo sumaríssimo)", p. 336.

um tribunal (artigos 116º, nº 2, e 117º do CP e 51º do CPP). De um outro ângulo, pode afirmar-se que, desta forma, previne-se uma *forma larvada de roubo do conflito*[86].

O STJ fixou jurisprudência no sentido de que "em procedimento dependente de acusação particular, o direito à constituição como assistente fica precludido se não for apresentado requerimento para esse efeito, no prazo fixado nº 2 do artigo 68º do Código de Processo Penal" (Ac. nº 1/2011, de 16 de dezembro de 2010).

No direito vigente, a abertura de inquérito depende da apresentação da queixa e da constituição como assistente no prazo fixado no artigo 68º, nº 2, do CPP. Nem sempre foi assim, designadamente na versão primitiva do CPP. Em bom rigor, a constituição de assistente só se justifica para o efeito de ser deduzida acusação particular. Esta deve ser da competência de um sujeito processual e não de um mero participante. A exigência atual, no sentido de fazer depender a abertura do inquérito de tal constituição, tem por ela uma maior ponderação quanto à decisão de promover o processo tendo em vista a dedução de uma acusação. Não se corre tanto o risco de tal ponderação ocorrer somente no final do inquérito, abrindo a porta a investigações em vão e a constituições de arguido desnecessárias.

c) Não obstante o procedimento criminal depender de queixa ou de acusação particular, o ministério público poderá dar início ao procedimento no prazo de seis meses a contar da data em que tiver tido conhecimento do facto e dos seus autores, sempre que *o interesse do ofendido o aconselhar* e este for *menor* ou *não possua o discernimento para entender o alcance e o significado do exercício do direito* de queixa ou de acusação particular, substituindo-se ao titular deste direito (artigos 113º, nº 5, alínea *a)*, e 117º do CP). Poderá, ainda, dar início ao procedimento no prazo de seis meses a contar da data em que tiver tido conhecimento do facto e dos seus autores, sempre que *o interesse do ofendido o aconselhar* e o direito de queixa ou de acusação particular não possa ser exercido porque a sua titularidade caberia apenas ao agente do crime (artigos 113º, nº 5, alínea *b)*, e 117º do CP). Para acautelar que o exercício do direito de queixa e de acusação

[86] Cf. COSTA ANDRADE, "Consenso e oportunidade (reflexões a propósito da suspensão provisória do processo e do processo sumaríssimo)", p. 336.

particular prossiga de facto os interesses da vítima, o ofendido poderá sempre exercer tal direito, se o mesmo não tiver sido exercido ou se não tiver sido dado início ao procedimento, a partir da data em que passe a ter capacidade para o seu exercício (16 anos), de acordo com o que dispõem os artigos 113º, nº 6, e 117º do CP.

Relativamente aos crimes de coação sexual e de violação, cujo procedimento criminal dependa de queixa – por exemplo, por a vítima ser maior –, prevê-se agora, na sequência das alterações introduzidas pela Lei nº 83/2015, de 5 de agosto, que o ministério público possa dar início ao procedimento, no prazo de seis meses a contar da data em que tiver tido conhecimento do facto e do seus autores, sempre que o interesse da vítima o aconselhe (artigos 163º, 164º e 178º, nºs 1 e 2, do CP). Trata-se de solução que já vigorou entre nós, relativamente aos crimes de violência doméstica e contra a liberdade e a autodeterminação sexual de menores, que encontra justificação nos casos em que a não apresentação da queixa ocorre para proteção de interesses distintos daqueles em que se funda a natureza semipública dos crimes. A solução não deixa, porém, de levantar uma série de questões quanto ao seu regime jurídico[87].

d) As razões que justificam as limitações e as exceções assinaladas são várias: relativamente a certas infrações não é comunitariamente exigível a existência de um processo penal se o ofendido assim o entender (por exemplo, tratando-se de crime contra a integridade física simples – artigo 143º do CP – ou de crime de furto simples – artigos 203º, nºs 1 e 2, e 207º, nºs 1, alínea *b)*, e 2, do CP); a promoção processual pode ser prejudicial para interesses da vítima dignos de consideração, porque se relacionam diretamente com a intimidade da vida privada ou familiar (por exemplo, estando em causa crime de intervenções e tratamentos médico-cirúrgicos arbitrários – artigo 156º do CP –, crime contra a honra – artigos 180º, 181º e 188º do CP – ou crime de furto entre parentes – artigos 203º, nº 1, e 207º, nº 1, alínea *a)*, do CP); a promoção processual pode ser pre-

[87] Sobre isto, Costa Pinto, "O estatuto do lesado no processo penal", p. 690, e Maria João Antunes, "Sobre a irrelevância da oposição ou da desistência do titular do direito de queixa (artigo 178º-2 do Código Penal). Acórdão da Relação do Porto de 10 de Fevereiro de 1999", p. 315 e ss., e "Oposição de maior de 16 anos à continuação de processo promovido nos termos do artigo 178º, nº 4, do Código Penal", p. 21 e ss.

judicial para os interesses da vítima também por ao "mal do crime" poder vir a acrescer o "mal do processo", gerando um fenómeno de vitimização secundária (por exemplo, tratando-se de crime contra a liberdade sexual – artigos 164º e 178º do CP); desta forma alcança-se um desejável efeito de descriminalização real de certos comportamentos (por exemplo, quanto ao crime de atos sexuais com adolescentes – artigos 173º e 178º, nº 3, do CP), nomeadamente quando há dúvidas quanto à legitimidade da incriminação (por exemplo, quando está em causa um crime de importunação sexual – artigos 170º e 178º, nº 1, do CP). Por outro lado, há também razões atinentes ao próprio processo penal. Quando entre o agente da prática do crime, o ofendido e quem possa ser chamado ao processo na qualidade de testemunha intercedam relações de proximidade, a produção da prova dos factos imputados pode ser particularmente difícil. Por exemplo, quando seja possível a recusa de depoimento (artigo 134º, nº 1, do CPP)[88].

A opção pela natureza pública ou não do crime tem sofrido alterações em duas matérias muito particulares: a dos crimes de violência doméstica (artigo 152º do CP) e a dos crimes contra a liberdade e a autodeterminação sexual de menores (artigos 163º e ss. do CP e, em especial, artigo 178º), mercê da verificação de que nem sempre o não exercício do direito de queixa correspondia à proteção dos interesses da vítima do crime. Subsiste, porém, em aberto a questão de saber se a opção vigente no sentido da natureza pública de tais crimes é a mais correta do ponto de vista dos interesses da vítima, em nome de quem se sucederam já tantas alterações legislativas (Decreto-Lei nº 48/95, de 15 de março, Lei nº 65/98, de 2 de setembro, Lei nº 7/2000, de 27 de maio, Lei nº 99/2001, de 25 de agosto, e Lei nº 59/2007, de 4 de setembro)[89]. A possibilidade de haver suspensão provisória do processo, *mediante requerimento livre e esclarecido da vítima* ou *tendo em conta o interesse da vítima* é sintoma claro das dúvidas

[88] Sobre estas razões, DAMIÃO DA CUNHA, "A participação dos particulares no exercício da ação penal (alguns aspetos)", pp. 597 e ss. e 621 e ss., e MARIA JOÃO ANTUNES, "Oposição de maior de 16 anos à continuação de processo promovido nos termos do artigo 178º, nº 4, do Código Penal", p. 21 e s.

[89] Para esta evolução legislativa, no que toca a crimes contra a liberdade e autodeterminação sexual de menores, RITA ALFAIATE, "Crimes sexuais contra menores: questões de promoção processual", p. 720 e ss.

quanto à opção pela natureza pública ou semipública de tais crimes (artigos 281º, nºs 7 e 8, do CPP e 178º, nº 4, do CP).

Em relação ao efeito de vitimização secundária a que fizemos referência, é de salientar que o processo penal tem evoluído no sentido de minimizar o "mal do processo", com o intuito de não dissuadir o ofendido (ou outras pessoas) da apresentação da queixa, nomeadamente por via da exclusão da publicidade dos atos processuais em caso de processo por crime de tráfico de pessoas ou contra a liberdade e a autodeterminação sexual (artigo 87º, nº 3, do CPP); das declarações para memória futura (artigos 271º, 294º, 355º e 356º, nº 2, alínea *a)*, do CPP); de regras especiais quanto à inquirição de testemunhas menores de 16 anos, havendo mesmo a possibilidade de afastamento do arguido durante a prestação de declarações (artigos 349º e 352º do CPP); e da previsão no sentido de as delegações e os gabinetes médico-legais do Instituto Nacional de Medicina Legal poderem também receber as denúncias de crimes, no âmbito da atividade pericial que desenvolvam, devendo remetê-las no mais curto prazo ao ministério público (artigo 4º da Lei nº 45/2004, de 19 de agosto – *Lei das perícias médico-legais e forenses*).

Por seu turno, a Lei nº 130/2015, de 31 de agosto – diploma que aprova o *Estatuto da Vítima* – reconhece à vítima um leque significativo de direitos (artigo 11º e ss.), assumindo expressamente que devem ser criadas condições adequadas para prevenir a vitimização secundária, como, por exemplo, a audição da vítima em ambiente reservado e informal (artigo 17º) e, nomeadamente através da constituição de uma rede de gabinetes de atendimento e informação à vítima nos órgãos de polícia criminal (artigo 18º). Além de lhe poder ser atribuído o estatuto de vítima especialmente vulnerável (artigos 20º e ss. e 67º-A, nº 1, alínea *b)*, do CPP).

1.2. Princípio da legalidade

Por força do *princípio da legalidade*, o ministério público está obrigado a promover o processo sempre que adquirir a notícia do crime e a deduzir acusação sempre que recolher indícios suficientes da prática do crime e de quem foi o seu agente, havendo consequentemente a exclusão de um juízo de *oportunidade* quer sobre a decisão de iniciar o processo quer sobre a de submeter a causa a julgamento[90]. O princípio, enquanto prin-

[90] Sobre este princípio, FIGUEIREDO DIAS, *Direito Processual Penal*, 1988-89, § 142 e ss.

cípio da promoção processual não se confunde com o *princípio da legalidade do processo*, segundo o qual a aplicação de penas e de medidas de segurança criminais só pode ter lugar em conformidade com as disposições do CPP (artigo 2º do Código).

A exclusão da ponderação de razões de oportunidade de qualquer ordem (política, económico-financeira, religiosa, social) põe a justiça penal a coberto de suspeitas e de tentações de parcialidade e de arbítrio, ligando-se por esta via ao princípio da igualdade na administração da justiça penal (artigo 13º da CRP).

O princípio da legalidade decorre do artigo 219º, nº 1, da CRP quando defere ao ministério público o exercício da ação penal orientada pelo *princípio da legalidade* e dos artigos 262º, nº 2, e 283º, nº 1, do CPP: o primeiro porque estatui a regra de que *a notícia de um crime dá sempre lugar à abertura do inquérito*; o segundo porque impõe ao ministério público a *dedução da acusação se, durante o inquérito, tiverem sido recolhidos indícios suficientes de se ter verificado crime e de quem foi o seu agente.*

O cumprimento do dever de promover o processo sempre que adquirir a notícia do crime e de deduzir acusação sempre que recolher indícios suficientes da prática do mesmo e de quem foi o seu agente é controlado por via do requerimento de abertura de instrução (artigos 286º e 287º do CPP) e da intervenção hierárquica (artigo 278º do CPP). A este controlo judicial e hierárquico no âmbito do processo penal, restrito à decisão de submeter ou não a causa a julgamento, poderá ainda acrescer responsabilidade disciplinar por violação de deveres profissionais (artigos 162º e 163º do Estatuto do Ministério Público, republicado pela Lei nº 60/98, de 27 de agosto) ou mesmo responsabilidade penal nos termos do artigo 369º do CP (*denegação de justiça e prevaricação*)[91]. Além de que valerá sempre, em geral, a circunstância de se tratar de uma magistratura hierarquicamente subordinada e a possibilidade, ainda que remota, de controlo político, na medida em que o Procurador-Geral da República é nomeado e exonerado pelo Presidente da República, sob proposta do Governo (artigos 219º, nº 4, 220º, nº 3, e 133º, alínea *m)*, da CRP).

[91] É duvidoso que este tipo legal de crime abranja os casos em que o ministério público não abra o inquérito apesar de lhe ter chegado a notícia do crime e de a tal estar obrigado, em face do elemento típico "no âmbito de inquérito processual". Assim, SOUSA MENDES, *Lições de Direito Processual Penal*, p. 206.

a) Uma das consequências do princípio da legalidade é o *princípio da imutabilidade da acusação pública*, de acordo com o qual não pode haver *renúncia* ou *desistência* de acusação que o ministério público tenha deduzido.

Uma outra consequência é a previsão de casos de denúncia obrigatória para as *entidades policiais*, quanto a todos os crimes de que tomarem conhecimento e para os *funcionários* na aceção do artigo 386º do CP, o que abrange também os que a lei equipara a funcionários, quanto a crimes de que tomarem conhecimento no exercício das suas funções e por causa delas (artigos 242º, 245º, 246º, nºs 1, 2 e 3, e 248º, nºs 1 e 2, do CPP). O estatuto de funcionário implica-o na função pública de administração da justiça penal.

Quanto aos funcionários e equiparados pode, por vezes, gerar-se um conflito entre o dever de denúncia legalmente estabelecido no artigo 242º do CPP e o dever de guardar segredo profissional, cometendo um crime quem, sem consentimento, revelar segredo alheio de que tenha tomado conhecimento em razão da sua profissão, segundo o artigo 195º do CP. Tal conflito pode existir, por exemplo, relativamente ao médico que num hospital público, no serviço de urgência, assiste um paciente em risco de morrer intoxicado por ter ingerido, enquanto de correio de droga, uma série de cápsulas com substâncias estupefacientes (cf. artigos 139º do Estatuto da Ordem dos Médicos e 29º do Código Deontológico da Ordem dos Médicos).

O critério de resolução do conflito passará sempre por uma ponderação, caso a caso, entre o bem jurídico que a incriminação tutela (por exemplo, a vida, a integridade física, a liberdade e a autodeterminação sexual), em relação à qual há o dever legal de denúncia por parte do funcionário, e o bem jurídico protegido através do regime legal do segredo profissional (a reserva da intimidade da vida privada). Por outras palavras, há que fazer a necessária ponderação entre o interesse da realização da justiça e da descoberta da verdade material que se faça sentir no caso, ponderando a gravidade da ofensa, e o interesse de proteção do direito fundamental à reserva da intimidade da vida privada (artigo 26º da CRP). Em um outro momento do decurso do processo penal pode gerar-se um conflito similar, que tem solução a partir de um critério que o próprio legislador fornece no artigo 135º do CPP: o tribunal pode decidir que haja prestação de testemunho, com quebra de segredo profissional, por parte do funcionário que é chamado na qualidade de testemunha, sempre que a quebra do segredo se mostre justificada, segundo o princípio da prevalência do interesse preponderante, nomeadamente tendo em conta a imprescindibilidade do depoimento para a descoberta da verdade, a gravidade do crime e a necessidade de proteção de bens jurídicos.

A denúncia já é facultativa para *qualquer pessoa* que tiver notícia de um crime (artigo 244º do CPP). Em regra, é apresentada a uma autoridade judiciária (juiz, juiz de instrução ou ministério público – artigo 1º, alínea *b)*, do CPP) ou aos órgãos de polícia criminal, podendo ser feita verbalmente ou por escrito, não estando sujeita a formalidades especiais (artigos 245º e 246º, nºs 1, 2, 3 e 4, do CPP). Se o crime tiver natureza semipública ou particular a denúncia assume a forma de *queixa* e tem de ser apresentada pelo titular do direito de queixa ou de acusação particular (artigos 244º, parte final, 246º, nºs 1, 2, 3 e 4, 49º e 50º do CPP e 113º e 117º do CP).

A ideia de que cada cidadão não deve ser "polícia" do cocidadão vai tendo desvios crescentes. No CPP vigente admite-se expressamente que a denúncia anónima possa determinar a abertura de um inquérito (artigo 246º, nº 6); no CP prevê-se que o agente da prática dos crimes de recebimento indevido de vantagem e de corrupção ativa sejam dispensados de pena sempre que tenham denunciado o crime no prazo máximo de 30 dias após a prática do ato e sempre antes da instauração de procedimento criminal (artigos 372º, nº 2, 374º e 374º-B); na legislação extravagante está prevista a suspensão provisória do processo para o agente do crime de corrupção ativa, com a concordância do arguido, se este tiver denunciado o crime (artigo 9º da Lei nº 36/94, de 29 de setembro); nos programas de *compliance* preveem-se canais de denúncia que fazem do denunciante (*whistleblower*) um dos seus atores.

Quanto a este tipo de crimes, o artigo 4º da Lei nº 19/2008, de 21 de abril, que aprova medidas de combate à corrupção, dá especiais garantias aos denunciantes, aqui incluídos funcionários na aceção do artigo 386º do CP, relativamente aos quais poderá impender um dever de denúncia.

b) São identificáveis algumas limitações ao princípio da legalidade. Não se pode afirmar, porém, que há a consagração do princípio da oportunidade quando há *renúncia à aplicação da pena* por via processual. "No plano material e teleológico, o que está em causa é uma solução de continuidade ou de «fusão horizôntica» entre a legalidade e a oportunidade, mediatizada por uma relação de comunicabilidade entre o direito penal substantivo e o processo penal. Realiza, na expressão de RIESS «uma transferência da política criminal para o processo»"[92].

Os artigos 280º, 281º, nºs 1 a 6, e 282º do CPP, enquanto mecanismos de *diversão* (*simples* no arquivamento em caso de dispensa da pena e *com intervenção* na suspensão provisória do processo) que permitem uma solução desviada, divertida, do processamento normal, traduzem-se, num certo sentido, numa limitação ao princípio da legalidade, na medida em que constituem uma alternativa à dedução da acusação[93]. Não obstante terem sido recolhidos *indícios suficientes* de se ter verificado crime e de quem foi o seu agente, o ministério público arquiva o processo nos termos do artigo 280º ou suspende-o provisoriamente de acordo com o disposto no artigo 281º, em vez de proferir despacho de acusação. Trata-se, porém, de uma alternativa para os casos que a lei expressamente prevê e segundo pressupostos legalmente fixados, devidamente enquadrada do ponto de vista político-criminal a partir dos tópicos da resolução consensual e divertida do conflito jurídico-penal, do tratamento diferenciado da pequena e média criminalidade, da não estigmatização do arguido e da menor intervenção do sistema formal de controlo. Na medida em que este sistema se orienta por finalidades preventivas da punição e aceita o caráter unilateral do princípio da culpa[94]. Num sentido mais rigoroso, a aplicação destes institutos traduz-se afinal em *obediência à lei.*

c) Já não obedecerão propriamente à teleologia e ao enquadramento político-criminal do instituto os casos de suspensão provisória do processo previstos nos nºs 7 e 8 do artigo 281º, por se tratar aqui de uma forma de "atenuar" a natureza pública dos crimes de violência doméstica e contra a liberdade e autodeterminação sexual de menor, estritamente em função dos interesses da vítima. Costa Andrade conclui, relativamente

[92] Cf. COSTA ANDRADE, "Consenso e oportunidade (reflexões a propósito da suspensão provisória do processo e do processo sumaríssimo)", p. 346.
[93] Sobre o conceito de diversão (simples e com intervenção), FARIA COSTA, "Diversão (desjudiciarização) e mediação: que rumos?", pp. 5 e 21 e s.
[94] Sobre estes tópicos, PEDRO CAEIRO, "Legalidade e oportunidade: a perseguição penal entre o mito da 'justiça absoluta' e o fetiche da 'gestão eficiente do sistema", p. 39.

aos crimes contra a liberdade e a autodeterminação sexual de menor, que facilmente se intui que aquele nº 8 "representa um corpo estranho no sentido, na racionalidade teleológica e na intencionalidade política a que, em geral, obedece o regime da *suspensão provisória do processo*"[95]. Desde logo, porque se trata de instituto que encontra justificação do ponto de vista do arguido.

A Lei nº 83/2015, de 5 de agosto, alterou o artigo 178º do CP, dispondo agora que, quando o procedimento pelos crimes previstos nos artigos 163º e 164º – coação sexual e violação – depender de queixa, o ministério público pode dar início ao mesmo, em determinado prazo, *sempre que o interesse da vítima o aconselhe* (nº 2 daquele artigo). Não tendo sido introduzidas alterações quer no nº 4 do artigo 178º do CP quer no artigo 281º, nº 8, do CPP, é de concluir que nestes casos em que o ministério público inicia o procedimento no interesse da vítima não pode ter lugar a suspensão provisória do processo. Por outras palavras o ministério público não poderá reavaliar o *interesse da vítima* no final do inquérito. Exceto se, concluindo pela existência de uma lacuna, a integrar aplicando por analogia o disposto naqueles artigos.

O mesmo sucede com o nº 9 do artigo 281º. Neste caso de suspensão provisória do processo, o pressuposto da concordância do assistente é dispensado quando a conduta ocorrer em estabelecimento comercial, durante o período de abertura ao público, relativamente à subtração de coisas móveis de valor diminuto e desde que tenha havido recuperação imediata destas, salvo quando cometida por duas ou mais pessoas. Este é mais um exemplo em que se adota uma solução tendo em vista um fenómeno concreto – o denominado «furto em supermercado» –, à margem de caraterísticas essenciais do instituto da suspensão, designadamente a que o faz depender da concordância do sujeito processual que é o assistente. Num caso em que, além do mais, poderá até haver já assistente constituído (artigos 207º, nºs 1, alínea *b*), e 2, do CP e 50º, 68º, nº 2, e 246º, nº 4, parte final, do CPP).

[95] Cf. Costa Andrade, *"Bruscamente no Verão Passado", a reforma do Código de Processo Penal. Observações críticas sobre uma Lei que podia e devia ter sido diferente*, p. 35 e s. E, ainda, no sentido do texto, Sónia Fidalgo, "O Consenso no processo penal: reflexões sobre a suspensão provisória do processo e o processo sumaríssimo", p. 293 e s.

Na legislação extravagante, podemos apontar o artigo 9º da Lei nº 36/94, de 29 de setembro, sobre medidas de combate à corrupção e criminalidade económica e financeira, como mais um caso de suspensão provisória do processo que já não obedecerá propriamente à teleologia e ao enquadramento político-criminal do instituto., já que um dos pressupostos é ter o arguido denunciado o crime de corrupção ativa ou contribuído decisivamente para a descoberta da verdade. Neste caso, o instituto inscreve-se já, especificamente, no âmbito do denominado "direito premial".

d) O regime de mediação previsto na Lei nº 21/2007, de 12 de junho, traduz-se também em limitação do princípio da legalidade, na medida em que o ministério público remete o processo para mediação, em qualquer momento do inquérito, se tiverem sido recolhidos *indícios* de se ter verificado crime e de que o arguido foi o seu agente (artigo 3º). Não se trata, porém, propriamente de uma alternativa à acusação, uma vez que a remessa se basta com a existência de *indícios* (não se exigindo a existência de *indícios suficientes*) e pode ocorrer em qualquer momento do inquérito. A um enquadramento político-criminal que é comum aos casos de arquivamento em caso de dispensa de pena e de suspensão provisória do processo junta-se o propósito de o conflito jurídico-penal ser resolvido com a intervenção de um terceiro – o mediador. Ao terceiro caberá promover a aproximação entre o arguido e o ofendido e apoiar na tentativa de encontrar ativamente um acordo que permita a reparação dos danos causados pelo facto ilícito e que contribua para a restauração da paz social (artigo 4º)[96].

[96] Entre nós é já extensa a bibliografia sobre mediação penal. Para um enquadramento da via da mediação penal, introduzida entre nós em 2007, Cláudia Santos, "A mediação penal, a justiça restaurativa e o sistema criminal – algumas reflexões suscitadas pelo anteprojeto que introduz a mediação penal 'de adultos' em Portugal", p. 91 e ss., e Teresa Beleza/Helena Melo, *A mediação penal em Portugal*, p. 11 e ss.
Especificamente para a discussão em torno da violação ou não da reserva de juiz, Cláudia Santos, *A Justiça Restaurativa. Um modelo de reação ao crime diferente da Justiça Penal. Porquê, para quê e como?*, p. 721 e ss., Lamas Leite, *A Mediação Penal de Adultos. Um Novo «Paradigma» de Justiça. Análise Crítica da Lei nº 21/2007, de 12 de junho*, p. 115 e ss., e Inês Magalhães, "O princípio da reserva de juiz no âmbito da mediação penal em Portugal. Breve esboço acerca das implicações jurídico-constitucionais", p. 90 e ss.

1.3. Princípio da acusação

De acordo com o *princípio da acusação*, a entidade que investiga e acusa deve ser distinta da que julga, o que é uma das características marcantes do processo penal de estrutura acusatória[97].

A separação entre estas entidades garante a objetividade e a imparcialidade da decisão judicial.

A adoção do princípio da acusação é imposta pelo artigo 32º, nº 5, da CRP, na parte em que estatui que o processo criminal tem estrutura acusatória, e está legalmente consagrado nos artigos 48º, 241º, 262º, 263º, 276º do CPP, de onde decorre que a tarefa de investigar e acusar cabe ao ministério público; e, entre outros, nos artigos 8º, 13º, 14º, 16º, 311º, 339º, nº 4, 358º e 359º do CPP, de onde resulta que compete ao juiz proceder ao julgamento.

É também por força deste princípio que a fase de instrução é da competência de um outro juiz – o juiz de instrução (artigos 17º e 288º do CPP) – o qual fica impedido de intervir em julgamento relativo a processo em que tiver presidido a debate instrutório (artigo 40º, alínea *b)*, do CPP). Ainda que o juiz de instrução esteja vinculado ao tema que lhe é proposto na acusação e (ou) no requerimento para abertura da instrução (artigo 303º do CPP), a decisão que venha a tomar a final – o despacho de pronúncia ou de não pronúncia – contende diretamente com o objeto do processo, passando a pronúncia a delimitar e a fixar os poderes de cognição do juiz de julgamento (artigos 358º e 359º do CPP).

a) A repartição de tarefas imposta pelo princípio da acusação traduz-se, no direito português, numa repartição entre magistraturas distintas – a do ministério público e a judicial. Do ponto de vista do cumprimento do princípio da acusação é indiferente que a fase de investigação e acusação caiba ao ministério público ou ao juiz de instrução, já que ambos não se confundem com o juiz de julgamento. O enquadramento do princípio nas normas constitucionais já aponta, porém, para uma repartição de funções entre magistraturas distintas.

Do princípio jurídico-constitucional da *autonomia* do ministério público perante a magistratura judicial (artigos 202º, nºs 1 e 2, 219º, nº 2, e 220º, nº 1, da CRP) e da competência que a CRP reserva àquela magistra-

[97] Sobre este princípio, Figueiredo Dias, *Direito Processual Penal*, 1988-89, § 151 e ss.

tura para *exercer a ação penal* (artigo 219º, nº 1) "resulta como consequência inevitável, que a estrutura acusatória que o processo penal assume por imperativo constitucional se realiza por divisão de funções processuais entre o juiz ou tribunal, de um lado, e o ministério público, do outro, e *não por qualquer outra forma*, nomeadamente por divisão entre o juiz do julgamento e o juiz de instrução"[98].

b) O princípio da acusação implica que o tribunal a quem caiba o julgamento não possa, por sua iniciativa, começar uma investigação, competindo ao ministério público abrir o inquérito, dirigi-lo e proceder ao seu encerramento (artigos 241º e 262º, nº 2, 263º, nº 1, e 276º, nº 1, do CPP). Implica também que a dedução da acusação, pelo ministério público ou pelo assistente, anteceda o julgamento (artigos 283º e 285º do CPP), podendo haver casos em que este seja antecedido por um despacho de pronúncia, proferido, em todo o caso, por um juiz distinto do de julgamento (artigos 287º, nº 1, alínea *b)*, e 308º do CPP). E implica, ainda, que a acusação (ou a pronúncia) defina e fixe, perante o tribunal, o objeto do processo. A acusação (ou a pronúncia) delimita e fixa os poderes de cognição do tribunal e a extensão do caso julgado. A este *efeito de vinculação temática do tribunal* ligam-se o princípio da *identidade*, segundo o qual o objeto do processo deve manter-se o mesmo desde que é fixado até ao trânsito em julgado da decisão; o princípio da *unidade*, de acordo com o qual o objeto do processo deve ser conhecido e julgado na sua totalidade; e o princípio da *consunção* do qual decorre que mesmo quando não tenha sido conhecido e julgado na sua totalidade deve considerar-se irrepetivelmente decidido (artigos 1º, alínea *f)*, 283º, nº 3, 284º, nº 1, 285º, nº 4, 287º, 303º, nºs 3 e 4, 308º, nº 2, 309º, nº 1, 311º, nº 2, alínea *b)*, 339º, nº 4, 359º e 379º, nº 1, alínea *b)*, do CPP e 29º, nº 5, da CRP)[99].

c) O princípio da acusação, com todas as suas implicações, liga-se de forma direta e imediata ao exercício efetivo do direito de defesa por parte do arguido. Este sujeito processual tem a garantia de não ser surpreen-

[98] Cf. Figueiredo Dias, "Sobre os sujeitos processuais no novo Código de Processo Penal", p. 22 e s., e Anabela Rodrigues, "A fase preparatória do processo penal – tendência na Europa. O caso português", p. 952.

[99] Sobre estes três princípios, Mário Tenreiro, "Considerações sobre o objeto do processo penal", p. 1000 e ss. Cf. *infra*, Capítulo V, ponto 4., e Capítulo VII, ponto 4.

dido com novos factos na audiência de julgamento, podendo aí exercer de forma cabal o direito de contraditar os factos que lhe são imputados na acusação (ou na pronúncia). Assim se explica que, para os devidos efeitos, se considere *alteração substancial dos factos* aquela que tiver por efeito a imputação ao arguido de um *crime diverso*, mas também a que tiver por efeito a *agravação dos limites máximos das sanções aplicáveis* (artigo 1º, alínea *f)*, do CPP).

2. Princípios gerais da prossecução processual

Os princípios gerais relativos à prossecução processual são os princípios da *investigação*, do *contraditório*, da *suficiência* e da *concentração*. Justifica-se, porém, relativamente ao primeiro e ao quarto princípios que a sua explicitação ocorra a propósito da fase de julgamento, a par dos que incidem sobre a prova e a forma[100].

2.1. Princípio do contraditório

De acordo com o *princípio do contraditório*, toda a prossecução processual deve cumprir-se de forma a fazer ressaltar as razões da acusação e da defesa[101]. Mas deste princípio decorre também o dever de *ouvir* qualquer sujeito do processo penal ou mero participante processual quando deva tomar-se qualquer decisão que pessoalmente o afete. A participação processual penal que este princípio permite, correspondendo-lhe, em bom rigor, um verdadeiro direito de audiência, significará mesmo uma forma de *participação constitutiva na declaração do direito do caso* quando o participante tenha o estatuto de sujeito processual.

Quando perspetivado da parte do arguido, este princípio é uma das garantias de defesa que o processo criminal lhe deve assegurar (artigo 32º, nº 1, da CRP). Quando considerado como princípio geral da prossecução processual, o princípio surge enquanto princípio característico do processo penal de estrutura acusatória (artigo 32º, nº 5, primeira parte, da CRP), intimamente conexionado com a finalidade processual penal de proteção dos direitos fundamentais das pessoas (incluído o arguido).

[100] Cf. *infra*, Capítulo VII, ponto 3.

[101] Sobre este princípio, Figueiredo Dias, *Direito Processual Penal*, 1988-89, § 165 e ss.

a) O princípio está constitucionalmente consagrado no artigo 32º, nº 5, parte final, segundo o qual a audiência de julgamento e os atos instrutórios que a lei determinar estão subordinados ao princípio do contraditório. Quanto à audiência de julgamento dispõe o artigo 327º do CPP que «as questões incidentais sobrevindas no decurso da audiência são decididas pelo tribunal, ouvidos os sujeitos processuais que nela forem interessados» (nº 1) e que «os meios de prova apresentados no decurso da audiência são submetidos ao princípio do contraditório, mesmo que tenham sido oficiosamente produzidos pelo tribunal» (nº 2). É também como expressão deste princípio que devem ser entendidos os artigos 321º, nº 3, 323º, alínea *g)*, 341º, 348º, nº 4, e 360º, nºs 1 e 2, do CPP.

O princípio do contraditório vale também para o debate instrutório, onde tem lugar uma discussão perante o juiz, por forma oral e *contraditória,* sobre se do decurso do inquérito e da instrução resultam indícios de facto e elementos de direito suficientes para justificar a submissão do arguido a julgamento (artigo 298º do CPP e, ainda, artigos 289º, nº 1, 301º, nº 2, e 302º do mesmo Código). Relativamente aos atos de instrução, vale o disposto no nº 2 do artigo 289º do CPP, nos termos do qual o ministério público, o arguido, o defensor, o assistente e o seu advogado podem assistir aos atos de instrução por qualquer deles requeridos e suscitar pedidos de esclarecimento ou requerer que sejam formuladas as perguntas que entenderem relevantes para a descoberta da verdade.

b) O princípio do contraditório integra o estatuto processual do arguido, ao qual são reconhecidos, em qualquer fase do processo, os direitos processuais de estar presente aos atos processuais que diretamente lhe disserem respeito, de ser ouvido pelo tribunal ou pelo juiz de instrução sempre que eles devam tomar qualquer decisão que pessoalmente o afete e de intervir no inquérito e na instrução, oferecendo provas e requerendo as diligências que se lhe afigurarem necessárias (artigo 61º, nº 1, alíneas *a)*, *b)* e *g)*, do CPP e, ainda, por exemplo, artigo 194º, nº 4, do mesmo Código). Mas integra também o estatuto processual do assistente, ao qual compete intervir no inquérito e na instrução, oferecendo provas e requerendo as diligências que se afigurarem necessárias (artigo 69º, nº 2, alínea *a)*, do CPP).

c) Não obstante a CRP subordinar apenas a audiência de julgamento ao princípio do contraditório (artigo 32º, nº 5, segunda parte), não tendo por isso de valer da mesma forma em todas as fases do processo, o que é facto é que encontra expressão logo na de inquérito, nomeadamente por via do estatuto processual do arguido e do assistente, ainda que esta fase possa estar sujeita a segredo de justiça, nos termos do disposto no artigo 86º, nºs 2 e 3, do CPP.

A compatibilização entre o segredo de justiça e o princípio do contraditório é uma das características que se pode apontar ao processo penal português desde a versão primitiva do CPP. Ainda que de forma limitada, o princípio foi acolhido nesta versão, apesar de a regra ser então a do secretismo da fase de inquérito.

2.2. Princípio da suficiência

Segundo o *princípio da suficiência*, o processo penal é promovido independentemente de qualquer outro e nele se resolvem todas as questões (por exemplo, de natureza administrativa ou civil) que interessarem à decisão da causa[102]. Nele se resolvem, nomeadamente, as denominadas «questões prejudiciais em processo penal», aquelas que constituem um antecedente jurídico-concreto da questão principal, que são autónomas quanto ao objeto e à natureza, podendo dar origem a um processo independente, e que são necessárias à resolução da questão principal de natureza penal.

No artigo 7º, nº 1, do CPP afirma-se, com aquele conteúdo, a regra da suficiência do processo penal. A razão de ser prende-se, por um lado, com exigências de concentração do processo penal no tempo e, por outro, com a certeza de que à resolução penal da questão principal nem sempre aproveitará o tratamento, em sede própria, da questão não penal.

Há boas razões para não adotar a via da *devolução obrigatória* da questão prejudicial ao tribunal competente, mas também são convocáveis argumentos para não haver uma regra absoluta de *conhecimento obrigatório*, tendo em conta, designadamente, a especialidade e a complexidade da questão. E daí que se disponha no nº 2 do artigo 7º do CPP que o tribunal penal pode *suspender* o processo para que o tribunal competente decida a

[102] Sobre este princípio, FIGUEIREDO DIAS, *Direito Processual Penal*, 1988-89, § 173 e ss. E, ainda, EDUARDO CORREIA, *Processo Criminal*, p. 222 e ss.

questão não penal, necessária para se conhecer da existência de um crime, que não possa ser convenientemente resolvida no processo penal.

Um Ac. do STJ de 18 de abril de 2007 (Proc. nº 1136/2007) mostra como o tratamento da questão em sede própria nem sempre se justifica do ponto de vista do direito penal. Invocando o princípio da suficiência, o STJ entendeu que o tribunal de 1ª instância podia *firmar categoricamente uma relação de filiação biológica*, ao escrever que *o arguido é pai da vítima*, desde sempre a assumindo e tratando como filha, condição que o arguido não contesta, antes aceita, apesar de no registo de nascimento da menor se mostrar averbada a menção como pai de pessoa diversa do arguido. Estava em causa a agravação da pena do crime de abuso sexual de criança sendo a vítima descendente do agente (artigos 172º, nº 2, e 177º, nº 1, do CP).

a) A suspensão pode ser ordenada oficiosamente pelo tribunal ou requerida pelo ministério público, pelo assistente ou pelo arguido após a acusação ou no requerimento para abertura da instrução, por só depois do inquérito se poder avaliar da conveniência da devolução ao tribunal competente (artigo 7º, nº 3). A suspensão tem prazo marcado e não pode prejudicar diligências urgentes de prova (artigo 7º, nºs 3 e 4, do CPP). Sem prejuízo de a questão prejudicial acabar por vir a ser decidida no processo penal, se não for resolvida no prazo definido ou se a ação não for proposta no prazo máximo de um mês, por se tornar preponderante o interesse da concentração temporal (artigo 7º, nºs 3 e 4, e 328º do CPP). A devolução de uma questão prejudicial a juízo não penal é uma causa de suspensão da prescrição do procedimento criminal (artigo 120º, nº 1, alínea *a)*, do CP), o que aponta também no sentido de haver limites temporais para a suspensão.

b) Já é diferente o enquadramento da questão de constitucionalidade normativa que possa surgir no processo penal. Da norma constitucional que faz do TC um tribunal ao qual compete especificamente administrar a justiça em matérias de natureza jurídico-constitucional (artigo 221º da CRP), da que determina que os tribunais não podem aplicar normas que infrinjam o disposto na Constituição ou os princípios nela consignados (artigo 204º da CRP) e das normas que conformam a fiscalização concreta da constitucionalidade (artigos 280º da CRP e 69º e ss. da *Lei de*

Organização, Funcionamento e Processo do Tribunal Constitucional) resulta que não se trata aqui propriamente de uma questão prejudicial a ser decidida por um tribunal não penal. Note-se, por exemplo, que o recurso para o TC é obrigatório para o ministério público quando o tribunal decida recusar a aplicação de uma norma, com fundamento em inconstitucionalidade, e que pode ser sempre interposto recurso para o TC de decisão de tribunal que aplique norma cuja constitucionalidade haja sido suscitada durante o processo ou que aplique norma já anteriormente julgada inconstitucional pelo próprio TC (artigos 280º, nºs 1 e 3, da CRP e 70º, nº 1, alíneas *a*), *b*) e *g*), e 72º daquela Lei).

Na sequência do Ac. do TC nº 195/2010, o STJ fixou jurisprudência no sentido de que "a pendência do recurso para o Tribunal Constitucional não constitui a causa de suspensão do prazo de prescrição do procedimento criminal prevista no segmento normativo 'dependência de sentença a proferir por tribunal não penal', da alínea *a*) do nº 1 do artigo 119º do Código Penal de 1982, versão original, ou da alínea *a*) do nº 1 do artigo 120º do Código Penal de 1982, revisão de 1995" (Ac. nº 9/2010, de 27 de outubro).

3. A fase de inquérito

No âmbito do processo penal comum a fase de inquérito é a fase de investigação por excelência. É uma fase obrigatória, cuja falta constitui nulidade insanável (artigos 118º, nº 1, e 119º, alínea *d*), do CPP).

3.1. Abertura

O inquérito inicia-se com a aquisição da notícia do crime por parte do ministério público, que a adquire por conhecimento próprio, por intermédio dos órgãos de polícia criminal ou mediante denúncia (artigos 241º e 245º do CPP), devendo tal notícia obedecer aos requisitos de forma e de conteúdo previstos no artigo 246º, nºs 1, 2 e 3, do CPP.

Por força do princípio da legalidade da promoção processual, a aquisição da notícia do crime dá sempre lugar à abertura de inquérito, ressalvadas as exceções previstas no Código (artigo 262º, nº 2, do CPP). Enquadram-se aqui os casos em que não serve uma qualquer forma de aquisição da notícia do crime para dar início ao inquérito: o crime tem de ser denunciado através da apresentação de uma queixa, quando se trate de um crime semipúblico (artigo 49º do CPP); o crime tem de ser denunciado por via da apresentação de uma queixa, seguindo-se à apresentação desta a constituição de assistente, quando esteja em causa um crime particular (artigos 50º, 68º, nº 2, e 246º, nº 4, do CPP)[103]. Enquadram-se também os casos de denúncia anónima que podem não determinar a abertura do inquérito (artigo 246º, nº 6, do CPP).

A exigência de à notícia de um crime corresponder a abertura do inquérito, que é já uma fase do processo penal, é significativa do propósito político-criminal de não haver margem para um pré-inquérito ou inquérito preliminar, no âmbito do qual poderia ocorrer a prática de atos de natureza processual penal sem a devida harmonização das finalidades que são apontadas ao processo penal, nomeadamente como menosprezo da proteção dos direito fundamentais das pessoas. A "confusão" crescente entre prevenção e repressão criminal, que é percetível na legislação extravagante, faz-nos recear pela existência, na prática, desta realidade. Podem ser colhidos exemplos na Lei nº 36/94, de 29 de setembro, sobre medidas de combate à corrupção e criminalidade económico-financeira, e no Decreto-Lei nº 81/95, de 22 de abril, relativa às brigadas anticrime e unidades mistas de coordenação, por ser cada vez menos percetível a distinção entre as polícias vocacionadas para a prevenção e a polícia vocacionada para a repressão criminal.

Impende sobre os órgãos de polícia criminal o dever de transmitir ao ministério público a notícia do crime de que tiverem conhecimento próprio ou que lhes tenha sido denunciado, ainda que se trate de notícia manifestamente infundada (artigo 248º, nºs 1 e 2, do CPP). Em geral, a denúncia do crime é obrigatória para todas as entidades policiais, quanto a todos os crimes de que tomarem conhecimento, bem como para os funcionários na aceção do artigo 386º do CP, quanto a todos os crimes de que tomarem conhecimento no exercício das suas funções e por causa delas (artigo 242º, nº 1, do CPP), o que está de acordo com a adoção do princípio de legalidade quanto à promoção processual[104].

A alteração da redação do nº 3 do artigo 242º, em 2007, vai no sentido de a denúncia ser obrigatória mesmo quando o procedimento dependa de queixa ou de acusação particular. Feita a denúncia, o inquérito será ou não

[103] Cf. *supra* ponto 1.1., alíneas *a)* e *b)*.

[104] Cf. *supra*, ponto 1.2.

instaurado depois consoante o titular do direito o exerça ou não no prazo legalmente previsto. No direito anterior, o legislador estatuía que o disposto quanto à denúncia obrigatória não prejudicava o regime dos crimes semipúblicos e particulares[105].

O CPP dispõe sobre a denúncia anónima desde as alterações legislativas introduzidas em 2007. Este tipo de denúncia determina a abertura de inquérito somente se dela se retirarem indícios da prática do crime, precavendo-se desta forma as denúncias manifestamente infundadas, ou se ela própria constituir crime (artigo 246º, nº 6, do CPP e, ainda, artigos 365º do CP e 164º, nº 2, do CPP). Quando não determinar a abertura do inquérito, o ministério público, que é a única autoridade judiciária competente, promoverá a destruição da denúncia (artigo 246º, nº 7, do CPP). Se não for este o caso e o procedimento criminal depender de queixa ou de acusação particular, o ministério público ou o órgão de polícia criminal competentes informam o titular do direito da existência da denúncia (artigo 246º, nº 6, do CPP)[106].

3.2. Finalidade, direção e atos do ministério público

De acordo com o artigo 262º, nº 1, do CPP, o inquérito compreende o conjunto de diligências que visam *investigar a existência de um crime* – investigar a existência do conjunto de pressupostos de que depende a aplicação ao agente de uma pena ou de uma medida de segurança, de acordo com o artigo 1º, alínea *a)*, do CPP –, *determinar os seus agentes e a responsabilidade deles* e *descobrir e recolher as provas*, em ordem à decisão sobre a acusação (artigos 277º e 283º do CPP).

O teor daquela disposição legal coincide com a definição de «investigação criminal» que é dada no artigo 1º da *Lei de Organização da Investigação Criminal* (Lei nº 49/2008, de 27 de agosto), o que está de acordo com a configuração do inquérito como *a fase* de investigação do processo penal comum. A definição já não corresponde, porém, à finalidade que está legalmente cometida à fase de instrução – a comprovação judicial da

[105] Sobre isto, Sousa Mendes, *Lições de Direito Processual Penal*, p. 64.

[106] No sentido de razões de economia processual poderem justificar que a denúncia seja avaliada pelo ministério público somente depois de os titulares do direito de queixa ou de acusação particular serem informados da denúncia, Germano Marques da Silva, *Direito Processual Penal Português. Do Procedimento [Marcha do Processo]*, p. 52 e s.

decisão de deduzir acusação ou de arquivar o inquérito em ordem a submeter ou não a causa a julgamento (artigo 286º, nº 1, do CPP)[107]. Apesar disso, o artigo 2º, nº 1, daquela Lei refere que a direção da investigação cabe à *autoridade judiciária* competente *em cada fase do processo.*

A direção da fase de inquérito, com a finalidade apontada, cabe ao ministério público, cujas intervenções processuais devem obedecer a critérios de estrita objetividade (artigo 263º, nº 1, e 53º, nº 1, do CPP). Dirige o inquérito assistido pelos órgãos de polícia criminal, que atuam sob sua a direta orientação e na sua dependência funcional (artigos 263º, nº 2, 55º, nº 1, e 56º do CPP) e aos quais pode conferir o encargo de procederem a quaisquer diligências e investigações relativas ao inquérito, podendo mesmo a delegação ser por despacho de natureza genérica que indique os tipos de crime ou os limites das penas aplicáveis aos crimes em investigação (artigo 270º, nºs 1 e 4, do CPP. E, ainda, artigo 2º, nºs 4 e 5, da *Lei de Organização da Investigação Criminal*)[108].

Para a prossecução das finalidades do inquérito, o ministério público pratica os atos e assegura os meios de prova necessários, com duas restrições.

a) Por um lado, há atos que têm de ser praticados, ordenados ou autorizados pelo juiz de instrução, por serem *atos instrutórios que se prendem diretamente com direitos fundamentais,* cabendo a este juiz exercer as *funções jurisdicionais* até à remessa do processo para julgamento (artigo 32º, nº 4, da CRP e 17º do CPP)[109]. Por exemplo, a aplicação de uma medida de coação, a busca e a apreensão em escritório de advogado, consultório médico ou estabelecimento bancário, a busca domiciliária, a apreensão de correspondência ou a interceção ou gravação ou registo de conversações ou comunicações (artigos 268º e 269º do CPP). Como o juiz de instrução intervém aqui enquanto *juiz das liberdades* e não enquanto *juiz*

[107] Cf. *infra,* Capítulo V, ponto 2.

[108] Cf. *supra* Capítulo III, ponto 7.

[109] Em face destas competências, discordamos de PINTO ALBUQUERQUE, *Comentário do Código de Processo Penal à luz da Constituição da República e da Convenção Europeia dos Direitos do Homem,* nota prévia ao artigo 241º, Nm. 1., quando afirma que o juiz de instrução é um "juiz de averiguações", um magistrado que procede a atos de instrução em situações de emergência, que tem como tarefa essencial controlar os atos do ministério público que contendam diretamente com direitos e liberdades do arguido.

da investigação, a sua intervenção ocorrerá sempre a requerimento (nº 2 destes artigos)[110].

Além destes atos, há outros cuja prática a lei expressamente reserva ao juiz ou faz depender de ordem ou autorização sua. Por exemplo, a admissão da constituição de assistente (artigo 68º, nºs 3 e 4, do CPP); a declaração de especial complexidade do procedimento quando haja arguidos sujeitos a medida de coação privativa da liberdade (artigos 215º, nºs 3 e 4, e 218º, nº 2, do CPP[111]); e a recolha de declarações para memória futura, muito embora se trate aqui, em bom rigor, de ato da competência do juiz de julgamento (artigo 271º do CPP). Na legislação extravagante, constitui um exemplo o registo de voz e imagem e o arresto previstos nos artigos 6º e 10º da Lei nº 5/2002, de 11 de janeiro (*Lei da Criminalidade Organizada e Económico-financeira*).

Deve notar-se que só uma intervenção do juiz de instrução no inquérito como *juiz das liberdades* e não como *juiz da investigação* garante o respeito pelo modelo constitucional de repartição de funções entre magistraturas distintas (artigos 32º, nºs 4 e 5, e 219º da CRP), do mesmo passo que garante a possibilidade de a fase de instrução ser verdadeiramente um mecanismo de *comprovação judicial* da decisão de deduzir acusação ou de arquivar o inquérito em ordem a submeter a causa a julgamento (artigo 286º, nº 1, do CPP). Garante o *controlo* desta decisão por parte do juiz de instrução sem pré-juízos.

No já mencionado Ac. nº 155/2007, o TC julgou inconstitucional a norma que possibilitava, *sem autorização do juiz*, a colheita coativa de vestígios biológicos de um arguido para determinação do seu perfil genético, quando este último tivesse manifestado a sua expressa recusa em colaborar ou permitir tal colheita, por violação do artigo 32º, nº 4, da CRP, nos termos do qual o juiz não pode delegar noutras entidades a prática dos *atos instrutórios que se*

[110] Sobre o que se deve entender por "juiz das liberdades", também por referência a outros ordenamentos jurídicos, Anabela Rodrigues, "A fase preparatória do processo penal – tendência na Europa. O caso português", p. 944 e ss.

[111] Mas já não a declaração de especial complexidade do procedimento quando não haja medidas de coação privativas da liberdade (artigo 276º, nºs 2, alínea *b)*, e 3, alínea *b)*, do CPP). Assim, Damião da Cunha, "Prazos de encerramento do inquérito, segredo de justiça e publicidade do processo", p. 134.

prendam diretamente com direitos fundamentais[112]. Na sequência desta decisão, está previsto, desde 2007, que *quando se tratar de perícias sobre características físicas ou psíquicas de pessoa que não haja prestado consentimento*, o despacho que ordena a perícia é da *competência do juiz*, que pondera a necessidade da sua realização tendo em conta o direito à integridade pessoal e à reserva da intimidade do visado (artigo 154º, nº 3, do CPP). Do mesmo modo, é por decisão do juiz que o visado pode ser sujeito ao exame (artigo 172º, nº 2, do CPP).

b) Por outro lado, há atos que não podem ser delegados nos órgãos de polícia criminal, como é o caso dos previstos no nº 2 do artigo 270º do CPP (por exemplo, ordenar a efetivação de perícia) ou que só podem ser delegado nas autoridades de polícia criminal, como é o caso do previsto no nº 3 do mesmo artigo (ordenar a efetivação de perícia relativamente a determinados tipos de crime, em caso de urgência ou de perigo na demora, nomeadamente quando a perícia deva ser realizada conjuntamente com o exame de vestígios).

3.3. Encerramento

Nos termos do disposto no artigo 276º, nº 1, do CPP, o ministério público encerra o inquérito, *arquivando-o* ou *deduzindo acusação*, dentro de prazos máximos legalmente fixados (nºs 1, parte final, 2 e 3 deste artigo).

O prazo máximo de duração do inquérito é determinado, em primeira linha, em função de haver ou não arguidos presos ou sob obrigação de permanência na habitação, caso em que são mais curtos (nº 1). Além deste critério base, assente na circunstância de o arguido presumido inocente estar privado da liberdade, o legislador lança mão de outros critérios: o prazo máximo de duração do inquérito é alargado também em função do *tipo de crime*, da sua natureza e gravidade (alíneas *a)* do nº 2 e *a)* do nº 3) e, em função, da *especial complexidade do procedimento* (alíneas *b)* e *c)* do nº 2 e *b)* e *c)* do nº 3).

De acordo com o artigo 276º, nº 4, do CPP, o prazo conta-se a partir do momento em que o inquérito tiver passado a correr contra pessoa determinada *ou* em que se tiver verificado a constituição de arguido. Num caso

[112] Sobre este Ac. do TC, ao qual se seguiu o Ac. 228/2007, DÁ MESQUITA, "A prova em processo penal e a identificação de perfis de ADN – da recolha para comparação direta entre amostra problema e amostra referência às inserções e interconexões com a base de dados", p. 558 e ss.

e noutro, passam a poder ter lugar atos processuais que poderão contender com direitos fundamentais daquela pessoa ou do arguido. Com efeito, pode haver constituição de arguido durante o inquérito, não obstante o momento regra ser o da dedução da acusação ou o de ser requerida a instrução, sendo certo que um dos casos em que é obrigatório *interrogar* a pessoa como arguido é o de correr inquérito contra pessoa determinada em relação à qual haja suspeita fundada da prática de crime[113].

O estabelecimento de prazos máximos de duração do inquérito põe a questão de saber se estamos em face de prazos meramente "ordenadores" ou antes perante um caso de "vinculatividade dos prazos do inquérito". Tem-se entendido que a questão se põe de uma outra forma a partir da Revisão de 2007, perante as consequências estabelecidas nos nºs 6, 7 e 8 do artigo 276º e no nº 6 do artigo 89º[114], mas o que é facto é que o CPP previu desde sempre "remédios" para os casos em que tais prazos eram excedidos (cf. artigos 276º, nº 4, 105º, nº 2, e 108º do CPP, na versão primitiva).

O atual regime legal não nos permite defender que, atingido o limite máximo de duração do inquérito, o ministério público tem *obrigatoriamente* de arquivar ou acusar[115]. Cremos até que tal não deve sequer ser defendido, por só assim podermos acautelar a dedução de acusações infundadas, com prejuízos evidentes para a posição processual de alguém que poderia correr o risco de ser acusado da prática de um crime de forma precipitada, em face da alternativa do arquivamento do inquérito.

Isto não significa, porém, que não haja o dever de justificar, perante o superior hierárquico imediato, o não cumprimento dos prazos previstos nos nºs 1, 2 e 3 do artigo 276º do CPP e de indicar o período de tempo que ainda

[113] Cf. *supra*, Capítulo III, ponto 3., alínea *a*).

[114] Sobre isto, FERNANDA PALMA, "Linhas estruturais da reforma penal – Problemas de aplicação da lei processual penal no tempo", p. 13 e s., DAMIÃO DA CUNHA, "Prazos de encerramento do inquérito, segredo de justiça e publicidade do processo", p. 125 e ss, e SOUSA MENDES, *Lições de Direito Processual Penal*, p. 68 e s.

[115] Cf., porém, o Ac. do Tribunal da Relação de Lisboa de 9 de julho de 2015 (Processo 213/12.2TELSB-F.L1-9), segundo o qual "nos termos do disposto no artº 276º, nº 3, do CPP, o prazo para encerramento do inquérito é um prazo de caducidade". Sem prejuízo de se dever notar que o que estava em causa, especificamente, era a declaração de especial complexidade do procedimento já fora do prazo máximo de duração do inquérito. E, ainda, a anotação concordante de CLÁUDIA SANTOS, "Prazos de duração máxima do inquérito (as consequências para a sua violação) – Acórdão do Tribunal da Relação de Lisboa de 09-07-2015", p. 556 e ss.

é necessário para concluir o inquérito, tal como dispõem os nºs 6 e 7 deste artigo, podendo sempre ser acionado o mecanismo da aceleração processual (artigo 276º, nº 8). Por outro lado, haverá sempre limites temporais impostos pela finalidade processual penal de restabelecimento da paz jurídica do arguido. Limites que são impostos pela norma constitucional de onde resulta para o arguido o dever de ser *julgado no mais curto prazo compatível com as garantias de defesa* (artigo 32º, nº 2, parte final).

Em face das alterações introduzidas em 2010, nomeadamente o alargamento dos prazos máximos do inquérito, com um prazo que pode ir até 18 meses, questiona-se se continua a fazer sentido a jurisprudência fixada pelo STJ de que "o prazo de prorrogação do adiamento do acesso aos autos a que se refere a segunda parte do artigo 89º, nº 6, do Código de Processo Penal, é fixado pelo juiz de instrução pelo período de tempo que se mostrar objetivamente indispensável à conclusão da investigação, sem estar limitado pelo prazo máximo de três meses, referido na mesma norma" (Ac. nº 5/2010, de 15 de abril)[116].

3.3.1. *Despacho de arquivamento*

O arquivamento do inquérito, por despacho do ministério público devidamente fundamentado (artigo 97º, nºs 3 e 5, do CPP), tem vários fundamentos possíveis: foi recolhida prova bastante de se não ter verificado crime; foi recolhida prova bastante de o arguido não ter cometido o crime a qualquer título; não foram obtidos indícios suficientes da verificação do crime ou de quem foram os seus agentes, (artigos 277º, nºs 1 e 2, e 283º, nº 2, do CPP); é legalmente inadmissível o procedimento, porque, por exemplo, está prescrito o procedimento criminal ou não foi exercido atempadamente o direito de queixa (artigo 277º, nº 1, parte final, do CPP).

a) Também em caso de crime cujo procedimento dependa de acusação particular, poderá ter lugar uma decisão de arquivamento do inquérito. Nada obsta (antes tudo aconselha) a que o ministério público arquive o inquérito se for legalmente inadmissível o procedimento (artigo

[116] Sobre isto, Damião da Cunha, "Prazos de encerramento do inquérito, segredo de justiça e publicidade do processo", p. 136 e ss., Sousa Mendes, *Lições de Direito Processual Penal*, p. 69 e s., e Conde Correia, "Prazos máximos de duração do inquérito, publicidade e segredo de justiça: uma oportunidade perdida!", p. 169 e ss.

277º, nº 1, do CPP)[117]. Nomeadamente por extinção do direito de queixa, por terem passado mais de seis meses sobre a data em que o titular teve conhecimento do facto e dos seus autores (artigos 115º, nº 1, e 117º do CP). A natureza particular dos crimes não se opõe a este entendimento, devendo ser salientado que a circunstância de o procedimento depender de acusação particular não tem o sentido de depender exclusivamente do assistente, sem quaisquer limites, a decisão de submeter a causa a julgamento[118].

b) Esgotado o prazo em que já não pode ter lugar a intervenção hierárquica prevista no artigo 278º do CPP, o inquérito pode ser reaberto, se surgirem, entretanto, novos elementos de prova que invalidem os fundamentos invocados pelo ministério público no despacho de arquivamento (artigos 277º, nºs 1 e 2, e 279º do CPP). O princípio da legalidade da promoção processual faz desta possibilidade de reabertura do inquérito um dever para o ministério público. A harmonização das finalidades do processo penal de realização da justiça e de descoberta da verdade material e de restabelecimento da paz jurídica do arguido impõe, por seu turno, que só se admitam os elementos de prova *novos* que *invalidem* os fundamentos do arquivamento. A eficácia processual definitiva do despacho de arquivamento mantém-se, pois, "sob reserva da cláusula *rebus sic santibus*"[119].

3.3.2. Despacho de acusação

Se, durante o inquérito, tiverem sido recolhidos *indícios suficientes* de se ter verificado o crime e de quem foi o seu agente, o ministério público deduz acusação contra este, considerando-se suficientes os indícios sempre que deles resultar uma *possibilidade razoável* de ao arguido vir a ser aplicada, por força deles, em julgamento, uma pena ou uma medida de segurança (artigo 283º, nºs 1 e 2, do CPP). Isto é, sempre que seja mais provável a condenação do que a absolvição do agente, o que envolve também um juízo sobre a existência de provas a produzir e a examinar na audiência de julgamento, uma vez que, em regra, só estas valem

[117] Assim, também, Pinto Albuquerque, *Comentário do Código de Processo Penal à luz da Constituição da República e da Convenção Europeia dos Direitos do Homem*, comentário ao artigo 285º, Nm. 2.

[118] Cf. *infra*, Capítulo V, ponto 1.

[119] Cf. Anabela Rodrigues, "O inquérito no novo Código de Processo Penal", p. 76.

para o efeito de formação da convicção do tribunal (artigo 355º, nº 1, do CPP).

a) O despacho de acusação deverá conter tudo o que está especificado nas diversas alíneas do nº 3 do artigo 283º do CPP, sob pena de nulidade (artigos 283º, nº 3, 118º, nº 1, e 120º do CPP). O que se compreende à luz de três ideias fundamentais: a acusação define e fixa o objeto do processo; a acusação supõe um juízo no sentido de resultar dos indícios da prática do crime uma possibilidade razoável de ao arguido vir a ser aplicada, por força deles, em julgamento, uma pena ou uma medida de segurança; só uma acusação com determinado conteúdo permite exercer o contraditório quanto aos factos imputados ao arguido, à qualificação jurídica dos mesmos e à sanção que previsivelmente lhe possa vir a ser imposta, estando aqui diretamente implicado o exercício efetivo do direito de defesa do arguido.

b) Deduzida acusação nos termos do artigo 283º do CPP e notificada esta ao assistente, este sujeito processual pode deduzir acusação pelos factos acusados pelo ministério público, por parte deles ou por outros que não importem uma alteração substancial daqueles, indicando e requerendo provas que não constem da acusação pública (artigos 284º, nºs 1 e 2, alínea *b)*, 1º, alínea *f)*, e 311º, nº 2, alínea *b)*, do CPP). Trata-se, em todo o caso, de uma *acusação subsidiária*, que pode até limitar-se a uma mera adesão à acusação do ministério público, segundo a alínea *a)* do nº 2 do artigo 284º. Este direito processual que é dado ao assistente é significativo do seu estatuto de sujeito processual (artigo 69º, nº 2, alínea *b)*, do CPP).

c) Se o processo for por crime cujo procedimento dependa de acusação particular, cabe ao assistente decidir sobre a acusação. Para o efeito, o ministério público notifica-o para que deduza, em 10 dias, querendo, a acusação particular, indicando se foram recolhidos indícios da verificação do crime e de quem foram os seus agentes (artigo 285º, nºs 1 e 2, do CPP).

Se o assistente se decidir pela não acusação, o ministério público procederá, por despacho, ao arquivamento do inquérito (artigo 277º, nº 1, do CPP). Se se decidir pela acusação particular, esta deverá ter o conteúdo da acusação pública, sob pena de nulidade (artigo 285º, nº 3 do CPP), por também serem a ela extensíveis as razões que valem para a acusação pública, importando considerar, desde logo, que os factos constantes da acusação do assistente conformam os poderes de cognição do juiz de instrução (artigo 303º do CPP) e do juiz do julgamento (artigos 358º e 359º do CPP).

Paralelamente ao que sucede com o assistente nos crimes públicos e semipúblicos, o ministério público pode, nos 5 dias posteriores à apresentação da acusação particular, acusar pelos mesmos factos, por parte deles ou por outros que não importem uma alteração substancial daqueles (artigo 285º, nº 4, e 311º, nº 2, alínea *b)*, do CPP)[120]. A circunstância de o ministério público acompanhar a acusação particular tem um significado indiscutível, tanto mais quanto o assistente pode acusar ainda que lhe tenha sido indicado que não foram recolhidos indícios suficientes da verificação do crime. O acompanhamento daquela acusação tem até as consequências processuais previstas no artigo 310º, nº 1, do CPP: a decisão instrutória é irrecorrível se pronunciar o arguido pelos factos constantes da acusação do ministério público formulada nos termos do nº 4 do artigo 285º

3.3.3. *Alternativas ao despacho de acusação*

Em alternativa à dedução de acusação, o ministério público pode decidir-se pelo *arquivamento em caso de dispensa de pena* previsto no artigo 280º do CPP[121].

Este arquivamento depende da existência de indícios suficientes de se ter verificado o crime e de quem foi o seu agente; de se tratar de crime relativamente ao qual se encontre expressamente prevista na lei penal a possibilidade de dispensa da pena (artigo 74º do CP e, entre outros, artigos 143º, nº 3, 148º, nº 2, e 186º do mesmo Código); de se verificarem os pressupostos desta dispensa; e da concordância do juiz de instrução (nº 1). Esta concordância faz com que a decisão não seja suscetível de impugnação (nº 3).

[120] Já houve, porém, uma Proposta de lei no sentido de o ministério público poder arquivar o inquérito quando não acompanhasse a acusação do particular, como nos dá conta Sousa Mendes, *Lições de Direito Processual Penal*, p. 136. Neste sentido, mas propondo nestes casos a obrigatoriedade da instrução, Rui Pereira, "O Domínio do Inquérito pelo Ministério Público", pp. 125 e s. e 131.

[121] Cf. *supra*, ponto 1.2., alínea *b)*.

Ainda em alternativa ao despacho de acusação, o ministério público pode determinar, com a concordância do juiz de instrução, a *suspensão provisória do processo mediante a imposição de injunções e regras de conduta* prevista no artigo 281º do CPP[122].

No Ac. do TC nº 7/87, tirado em fiscalização preventiva, o Tribunal não se pronunciou pela inconstitucionalidade dos nºs 1 e 2 do artigo 281º do CPP em si mesmos. Pronunciou-se, porém, pela inconstitucionalidade da norma que atribuía ao ministério público competência para a suspensão do processo mediante a imposição das injunções e das regras de conduta previstas na lei, sem a intervenção de um juiz, por violação dos artigos 206º e 32º, nº 4, da CRP[123].

Anos mais tarde, tendo como parâmetros de controlo da constitucionalidade da norma a *reserva de função jurisdicional* (artigo 202º) e a *independência dos tribunais* (artigo 203º), o TC não julgou inconstitucional a norma do artigo 281º do CPP, no segmento em que atribui ao ministério público o poder de se decidir, com a concordância do juiz de instrução, pela suspensão do processo, mediante a imposição ao arguido de injunções e regras de conduta (Ac. nº 67/2006)[124].

a) São pressupostos desta suspensão tratar-se de crime punível com pena de prisão não superior a 5 anos; a existência de indícios suficientes de se ter verificado o crime e de quem foi o seu agente; a concordância do arguido e do assistente (se tiver havido constituição de assistente, por se tratar de ato demonstrativo da pretensão de *participar de forma constitutiva na declaração do direito do caso*[125]); a ausência de condenação anterior por

[122] Cf. *supra*, ponto 1.2., alínea *b)*. Cf., ainda, a Diretiva da Procuradoria-Geral da República nº 1/2014, de 15 de janeiro, republicada pela Diretiva nº 1/2015, de 30 de abril, respeitante à suspensão provisória do processo.

[123] Sobre isto, criticamente, ANABELA RODRIGUES, "A jurisprudência constitucional portuguesa e a reserva do juiz nas fases anteriores ao julgamento ou a matriz basicamente acusatória do processo penal", p. 56

[124] Sobre esta jurisprudência, ANABELA RODRIGUES, "A jurisprudência constitucional portuguesa e a reserva do juiz nas fases anteriores ao julgamento ou a matriz basicamente acusatória do processo penal", p. 53 e ss.

[125] O que não invalida a aplicação do instituto se não houver assistente constituído. Neste sentido, FERNANDO TORRÃO, *A Relevância Político-Criminal da Suspensão Provisória do Processo*, p. 202 e s.

crime da mesma natureza; a ausência de aplicação de suspensão provisória do processo por crime da mesma natureza[126]; não haver lugar a medida de segurança de internamento; ausência de um grau de culpa elevado; e ser de prever que o cumprimento das injunções e regras de conduta responda suficientemente às exigências de prevenção que no caso se façam sentir (nº 1). Este mecanismo de *diversão com intervenção*, determinado pelo ministério público, oficiosamente ou a requerimento do arguido ou do assistente, depende ainda da concordância do juiz de instrução (nº 1), o que justifica que a decisão de suspensão não seja suscetível de impugnação (nº 6), tanto mais que há um consenso que é alargado a outros sujeitos processuais – ao arguido e ao assistente (alínea *a)* do nº 1).

A decisão que suspende provisoriamente o processo não é suscetível de impugnação. Tem a concordância do juiz de instrução, por um lado, e a do arguido e do assistente, por outro. Uma outra questão é a de saber se é recorrível a decisão do juiz de instrução que não dá a sua concordância à aplicação do instituto. Sobre isto há jurisprudência fixada no sentido de que "a discordância do juiz de instrução em relação à determinação do ministério público, visando a suspensão provisória do processo, nos termos e para os efeitos do nº 1 do artigo 281º do Código de Processo Penal, não é passível de recurso" (Ac. nº 16/2009, de 18 de novembro)[127]. A questão da conformidade constitucional da "interpretação, extraível da conjugação do artigo 281º, nºs 1 e 6, do Código de Processo Penal, no sentido de que é irrecorrível o despacho judicial de não concordância com a suspensão provisória do processo determinada pelo Ministério Público" já foi apreciada pelo TC, julgando a norma não inconstitucional (Ac. 139/2017, com remissão para jurisprudência anterior no mesmo sentido).

b) As injunções e regras de conduta que são oponíveis ao arguido, cumulativa ou separadamente, estão exemplificadas no nº 2 do artigo

[126] Por via do Decreto-Lei nº 299/99, de 4 de agosto, foi criada uma base de dados que tem por finalidade "centralizar na Procuradoria-Geral da República a recolha, a atualização e o tratamento da informação relativa à aplicação do instituto da suspensão provisória do processo, incluindo para [a] verificação do pressuposto previsto na alínea *c)* do nº 1 do artigo 281º do Código de Processo Penal" (artigo 1º, nº 2).

[127] Sobre esta decisão, criticamente, Conde Correia/Rui do Carmo, "Recorribilidade do despacho de não concordância com a suspensão provisória do processo", p. 24 e ss.

281º do CPP (por exemplo, indemnizar o lesado, entregar ao Estado ou a instituições privadas de solidariedade social certa quantia ou efetuar prestação de serviço público, não frequentar certos meios ou lugares). A alínea *m)* desde nº 2 permite que seja oponível qualquer outro comportamento especialmente exigido pelo caso, com o limite de não ofender a dignidade do arguido (nº 4 do mesmo artigo). Estas injunções e regras de conduta não têm a natureza jurídica de sanção penal, não tendo, designadamente, a natureza de pena. "Antes se inscrevem na linha de medidas que visam alertar o arguido para a validade da ordem jurídica e despertar nele o sentimento de fidelidade ao direito"[128], sem qualquer necessidade de comprovação da culpa e dependendo sempre da concordância do arguido. O que, nas palavras de Costa Andrade, tem "implicações de tomo tanto do ponto de vista doutrinal como político-criminal. Significa, por um lado, que, mesmo após a aplicação das injunções e regras de conduta, *o arguido continua a coberto da presunção de inocência*. Significa, por outro lado, que as injunções e regras de conduta *têm de se orientar de forma privilegiada ou exclusivamente para fins de prevenção*"[129].

c) A suspensão provisória do processo pode ir, em regra, até dois anos, sendo o processo arquivado pelo ministério público se o arguido cumprir as injunções e regras de conduta, não podendo depois ser reaberto (artigo 282º, nº 1, do CPP).

O processo prosseguirá, com a dedução da acusação, em cumprimento do princípio da legalidade da promoção processual, se o arguido não cumprir as injunções e regras de conduta ou se, durante o prazo de suspensão do processo, cometer crime da mesma natureza pelo qual venha a ser condenado (nº 4 do mesmo artigo). O incumprimento das injunções e regras de conduta, com a consequência do processo prosseguir, é também uma forma de prevenir o *roubo do conflito*[130]. Não obstante o consenso anteriormente firmado, o conflito poderá sempre ressurgir durante o período em que o processo está provisoriamente suspenso.

[128] Cf. Anabela Rodrigues, "O inquérito no novo Código de Processo Penal", p. 75.

[129] Cf. "Consenso e oportunidade (reflexões a propósito da suspensão provisória do processo e do processo sumaríssimo)", p. 354.

[130] Cf. *supra*, ponto 1.2., alínea *b)*.

d) Em caso de processo por crime de violência doméstica não agravado pelo resultado ou por crime contra a liberdade e autodeterminação sexual de menor não agravado pelo resultado há as especificidades previstas nos artigos 281º, nºs 7 e 8, e 282º, nº 5, do CPP e 178º, nºs 4 e 5, do CP, havendo mesmo alguma desarmonia entre o aqui preceituado e estatuído naquele nº 8[131].

Há também especificidades em caso de crime de furto simples quando a conduta ocorrer em estabelecimento comercial, durante o período de abertura ao público, relativamente à subtração de coisas móveis de valor diminuto e desde que tenha havido recuperação imediata destas, tal como previsto no nº 9 do artigo 281º do CPP, onde se dispensa a concordância do assistente[132].

e) Nada obstará a que os institutos do arquivamento em caso de dispensa de pena e da suspensão provisória do processo sejam aplicáveis quando o procedimento depender de queixa ou de acusação particular. Deve destacar-se, em geral, que "os crimes particulares e semipúblicos justificam-se por se entender que o valor da autonomia do ofendido condiciona legitimamente a prossecução processual, mas a prossecução processual não pode ser ela mesma condicionada pela privada perceção do interesse do ofendido"[133].

Relativamente aos crimes semipúblicos a resposta é até evidente, uma vez que constituem apenas uma limitação ao princípio da oficialidade, cabendo ao ministério público, tal como nos crimes públicos, encerrar o inquérito, arquivando-o ou deduzindo acusação. Logo, nada obsta, em alternativa a esta, ao arquivamento previsto no artigo 280º do CPP ou à suspensão provisória do processo prevista no artigo 281º do CPP.

Quanto aos crimes particulares, relativamente aos quais cabe ao assistente decidir se deduz ou não acusação, a questão só se colocará se esta for deduzida. Nesse caso, nada parece obstar à suspensão provisória do processo, uma vez que é seu pressuposto a concordância do assistente

[131] Sobre isto, Sónia Fidalgo, "O Consenso no processo penal: reflexões sobre a suspensão provisória do processo e o processo sumaríssimo", p. 292.
[132] Sobre estes desvios, cf. *supra*, ponto 1.2., alínea *c)*.
[133] Cf. Fernanda Palma, "O Problema Penal do Processo Penal", p. 52.

(artigo 281º, nº 1, alínea *a)*, do CPP), em nada se opondo a esta solução a justificação político-criminal do instituto[134].

Não obstante a concordância do assistente não ser pressuposto do arquivamento em caso de dispensa de pena, é de defender a sua aplicabilidade quando o procedimento dependa de acusação particular. Além de a solução se justificar político-criminalmente, há que considerar que, não obstante a acusação particular poder ser deduzida sem terem sido recolhidos indícios suficientes da prática do crime, tal não significa propriamente que o assistente tem como que o "direito" de submeter a causa a julgamento. A justificação político-criminal de crimes particulares é alheia a uma consideração deste tipo, além de que à dedução de acusação nos termos do artigo 285º do CPP poderá sempre corresponder um despacho de não pronúncia se, entretanto, a instrução for requerida pelo arguido (artigos 287º, nº 1, alínea *a)*, e 308º do CPP); o tribunal poderá sempre pronunciar-se sobre nulidades e outras questões prévias ou incidentais que obstem à apreciação do mérito da causa, de que possa logo conhecer (artigo 311º, nº 1, do CPP); o tribunal poderá sempre, se a instrução não for requerida, proferir despacho no sentido de rejeitar a acusação particular, se a considerar manifestamente infundada (artigo 311º, nº 2, alínea *a)*, do CPP).

3.3.4. Controlo da decisão de arquivar ou de acusar

O CPP prevê dois *mecanismos de controlo da decisão* de deduzir acusação ou de arquivar o inquérito: o *controlo judicial* por via da fase facultativa de instrução, nos termos do artigo 286º, nº 1,[135] e a *intervenção hierárquica* prevista no artigo 278º Mais não são do que corolários do princípio da legalidade da promoção processual.

A intervenção hierárquica é um mecanismo típico de uma magistratura hierarquizada como é a do ministério público. É marcadamente *limitado*, por um lado, e subsidiário, por outro: serve para controlar apenas a *decisão de arquivar* o inquérito e só pode ser acionado a partir do momento em que *já não possa ser requerida a abertura da instrução*; ou no prazo em que esta possa ser requerida, se o assistente e o denunciante com a faculdade

[134] Assim também a Diretiva da Procuradoria-Geral da República nº 1/2014. Discordamos, porém, do entendimento de que é dado cumprimento ao artigo 285º, nº 1, do CPP somente depois de a suspensão provisória do processo se mostrar inviável.

[135] Cf. *infra*, Capítulo V.

de se constituir assistente optarem por não requerer a abertura de uma nova fase. Nesta última hipótese é, verdadeiramente, um *mecanismo alternativo* ao controlo judicial da decisão de arquivar o inquérito. O assistente ou o denunciante com a faculdade de se constituir assistente podem, de facto, optar por requerer a intervenção hierárquica *ou* a abertura de instrução, quando sejam confrontados com um despacho de arquivamento do inquérito. Esta nota de *alternatividade* abona, decisivamente, no sentido da jurisprudência fixada pelo STJ através do Ac. nº 3/2015[136].

É o superior hierárquico do magistrado do ministério público que tiver arquivado esta fase processual quem pode determinar, por sua *iniciativa* ou a *requerimento* do assistente ou do denunciante com a faculdade de se constituir assistente, que seja formulada acusação ou que as investigações prossigam, indicando neste caso as diligências a efetuar e o prazo para o seu cumprimento. Esta competência do superior hierárquico, que pode ser exercida por sua própria iniciativa, garante o controlo de todas as decisões de arquivamento do inquérito e, portanto, também daquelas em relação às quais não exista assistente constituído ou não haja sequer denunciante com a faculdade de se constituir assistente (cf. artigo 68º, nº 1, do CPP).

A decisão do superior hierárquico, que confirme o despacho de arquivamento do inquérito, não é suscetível de impugnação hierárquica, havendo um grau único de reclamação hierárquica[137].

[136] Cf. *infra*, Capítulo V, ponto 1, alínea *c)*.

[137] Neste sentido, Maia Costa, *Código de Processo Penal Comentado*, comentário ao artigo 278º, ponto **4.**

Capítulo V
A tramitação do processo penal comum – a fase de instrução

De acordo com o artigo 286º, nºs 2 e 3, do CPP, a fase de instrução é uma fase facultativa do processo penal comum que não tem lugar nas formas de processo especiais (sumário, abreviado e sumaríssimo).

1. Abertura

Esta fase facultativa do processo penal comum é aberta a requerimento do arguido ou do assistente, segundo o artigo 287º, nº 1, do CPP, o que é uma manifestação do estatuto que ambos têm de sujeitos processuais.

a) De acordo com a alínea *a)* deste preceito, é requerida pelo arguido, relativamente a factos pelos quais o ministério público (artigo 283º do CPP) ou o assistente, em caso de procedimento dependente de acusação particular (artigo 285º do CPP), tiverem deduzido acusação. Notificado do despacho de acusação (artigos 113º e 196º, nºs 2 e 3, alínea *c)*, do CPP), o arguido poderá então requerer a abertura da instrução no prazo legalmente fixado (artigo 287º, nºs 1 e 6, do CPP).

Segundo a alínea *b)* do mesmo artigo, a instrução é requerida pelo assistente relativamente a factos pelos quais o ministério público não tiver deduzido acusação, se o procedimento não depender de acusação particular. Esta limitação tem que ver com a circunstância de, neste caso, ser o assistente quem decide se há ou não dedução de acusação (artigo 285º, nº 1, do CPP)[138]. Não tendo sido esta deduzida por sua decisão, não faria sentido que o assistente pudesse requerer a instrução para ser comprovada judicialmente a não submissão da causa a julgamento. Neste caso, o arquivamento do inquérito por parte do ministério público é da inteira responsabilidade do assistente. O arquivamento tem lugar, porque este sujeito processual não deduziu a necessária acusação particular, tornando o procedimento legalmente inadmissível (artigos 48º, 50º, nº 1, 285º e 277º, nº 1, parte final, do CPP).

b) Já fará sentido, porém, se, tendo deduzido acusação nos termos deste artigo, o ministério público tiver arquivado o inquérito, designadamente por erro, ou se tiver proferido despacho de arquivamento sem ter notificado o assistente nos termos do artigo 285º do CPP[139]. Nestes casos, notificado do despacho de arquivamento, o assistente poderá requerer a abertura da instrução no prazo de 20 dias, além de poder requerer a intervenção hierárquica (artigos 113º, 287º, nºs 1 e 6, e 278º do CPP).

Em suma, a ressalva que é feita no artigo 287º, nº 1, alínea *b)*, do CPP vale estritamente para os casos em que a *decisão de não acusação* é da responsabilidade do assistente. Abrange somente as situações em que, notificado para o efeito, o assistente *não deduz acusação particular*, com a consequência de ser arquivado o inquérito, por ser legalmente inadmissível o procedimento (artigos 50º, nº 1, 277º, nº 1, parte final, e 285º, nºs 1 e 2, do CPP). A razão de ser da ressalva exclui todos os casos em que o ministério público arquive o inquérito sem que o assistente tenha sido notificado para deduzir acusação particular. Seja, por ser legalmente inadmissível o procedimento, desde que a inadmissibilidade legal não decorra da não dedução da acusação particular por parte do assistente depois de notificado para o efeito; seja até, pura e simplesmente, por inobservância do disposto nos artigos 48º, 50º, nº 1, e 285º, nº 1, do CPP. Entendimento contrário, em que subsistisse apenas a intervenção hierárquica, levaria à perda, injustificada, do mecanismo de controlo *judicial* da decisão final de

[138] Assim, Germano Marques da Silva, *Direito Processual Penal Português. Do Procedimento [Marcha do Processo]*, p. 132, e Maria João Antunes, "Abertura da instrução por parte do assistente em caso de procedimento dependente de acusação particular. Anotação ao acórdão do Tribunal da Relação do Porto de 27-06-2012", p. 630.

[139] Cf. *supra*, Capítulo IV, ponto 3.3.2, alínea *c)*.

arquivar o inquérito, vulnerando o princípio da legalidade da promoção processual e o modelo legal e constitucional de repartição de funções entre as duas magistraturas[140].

Nestas hipóteses, o assistente tem de poder requerer (pode requerer) a abertura de instrução, com a finalidade de ser comprovada judicialmente a decisão de arquivar o inquérito (artigos 286º, nº 1, e 287º, nº 1, alínea *b)*, do CPP), equivalendo a apresentação do requerimento à dedução da acusação particular (artigo 285º, nº 3, e 287º, nº 3, do CPP).

O assistente poderá ainda requerer a abertura da fase de instrução quando o ministério público tiver proferido um despacho de acusação do qual constem decisões parcelares de não acusação por determinados factos. Quanto a estes, quanto aos *factos não acusados* pelo ministério público, poderá pois ser requerida a abertura da instrução. O assistente pode, nos termos do artigo 284º, nº 1, do CPP, acusar por factos diferentes dos factos constantes da acusação do ministério público, mas com a limitação de não importarem uma alteração substancial destes. Neste caso, poderá, quanto a eles, requerer a abertura da instrução, para controlo judicial da decisão de não os submeter a julgamento.

c) O prazo para requerer a abertura da instrução é de 20 dias a contar da notificação da acusação ou do arquivamento, podendo ser superior quando, havendo vários arguidos ou assistentes, o prazo termine em dias diferentes, caso em que vale o prazo que começou a contar em último lugar (artigos 113º e 287º, nºs 1 e 6, do CPP).

Segundo o nº 2 do artigo 287º, embora não sujeito a formalidades especiais, o requerimento deve conter, em súmula, as razões de facto e de direito de discordância relativamente à acusação ou não acusação, bem como, sempre que disso for caso, a indicação dos atos de instrução que o requerente pretende que o juiz leve a cabo, dos meios de prova que não tenham sido considerados no inquérito e dos factos que, através de uns e de outros, se espera provar.

Se se tratar de requerimento do assistente, esta peça processual deve ainda observar as alíneas *b)* e *c)* do nº 3 do artigo 283º do CPP, por estar em causa a imputação ao arguido de factos que justificarão a submissão

[140] Sobre isto, Maria João Antunes, "Abertura da instrução por parte do assistente em caso de procedimento dependente de acusação particular. Anotação ao Acórdão do Tribunal da Relação do Porto de 27-06-2012", p. 633 e ss.

da causa a julgamento e a fixação consequente dos poderes de cognição do juiz de instrução (artigos 288º, nº 4, e 303º do CPP). Quando a instrução é requerida relativamente a factos não acusados, o requerimento para abertura da instrução cumpre o papel da acusação no que se refere àquela fixação.

Ainda segundo o referido artigo 287º, o requerimento só pode ser rejeitado por extemporâneo, por incompetência do juiz ou por inadmissibilidade legal da instrução (nº 3), cominando a lei a nulidade quando não haja instrução que tenha sido requerida (artigo 119º, alínea *d)*, do CPP).

Através do Ac. nº 7/2005, de 12 de maio, foi fixada jurisprudência no sentido de que "não há lugar a convite ao assistente para aperfeiçoar o requerimento de abertura de instrução, apresentado nos termos do artigo 287º, nº 2, do Código de Processo Penal, quando for omisso relativamente à narração sintética dos factos que fundamentam a aplicação de uma pena ao arguido".

O STJ fixou jurisprudência no sentido de que "o prazo de 20 dias para o assistente requerer a abertura da instrução, nos termos do artigo 287º, nº 1, alínea *b)*, do Código de Processo Penal, conta-se sempre e só a partir da notificação do despacho de arquivamento proferido pelo magistrado do Ministério Público titular do inquérito ou por quem o substitua, ao abrigo do artigo 277º do mesmo código, não relevando para esse efeito a notificação do despacho do imediato superior hierárquico que, intervindo a coberto do artigo 278º, mantenha aquele arquivamento" (Ac. nº 3/2015, de 8 de janeiro). Isto é: o despacho que indefira a reclamação, mantendo o despacho de arquivamento do inquérito, não é suscetível de comprovação judicial nos termos do disposto no artigo 286º Anteriormente, o TC não julgou inconstitucional a norma do nº 1 do artigo 287º do CPP, quando interpretada no sentido de que o prazo de 20 dias para o assistente requerer a abertura da instrução se conta da notificação do despacho de arquivamento do inquérito pelo ministério público e não da notificação do despacho que, em intervenção hierárquica, o confirme (cf. Acs. nºs 501/2005 e 539/2005. E, ainda, nº 713/2014).

2. Finalidade

O artigo 286º, nº 1, reserva à instrução a finalidade de *comprovação judicial da decisão de deduzir acusação ou de arquivar o inquérito* em ordem a submeter ou não a causa a julgamento. Tão só isto e não também o controlo do modo como o ministério público levou a cabo a investigação. A instrução não é um "instrumento de sindicância da atuação do ministério público ao longo do inquérito, mas antes e tão-só uma fase destinada a comprovar o acerto da *decisão* de acusar ou de arquivar tomada pelo ministério público"[141].

a) Abona no sentido da finalidade apontada o carácter facultativo desta fase do processo comum (artigo 286º, nº 2, do CPP). A instrução terá lugar somente se for requerida pelo arguido ou pelo assistente, os sujeitos processuais que estarão interessados em contrariar o sentido da decisão tomada pelo ministério público no final do inquérito (ou pelo assistente quando o procedimento dependa de acusação particular). Vai também ao encontro daquela finalidade a cominação da nulidade da decisão instrutória, na parte em que pronunciar o arguido por factos que constituam alteração substancial dos descritos na acusação do ministério público ou do assistente ou no requerimento para abertura da instrução (artigo 309º, nº 1, do CPP). Em outras palavras: a instrução *não é um suplemento autónomo de investigação*, o que está de acordo com a configuração da fase de inquérito como fase de investigação por excelência e com o princípio processual penal da máxima acusatoriedade possível[142].

Não obstante esta conclusão, é de salientar que alterações legislativas, entretanto introduzidas no CPP, questionam este ponto de vista: a regra, sem exceções, da publicidade da fase de instrução (artigo 86º, nº 1); a contraditoriedade dos atos de instrução (artigo 289º, nº 2); a estatuição segundo a qual a comunicação ao ministério público da alteração substancial dos factos descritos na acusação ou no requerimento para abertura da instrução vale como denúncia para que ele proceda pelos novos factos, apenas quando estes sejam autonomizáveis em relação ao objeto do processo (artigo 303º, nºs 3 e 4); e a equiparação do regime

[141] FIGUEIREDO DIAS/NUNO BRANDÃO, "Uma instrução inadmissível", p. 661.

[142] Cf. *supra*, Capítulo I, ponto 4.2., e *infra*, ponto 4., alínea *a)*. Sobre a fase de instrução enquanto mecanismo de controlo da decisão tomada no final do inquérito, FIGUEIREDO DIAS, "Sobre os sujeitos processuais no novo Código de Processo Penal", p. 16 e ss., ANABELA RODRIGUES, "O inquérito no Novo Código de Processo Penal", p. 75 e s., MARIA JOÃO ANTUNES, "O segredo de justiça e o direito de defesa do arguido sujeito a medida de coação", p. 1247 e s., e NUNO BRANDÃO, "A nova face da instrução", p. 228 e ss.

da alteração da qualificação jurídica dos factos descritos na acusação ou no requerimento de para a abertura da instrução ao regime que vale na fase de julgamento (artigos 303º, nº 5, e 358º, nº 3). A intenção originariamente assumida de não fazer da instrução uma fase aparentada com o julgamento, mas tão só uma fase de controlo judicial da decisão de acusar ou de arquivar o inquérito, foi, de certa forma, desfigurada[143].

Subverte totalmente a configuração da instrução como fase de comprovação judicial da decisão de deduzir acusação ou de arquivar o inquérito em ordem a submeter ou não a causa a julgamento – e não como *suplemento autónomo de investigação* – requerer a instrução contra pessoa em relação à qual não tenha havido despacho de arquivamento ou de acusação[144].

b) A configuração da fase de instrução como mecanismo de controlo da decisão de deduzir acusação ou de arquivar o inquérito foi questionada logo em sede de fiscalização preventiva da constitucionalidade de normas do decreto que aprovou o CPP. O TC pronunciou-se, porém, pela não inconstitucionalidade no Ac. nº 7/87. Questionou-se, concretamente, a norma que reservava ao ministério público a direção do inquérito (artigo 263º) e a que configurava a instrução como fase processual facultativa (artigo 286º), por referência à norma constitucional segundo a qual *toda a instrução é da competência de um juiz* (artigo 32º, nº 4) e à que então atribuía funções ao ministério público (o artigo 224º). Argumentava-se, no essencial, que as diligências processuais que a lei incluía sob a designação de "inquérito" eram, materialmente, instrutórias.

Figueiredo Dias contrariou sempre a leitura das normas constitucionais que suportava quer o juízo de inconstitucionalidade de tais normas processuais quer meras dúvidas sobre a conformidade constitucional das mesmas. Para o Autor, "o sentido jurídico-processual do termo 'instrução' não está inscrito em qualquer 'lei natural' ou 'natureza das coisas', que permita decidir logo a partir dela o que é e o que não é instrução", podendo ter o sentido que lhe é dado no CPP de "esclarecimento de um facto possível em vista de ser ou não submetido a julgamento"; o carácter facultativo da instrução "adequa-se perfeitamente à natureza, que segundo

[143] Sobre esta descaracterização, Nuno Brandão, "A nova face da instrução", p. 240 e ss.
[144] Sobre isto, Figueiredo Dias/Nuno Brandão, "Uma instrução inadmissível", p. 657 e ss.

a Constituição lhe cabe, de *direito* das pessoas e de *garantia* do processo penal"; a função do juiz de instrução é assim "reconduzida à sua dignidade jurídico-constitucional, consistente na prática de atos materialmente judiciais e não na de atos materialmente policiais"; da competência que a CRP defere ao ministério público para *exercer a ação penal* e do princípio jurídico-constitucional da sua autonomia perante a magistratura judicial, "resulta, como consequência inevitável, que a estrutura acusatória que o processo penal assume por imperativo constitucional se realiza por divisão de funções processuais entre o juiz ou tribunal, de um lado, e o ministério público, do outro, e *não por qualquer outra forma*, nomeadamente por divisão entre o juiz do julgamento e o juiz de instrução"[145].

3. Direção e conteúdo

A direção da instrução compete a um juiz de instrução que pratica todos os atos necessários à realização da finalidade de comprovar a decisão de deduzir acusação ou de arquivar o inquérito em ordem a submeter ou não a causa a julgamento (artigos 288º, nº 1, e 290º, nº 1, do CPP). Para o efeito, é assistido pelos órgãos de polícia criminal, a quem pode conferir o encargo de procederem a quaisquer diligências e investigações relativas à instrução, salvo tratando-se do interrogatório do arguido, da inquirição de testemunhas, de atos que por lei sejam cometidos em exclusivo à competência do juiz e, nomeadamente, os referidos no nº 1 do artigo 268º e no nº 2 do artigo 270º (artigos 288º, nº 1, 290º, nº 2, 292º, nº 2, 55º, nº 1, e 56º do CPP). Por um lado, estão em causa atos especialmente relevantes para a formação da livre convicção do juiz e que até já poderão ter sido praticados anteriormente pelos órgãos de polícia criminal no inquérito; e, por outro, atos da competência reservada das autoridades judiciárias.

a) Segundo o artigo 288º, nº 4, do CPP, o juiz *investiga autonomamente* o caso submetido a instrução, embora com as limitações decorrentes do requerimento para abertura desta fase, o qual contém necessariamente as razões de facto e de direito de discordância relativamente à acusação

[145] Cf. "Para uma reforma global do processo penal português. Da sua necessidade e de algumas orientações fundamenais", p. 227 e ss., "Sobre os sujeitos processuais no novo Código de Processo Penal", pp. 16 e s. e 22 e ss. Cf., ainda, Anabela Rodrigues, "O inquérito no novo Código de Processo Penal", p. 66 e ss.

ou não acusação, e com os limites decorrentes dos artigos 303º e 309º, nº 1, daquele Código. Neste sentido, a fase de instrução é um *suplemento de investigação autónomo*, em concretização do princípio processual penal da *investigação*, de onde decorre que o juiz de instrução não está limitado aos contributos da acusação e da defesa. Não é, porém, um *suplemento autónomo de investigação*[146].

b) A instrução é formada pelo conjunto dos atos de instrução que o juiz entenda dever levar a cabo e, obrigatoriamente, por um debate instrutório (artigo 289º do CPP).

Os atos de instrução efetuam-se pela ordem que o juiz reputar mais conveniente para o apuramento da verdade, indeferindo os requeridos que entenda não interessarem à instrução ou servirem apenas para protelar o andamento do processo (artigos 287º, nº 2, e 291º, nº 1, do CPP). Além dos requeridos, e porque o juiz investiga autonomamente o caso tendo em vista a finalidade processual penal de realização da justiça e de descoberta da verdade material, o juiz de instrução pratica ou ordena aqueles que considerar úteis (artigos 288º, nº 4, e 291º do CPP). Dispõe agora o nº 2 do artigo 289º do CPP, contrastando com redação anterior, que o ministério público, o arguido, o defensor, o assistente e o seu advogado podem assistir aos atos de instrução por qualquer deles requeridos e suscitar pedidos de esclarecimento ou requerer que sejam formuladas as perguntas que entenderem relevantes para a descoberta da verdade. A norma é de louvar por referência ao princípio do contraditório, mas acaba por desvirtuar a finalidade que o artigo 286º, nº 1, do mesmo Código aponta à fase da instrução, aproximando-a da fase de julgamento[147].

Os atos de instrução não são obrigatórios, podendo haver instrução sem a prática de tais atos (artigo 297º do CPP), nomeadamente quando se requeira esta fase invocando apenas razões de direito (por exemplo, a prescrição do procedimento criminal ou a descriminalização do comportamento imputado ao arguido). Poderá também ser o caso do requerimento para abertura da instrução que, invocando apenas razões de direito, tenha em vista o arquivamento em caso de dispensa de pena ou a suspensão provisória do processo (artigos 280º e 307º, nº 2, do CPP).

[146] Cf. ANABELA RODRIGUES, "O inquérito no Novo Código de Processo Penal", p. 77 e s. E *infra*, ponto 4.

[147] Cf. *supra*, ponto 2.

Já o debate instrutório é obrigatório, sob pena de nulidade (artigo 120º, nº 2, alínea *d)*, do CPP). Tem como finalidade permitir uma discussão perante o juiz, por forma oral e contraditória, sobre se, no decurso do inquérito e da instrução, resultam indícios de facto e elementos de direito suficientes para justificar a submissão do arguido a julgamento, podendo nele participar o ministério público, o arguido, o defensor, o assistente e o seu advogado, mas não as partes civis (artigos 289º, nº 1, 298º, 301º, nº 2, e 302º do CPP).

c) Tem vindo a revelar-se pertinente saber em que momento se fixa a competência do juiz que dirige a fase de instrução: quando o inquérito é aberto, considerando o conteúdo da notícia do crime, ou antes quando é deduzida a acusação ou requerida a abertura da instrução, em função do conteúdo do despacho que acusa ou do requerimento para abertura da instrução. Através do Ac. nº 2/2017, de 1 de fevereiro de 2017, o STJ fixou a seguinte jurisprudência: «competindo ao Tribunal Central de Instrução Criminal proceder a actos jurisdicionais no inquérito instaurado no Departamento Central de Investigação Criminal para investigação de crimes elencados no artigo 47º, nº 1, da Lei nº 47/86, de 15 de outubro (Estatuto do Ministério Público), por força do artigo 80º, nº 1, da Lei de Organização e Funcionamento dos Tribunais Judiciais, aprovada pela Lei nº 3/99, de 13 de janeiro, essa competência não se mantem para proceder à fase de instrução no caso de, na acusação ali deduzida ou no requerimento de abertura de instrução, não serem imputados ao arguido qualquer um daqueles crimes ou não se verificar qualquer dispersão territorial da actividade criminosa".

4. Encerramento

A instrução encerra-se, depois de encerrado o debate instrutório, através da prolação de um *despacho de pronúncia* ou *de não pronúncia*: se tiverem sido recolhidos indícios suficientes de se terem verificado os pressupostos de que depende a aplicação ao arguido de uma pena ou de uma medida de segurança, no primeiro caso; ou se não tiverem sido recolhidos indícios suficientes de se terem verificado os pressupostos de que depende a aplicação ao arguido de uma pena ou de uma medida de segurança, no segundo (artigos 307º, nº 1, e 308º, nº 1, do CPP). A circunstância de ter sido requerida apenas por um dos arguidos não prejudica o dever de o juiz retirar da instrução as consequências legalmente impostas a todos os arguidos, de acordo com o nº 4 daquele artigo 307º

a) Em razão do princípio processual penal da máxima acusatoriedade possível, do efeito de vinculação temática do tribunal e da tutela do direito de defesa do arguido, este não pode ser pronunciado por factos que constituam *alteração substancial* dos descritos na acusação do ministério público ou do assistente (artigos 283º e 285º do CPP) ou no requerimento para abertura da instrução (artigo 287º, nº s 1, alínea *b)*, e 2, do CPP), de acordo com o estatuído nos artigos 303º, nº 3, e 1º, alínea *f)*, do CPP. À violação desta proibição corresponde mesmo a nulidade da decisão instrutória (artigos 118º, nº 1, 309º, nº 1, e 310º, nº 3, do CPP).

Mais dispõe o nº 3 do artigo 303º do CPP que, em caso de alteração substancial dos factos descritos na acusação ou no requerimento para abertura da instrução, esta não poderá ser tomada em conta pelo tribunal para o efeito de pronúncia no processo em curso, nem implica a extinção da instância; e o nº 4 do mesmo preceito que a comunicação da alteração da alteração substancial dos factos ao ministério público vale como denúncia para que ele proceda pelos novos factos, com o limite de estes serem autonomizáveis em relação ao objeto do processo[148].

Se a *alteração dos factos* descritos na acusação do ministério público ou do assistente ou no requerimento para abertura da instrução for *não substancial*, o juiz, oficiosamente ou a requerimento, comunica a alteração ao defensor, interroga o arguido sobre ela, sempre que possível, e concede-lhe, a requerimento, um prazo para preparação da defesa (artigo 303º, nº 1, do CPP)[149].

b) O nº 5 do artigo 303º do CPP estende este regime aos casos em que o juiz *altera a qualificação jurídica* dos factos descritos na acusação ou no requerimento. Independentemente da questão de saber se deve haver liberdade do juiz quanto à qualificação jurídica dos factos, o que é facto é que este é mais um ponto em que a instrução se aproxima do julgamento

[148] Sobre a redação vigente destes nºs 3 e 4, introduzida em 2007, criticamente, Nuno Brandão, "A nova face da instrução", p. 245 e ss. Sobre isto, Sousa Mendes, *Lições de Direito Processual Penal*, p. 149 e ss. Cf. *infra*, Capítulo VII, ponto 4., alínea *c)*, e *supra* Capítulo IV, ponto 1.3., alínea *b)*.

[149] Cf. *infra*, Capítulo VII, ponto 4., alínea *b)*.

(artigo 358º, nº 3, do CPP). Porém, sem qualquer justificação. O direito de defesa do arguido, invocado para a solução dada na fase de julgamento, não justifica que aquela alteração tenha o mesmo regime da alteração não substancial dos factos quando a fase em questão é a da instrução. Com efeito, o arguido poderá sempre defender-se em sede de julgamento da nova qualificação jurídica dos factos que conste do despacho de pronúncia. Na versão primitiva do CPP, o juiz de instrução tinha liberdade total quanto à qualificação jurídica dos factos. Em 2007 é que o legislador equiparou o regime deste tipo de alteração na fase de instrução ao regime que já vigorava na fase de julgamento desde 1998 (cf. artigo 358º, nº 3)[150].

c) Como alternativa ao despacho de pronúncia, o juiz de instrução poderá arquivar o processo nos termos do artigo 280º do CPP (arquivamento em caso de dispensa de pena) ou suspender provisoriamente o processo, de acordo com o disposto no artigo 307º, nº 2, do CPP. Com uma diferença substancial em relação aos casos em que estes mecanismos de diversão são utilizados no inquérito: o arquivamento em caso de dispensa de pena passa a depender também da concordância do arguido (artigo 280º, nº 2, do CPP). Como entretanto foi deduzida acusação, *o conflito* não pode ser *roubado*, sem mais, ao arguido.

A solução de exigir a concordância do arguido somente quando seja deduzida acusação faz mais sentido quando a fase de inquérito seja secreta. Sendo o processo penal público desde o início, como sucede presentemente (artigo 86º, nº 1, do CPP), faria sentido exigir a concordância do arguido quando o arquivamento em caso de dispensa de pena tenha lugar no final do inquérito.

5. Irrecorribilidade

O CPP consagra o princípio geral de que é permitido recorrer das decisões judiciais (acórdãos, sentenças e despachos) cuja irrecorribilidade não estiver prevista na lei (artigo 399º). As decisões judiciais proferidas na fase de instrução (despachos) são, em regra, recorríveis, sendo o recurso interposto para a relação (artigo 427º do CPP).

a) Na fase de instrução prevê-se a irrecorribilidade do despacho que indefere os atos requeridos que o juiz entenda não interessarem à ins-

[150] Cf. *infra*, Capítulo VII, alínea *d)*.

trução ou servirem apenas para protelar o andamento do processo, dele cabendo apenas reclamação, bem como a irrecorribilidade do despacho que decida esta impugnação (artigo 291º, nºs 1 e 2, do CPP)[151]. Solução que se justifica por apelo à finalidade apontada à fase de instrução.

b) Prevê-se também, no artigo 310º, nº 1, primeira parte, do CPP a irrecorribilidade da decisão instrutória que pronunciar o arguido pelos factos constantes da acusação do ministério público, formulada nos termos do artigo 283º ou do nº 4 do artigo 285º[152] A irrecorribilidade justifica-se, relativamente aos crimes públicos e semipúblicos, por haver concordância do ministério público e do juiz de instrução – de duas magistraturas distintas – quanto à decisão de submeter a causa a julgamento. Em caso de procedimento dependente de acusação particular, é equivalente a esta situação aquela em que o ministério público junta a sua acusação à do assistente, nos termos daquele artigo 285º, nº 4, pelo que também não é recorrível o despacho que pronunciar pelos factos constantes desta acusação[153]. Isto já não valerá, por se tratar de mera acusação particular, quando a acusação do assistente, deduzida ao abrigo do artigo 285º do CPP, não for acompanhada pela do ministério público. Neste caso, o despacho de pronúncia já é recorrível.

A divergência de juízos entre o ministério público e o juiz de instrução (o primeiro deduz acusação e o segundo não pronuncia; o primeiro arquiva o inquérito e o segundo pronuncia) justifica que não haja aqui desvios à regra da recorribilidade das decisões.

A decisão instrutória também é recorrível quando o ministério público arquiva o inquérito e o juiz de instrução profere despacho de não pronúncia. Neste caso, não obstante a concordância das duas magistraturas quanto à decisão de não submeter a causa a julgamento, a decisão já é recorrível. Poder-se-á invocar, em abono da solução, que a irrecorribili-

[151] A norma que determina esta irrecorribilidade foi objeto de apreciação no Ac. do TC nº 459/2000, que a julgou não inconstitucional.

[152] A norma que determina a irrecorribilidade da decisão instrutória que pronunciar o arguido pelos factos constantes da acusação foi objeto de vários julgamentos de não inconstitucionalidade (cf., entre outros, Acs. nºs 265/94, 300/98, 481/2003). Em sentido divergente, cf. declaração de voto aposta ao Ac. nº 387/99.

[153] A norma que determina esta irrecorribilidade foi objeto de apreciação nos Acs. do TC nºs 30/2001 e 79/2005, num período em que a letra do artigo 310º, nº 1, do CPP não previa expressamente esta hipótese.

dade obstaria a que o juiz da causa, o juiz competente para o julgamento, apreciasse da bondade daquela decisão. Nada parece impedir, porém, que se possa e deva defender a solução da irrecorribilidade da decisão judicial instrutória que não pronunciar o arguido na sequência de um despacho de arquivamento do ministério público. Vale aqui também a razão que justifica o disposto no artigo 310º, nº 1, primeira parte, do CPP – o juízo concordante de duas magistraturas distintas. Não será, certamente, obstáculo à irrecorribilidade da decisão instrutória que não pronunciar o arguido na sequência de um despacho de arquivamento do inquérito, o direito de acesso aos tribunais por parte do assistente, nem tão pouco o princípio do juiz natural (artigos 20º, nº 1, e 32º, nº 9, da CRP)[154].

c) A irrecorribilidade da decisão instrutória, nos termos deste artigo 310º, nº 1, abrange agora também a parte em que esta decisão aprecie nulidades ou outras questões prévias ou incidentais, o que se justifica por o juiz de julgamento poder sempre excluir provas proibidas e pronunciar-se sobre as nulidades e outras questões prévias ou incidentais que obstem à apreciação do mérito da causa (artigos 310º, nº 2, 311º, nº 1, e 338º, nº 1, do CPP)[155].

A redação vigente do artigo 310º, nº 1, dada em 2007, veio derrogar jurisprudência fixada pelo STJ. Em face da redação anterior, este Tribunal havia fixado o seguinte: "a decisão instrutória que pronunciar o arguido pelos factos constantes da acusação do ministério público é recorrível na parte respeitante à matéria relativa às nulidades arguidas no decurso do inquérito ou da instrução e às demais questões prévias e incidentais" (Assento nº 6/2000, de 19 de janeiro). Anteriormente a esta jurisprudência, quando o artigo 310º, nº 1, não abrangia expressamente a parte que se refere à apreciação de nulidades ou de outras questões prévias ou incidentais, o TC havia julgado não inconstitucional a norma de acordo com a qual era irrecorrível a decisão sobre questões prévias ou incidentais, constante do despacho de pronúncia (Acs. nºs 216/99 e 387/99).

[154] Cf., porém, Figueiredo Dias, "Para uma reforma global do processo penal português. Da sua necessidade e de algumas orientações fundamenais", p. 226 e s., especialmente nota 78.

[155] Neste sentido, Nuno Brandão, "A nova face da instrução", p. 238 e ss. e Acs. do TC nºs 95/2009 e 482/2014.

Capítulo VI
Meios processuais

1. Meios processuais

Adquirida a notícia do crime e aberto o inquérito tem lugar o conjunto de diligências que visam investigar a existência de um crime, determinar os seus agentes e a responsabilidade deles e descobrir e recolher provas, em ordem à decisão sobre a acusação, a qual é depois comprovada na fase facultativa de instrução. Com a dedução da acusação ou com a prolação do despacho de pronúncia (ou com ambos), a causa é submetida a julgamento e nesta fase valem as provas que tiverem sido produzidas ou examinadas em audiência, para o efeito de formação da convicção do tribunal quanto à existência de um crime, quanto à determinação do seus agentes e a responsabilidade deles e quanto à determinação da sanção. É no enquadramento descrito que ganham relevo decisivo os denominados *meios processuais*: os meios de obtenção da prova e os meios de prova, as medidas cautelares e de polícia, as medidas de coação e as medidas de garantia patrimonial.

Trata-se de uma matéria particularmente sensível no que se refere à reserva de juiz e à reserva de competência de autoridade judiciária e à harmonização das finalidades do processo penal, muito particularmente a de realização da justiça e de descoberta da verdade material e a de proteção dos direitos fundamentais. É também nesta matéria que se jogam soluções processuais diferenciadas em função da gravidade e da natureza dos crimes envolvidos, perante o disposto nas alíneas *i)*, *j)*, *l)* e *m)* do artigo 1º do CPP, que enquadram no *terrorismo* os crimes de organizações terroristas, terrorismo, terrorismo internacional e financiamento do terrorismo; na *criminalidade violenta* as condutas que dolosamente se dirigirem contra a vida, a integridade física, a liberdade pessoal, a liberdade e a autodeterminação sexual ou a autoridade pública e forem puníveis com pena de prisão de máximo igual ou superior a 5 anos; na *criminalidade especialmente violenta* as condutas que dolosamente se dirigirem contra a vida, a integridade física, a liberdade pessoal, a liberdade e a autodeterminação sexual ou a autoridade pública e forem puníveis com pena de prisão de máximo igual ou superior a 8 anos; e na *criminalidade altamente organizada* as condutas que integrarem crimes de associação criminosa, tráfico de pessoas, tráfico de armas, tráfico de estupefacientes ou de substâncias psicotrópicas, corrupção, tráfico de influência, participação económica em negócio ou branqueamento.

O relevo da matéria dos meios processuais, que muitas vezes vai a par de um tratamento processual penal diferenciado em função da gravidade ou da natureza da criminalidade, mostra-se ainda na legislação extravagante: no regime das ações encobertas para fins de prevenção e investigação criminal – Lei nº 101/2001, de 25 de agosto; no regime especial de recolha de prova e de quebra do segredo profissional em matéria de criminalidade organizada e económico-financeira – Lei nº 5/2002, de 11 de janeiro; no regime da recolha de prova em suporte eletrónico (a denominada "prova digital") – Lei nº 109/2009, de 15 de setembro (artigos 11º a 19º).

2. Meios de obtenção da prova e meios de prova

De uma forma intencionalmente clara, o CPP distingue os *meios de obtenção da prova* dos *meios de prova*, constituindo o objeto da prova todos os factos juridicamente relevantes para a existência ou inexistência do crime, a punibilidade ou não punibilidade do arguido e a determinação da pena ou da medida de segurança aplicáveis (artigo 124º do CPP). É através dos *meios de obtenção da prova* que são obtidos *os meios de prova* a partir dos quais se forma a convicção das autoridades judiciárias. "Os meios de obtenção da prova distinguem-se dos meios de prova numa dupla perspetiva: *lógica* e *técnico-operativa*. Na perspetiva lógica os meios de prova caracterizam-se pela sua aptidão para serem por si mesmos fonte de convencimento, ao contrário do que sucede com os meios de obtenção da prova que apenas possibilitam a obtenção daqueles meios. Na perspetiva técnico-operativa os meios de obtenção da prova caracterizam-se pelo modo e também pelo momento da sua aquisição no processo, em regra nas fases preliminares, sobretudo no inquérito. Normalmente são modos de investigação para obtenção de meios de prova e por isso que o modo de sua obtenção seja particularmente relevante"[156].

A distinção entre *meios de obtenção da prova* e *meios de prova* já foi, porém, mais clara, em face da redação dada aos nºs 9 e 12 do artigo 188º do CPP, em 2007[157]. O primeiro dispõe que *só podem valer como prova* as conversações ou comunicações *transcritas* nos termos aí previstos; e o segundo determina o destino a dar aos suportes técnicos referentes a conversações ou comunicações que *não forem transcritas para servirem como meio de prova*. Tem agora letra de lei o entendimento censurável, que se apoiava indevidamente no artigo 167º do CPP, no sentido de a *transcrição* fazer de um meio de obtenção da prova um *meio de prova* que, nesta qualidade, valerá em julgamento para o efeito de formação da convicção do tribunal.

Por outro lado, nem sempre é fácil a distinção entre meios de obtenção da prova e meios de prova, nomeadamente no que se refere aos exames e às perícias[158].

2.1. Meios de obtenção da prova

O CPP prevê como *meios de obtenção da prova* os exames, as revistas, as buscas, as apreensões e as escutas telefónicas (artigos 171º a 190º).

a) É por meio de *exames* das pessoas, dos lugares e das coisas que se inspecionam os vestígios que possa ter deixado o crime e todos os indícios relativamente ao modo como e ao lugar onde foi praticado, às pessoas que o cometeram ou sobre as quais foi cometido (artigo 171º, nº 1, do CPP).

[156] Cf. GERMANO MARQUES DA SILVA, *Curso de Processo Penal*, II, p. 280.

[157] Sobre esta alteração, criticamente, HENRIQUES GASPAR, "Processo penal: reforma ou revisão; as ruturas silenciosas e os fundamentos (aparentes) da descontinuidade", p. 355 e s.

[158] Sobre estas dificuldades, SÓNIA FIDALGO, "Determinação do perfil genético como meio de prova em processo penal", p. 138 e s., e SUSANA AIRES DE SOUSA, "Neurociências e processo penal: verdade *ex machina*?", p. 898.

Os exames podem ter lugar por iniciativa própria dos órgãos de polícia criminal (artigos 55º, nº 2, 171º, nº 4, 173º e 249º, nº 2, alínea *a)*, do CPP), sem prejuízo de aos exames suscetíveis de ofender o pudor das pessoas só poder assistir a autoridade judiciária competente (artigos 172º, nº 3, 270º, nº 2, alínea *c)*, e 290º, nº 2, do CPP); e de ser da competência da autoridade judiciária compelir alguém que pretenda eximir-se ou obstar a qualquer exame devido ou facultar coisa que deva ser examinada (artigos 172º, nº 1, 60º, parte final, e 61º, nº 3, alínea *d)*, do CPP). Já é da competência reservada de um juiz o exame que envolva as características físicas ou psíquicas de pessoa que não haja prestado o consentimento (artigos 172º, nº 2, e 269º, nº 1, alínea *b)*, do CPP). É o caso dos exames que envolvam análises de sangue ou de outras células corporais, nomeadamente para determinação dos perfis de ADN – ácido desoxirribonucleico (cf. artigo 8º, nº 1, da Lei nº 5/2008, de 12 de fevereiro – Lei que cria a base de dados de perfis de ADN para efeitos de identificação civil e criminal[159]).

b) As *revistas* têm como objeto as *pessoas* e têm lugar quando houver indícios de que alguém oculta na sua pessoa quaisquer objetos relacionados com um crime ou que possam servir de prova (artigo 174º, nº 1, do CPP).

As revistas são autorizadas ou ordenadas por despacho da autoridade judiciária competente, devendo esta, sempre que possível, presidir à diligência (artigo 174º, nº 3, do CPP). Segundo o artigo 174º, nº 5, deste Código, podem ser efetuadas por órgão de polícia criminal, sem esta autorização ou ordem, nos casos de terrorismo, criminalidade violenta ou altamente organizada, quando haja fundados indícios da prática iminente de crime que ponha em grave risco a vida ou a integridade de qualquer pessoa; em que os visados consintam, desde que o consentimento prestado fique, por qualquer forma, documentado; ou aquando de detenção em flagrante por crime a que corresponda pena de prisão. Excetuados os casos em que há consentimento e aqueles em que tem lugar a detenção em flagrante delito, a realização da revista é, sob pena de nulidade, imediatamente comunicada ao juiz de instrução e por este apreciada em ordem à sua validação (artigos 118º, nº 1, e 174º, nº 6, do CPP).

[159] Sobre a problemática aqui envolvida, Helena Moniz, "Os problemas jurídico-penais da criação de uma base de dados genéticos para fins criminais", p. 237 e ss.

De acordo com o artigo 251º, nº 1, do CPP, os órgãos de polícia criminal podem ainda proceder, sem prévia autorização da autoridade judiciária, à revista de suspeitos em caso de fuga iminente ou de detenção, sempre que tiverem fundada razão para crer que neles se ocultam objetos relacionados com o crime, suscetíveis de servirem a prova e que de outra forma poderiam perder-se; bem como à revista de pessoas que tenham de participar ou pretendam assistir a qualquer ato processual ou que, na qualidade de suspeitos, devam ser conduzidos a posto policial, sempre que houver razões para crer que ocultam armas ou outros objetos com os quais possam praticar atos de violência. Nestes casos, a realização da revista é, sob pena de nulidade, imediatamente comunicada ao juiz de instrução e por este apreciada em ordem à sua validação (artigo 251º, nº 2, do CPP). Na primeira hipótese, estamos verdadeiramente perante uma medida cautelar que se integra na competência que a lei defere aos órgãos de polícia criminal para a prática de atos cautelares necessários e urgentes para assegurar os meios de prova (artigo 249º, nº 1, do CPP). Na outra hipótese, o que há aqui é a denominada "revista de segurança", que se estende mesmo a quem não seja suspeito (artigo 1º, alínea *e)*, do CPP), sendo de duvidar da sua previsão no CPP.

c) As *buscas* têm como objeto os *locais* e são ordenadas quando houver indícios de que, em lugar reservado ou não livremente acessível ao público, se encontram objetos relacionados com um crime ou que possam servir de prova, o arguido ou outra pessoa que deva ser detida (artigo 174º, nº 2, do CPP).

As *buscas* são autorizadas ou ordenadas por despacho da autoridade judiciária competente, devendo esta, sempre que possível, presidir à diligência (artigo 174º, nº 3, do CPP). Segundo o artigo 174º, nº 5, deste Código, podem ser efetuadas por órgão de polícia criminal, sem esta autorização ou ordem, nos casos de terrorismo, criminalidade violenta ou altamente organizada, quando haja fundados indícios da prática iminente de crime que ponha em grave risco a vida ou a integridade de qualquer pessoa; em que os visados consintam, desde que o consentimento prestado fique, por qualquer forma, documentado; ou aquando de detenção em flagrante por crime a que corresponda pena de prisão. Excetuados os casos em que há consentimento e em que tem lugar a detenção em flagrante delito, a realização da busca é, sob pena de nulidade, imediatamente comunicada ao juiz de instrução e por este apreciada em ordem à sua validação (artigos 118º, nº 1, e 174º, nº 6, do CPP).

De acordo com o artigo 251º, nº 1, alínea *a)*, do CPP, os órgãos de polícia criminal podem ainda proceder, sem prévia autorização da autoridade judiciária, a buscas no lugar onde se encontrarem suspeitos, salvo tratando-se de busca domiciliária, sempre que tiverem fundada razão para crer que nele se ocultam objetos relacionados com o crime, suscetíveis de servirem a prova e que de outra forma poderiam perder-se. Caso em que a realização da busca é, sob pena de nulidade, imediatamente comunicada ao juiz de instrução e por este apreciada em ordem à sua validação (artigo 251º, nº 2, do CPP).

d) A proteção constitucional da inviolabilidade do domicílio, que vai ao ponto de reservar ao juiz a competência para ordenar a entrada no domicílio dos cidadãos contra a sua vontade, e a proteção da reserva da intimidade da vida privada e familiar (artigos 26º, nº 1, e 34º, nºs 1, 2 e 3, da CRP), introduzem especificidades no regime legal da *busca domiciliária* (artigo 177º do CPP).

A busca em casa habitada ou numa sua dependência fechada só pode ser ordenada ou autorizada pelo juiz (artigos 177º, nº 1, e 269º, nº 1, alínea *c)*, do CPP). Já podem ser ordenadas pelo ministério público ou ser efetuadas pelos órgãos de polícia criminal nos casos de terrorismo, criminalidade violenta ou altamente organizada, quando haja fundados indícios da prática iminente de crime que ponha em grave risco a vida ou a integridade de qualquer pessoa; de consentimento do visado, desde que o consentimento prestado fique, por qualquer forma, documentado; de detenção em flagrante por crime a que corresponda pena de prisão (artigo 177º, nº 3, do CPP). Se for efetuada por órgão de polícia criminal sem consentimento do visado e fora de flagrante delito, a busca domiciliária tem de ser imediatamente comunicada ao juiz de instrução que a aprecia em ordem à sua validação, sob pena da nulidade (artigo 177º, nº 4, do CPP).

É a CRP que estatui que ninguém pode entrar durante a noite no domicílio de qualquer pessoa sem o seu consentimento (artigo 34º, nº 2). O legislador define este período como o que decorre entre as 21 e as 7 horas (artigo 177º, nº 1, do CPP). É também a CRP que, desde 2001, ressalva as situações de flagrante delito ou, mediante autorização judicial, os casos de criminalidade especialmente violenta ou altamente organizada, incluindo o terrorismo e o tráfico de pessoas, de armas e de estupefacientes, nos termos previstos na lei. A lei dispõe, por seu turno, relativamente a busca domiciliária ordenada ou autorizada pelo juiz, que a mesma pode ser realizada entre as 21 e as 7 horas nos casos de terrorismo ou criminalidade violenta ou altamente organizada, de consentimento do visado, documentado de qualquer forma, e de flagrante delito pela prática de crime punível com pena de prisão superior, no seu máximo, a três anos (artigos 177º, nº 2, e 1º, alíneas *i)*, *j)*, *l)* e *m)*, do CPP). Se a busca for ordenada pelo ministério público ou efetuada pelos órgãos de polícia criminal, só poderá ter lugar entre as 21 e as 7 horas se houver consentimento do visado ou se for caso de flagrante delito pela prática de crime punível com pena de prisão superior, no seu máximo, a três anos (artigo 177º, nº 3, alínea *b)*, do CPP).

A *busca* em *escritório de advogado* ou em *consultório médico* é, sob pena de nulidade, presidida pessoalmente pelo juiz, podendo estar presente o presidente do conselho local da Ordem dos Advogados ou da Ordem dos Médicos ou um seu delegado (artigos 177º, nºs 5 e 6, 118º, nº 1, e 268º, nº 1, alínea *c)*, do CPP). Como à proteção do domicílio profissional se junta a proteção do segredo profissional, a lei exige que o juiz não se limite a ordenar ou a autorizar a busca, determinando que seja por ele presidida pessoalmente.

A especial proteção que a Constituição dispensa ao domicílio (artigos 32º, nº 8, e 34º, nºs 1, 2 e 3) justifica que haja jurisprudência constitucional abundante nesta matéria, sendo aí evidente o intuito de delimitar/definir o conceito constitucional de "domicílio": os segmentos habitacionais dos grupos e caravanas de pessoas nómadas, em trânsito ou estacionados, integram o objeto do direito à inviolabilidade do domicílio, tido como uma expressão do direito à reserva da intimidade da vida privada e familiar (Ac. nº 452/89); sendo o domicílio uma projeção espacial da pessoa que reside em certa habitação, deve ser devidamente acautelado o direito à inviolabilidade do domicílio daquele que não é visado pela busca, designadamente através do consentimento para penetrar no espaço em causa, havendo nestes casos uma titularidade plúrima deste direito fundamental (Ac. nº 507/94); a natureza íntima ou privada dos atos praticados em certo local (quartos anexos a uma discoteca, onde, além do mais, se praticam relações sexuais entre indivíduos) não implica a qualificação do espaço em causa como domicílio (Ac. nº 364/2006)[160]; o "consentimento" para a busca no domicílio do arguido não pode ser dado por pessoa diferente deste, mesmo que tal pessoa seja um co-domiciliado com disponibilidade da habitação em causa» (Ac. nº 126/2013).

d) As *apreensões* incidem sobre os instrumentos, produtos ou vantagens relacionadas com a prática de um facto ilícito típico e bem assim todos os objetos que tiverem sido deixados pelo agente no local do crime ou quaisquer outros suscetíveis de servir a prova (artigo 178º, nº 1, do CPP).

As apreensões são autorizadas, ordenadas ou validadas por despacho da autoridade judiciária, pelo ministério público na fase de inquérito e pelo juiz nas outras fases (artigo 178º, nº 2, do CPP). Sem prejuízo de poderem ser efetuadas pelos órgãos de polícia criminal no decurso de revistas e buscas, quando haja fundado receio de desaparecimento, destruição, danificação, inutilização, ocultação ou transferência de instrumentos, produtos ou vantagens ou outros objetos provenientes da prática de um facto ilícito típico suscetíveis de serem declarados perdidos a favor do Estado, e quando haja urgência ou perigo na demora, nos termos previstos na alínea *c)* do nº 2 do artigo 249º, caso em terão de ser validadas pela autoridade judiciária, no prazo máximo de setenta e duas horas (artigo 178º, nºs 4, 5 e 6, do CPP).

As apreensões podem ser autorizadas, ordenadas ou validadas também pelo ministério público, sem prejuízo, porém, de os titulares de instrumentos, produtos ou vantagens ou outros objetos apreendidos poderem requerer a um juiz – ao juiz de instrução – a modificação ou a revogação da medida, uma vez que este meio de obtenção da prova contende com o direito de propriedade do arguido ou até de terceiro (artigo 178º, nº 7, do CPP).

Considerando o teor dos nºs 1 e 5 do artigo 178º do CPP, é de concluir que a apreensão não é propriamente apenas um meio de obtenção da prova. Tem também em vista a conservação de instrumentos, produtos, vantagens ou outros objetos provenientes da prática de um facto ilícito

[160] Sobre este acórdão, criticamente, COSTA ANDRADE, "Domicílio, intimidade e Constituição", p. 97 e ss.

típico, cujo destino final é a perda a favor do Estado (artigos 109º e 111º do CP). É o que resulta também do artigo 186º do CPP quando se autonomiza a *apreensão para efeito de prova* dos casos em que os *objetos* apreendidos são *declarados perdidos a favor do Estado* ou passam a ser objeto de *arresto preventivo*. "A apreensão de bens tem natureza híbrida: a medida destina-se a obter e a conservar as provas (finalidade processual probatória), mas também a garantir a perda dos objetos que as encarnam a favor do Estado, nos termos dos artigos 109º e segs. do CP (finalidade processual substantiva)"[161].

Na medida em que é um meio processual que, além de servir a prova do crime em investigação, serve também a execução da decisão judicial que venha a declarar a perda dos instrumentos, produtos e vantagens de facto ilícito típico, é de censurar que o legislador não proceda a distinções do ponto de vista do regime jurídico da apreensão, no plano dos pressupostos e da competência. É até de duvidar da conformidade constitucional da norma que permite a apreensão de tais instrumentos, produtos e vantagens, sem lhe associar um qualquer juízo sobre a necessidade da medida, bem como a que defere também ao ministério público competência para autorizar, ordenar ou validar a apreensão de bens que visa garantir a perda de instrumentos, de produtos e vantagens de facto ilícito típico, em face do disposto nos artigos 18º, nº 2, 32º, nº 4, e 62º, nº 2, da CRP[162]. Não é suficiente que os titulares de instrumentos, produtos e vantagens apreendidos possam requerer ao juiz a modificação ou revogação da medida e que seja da competência do juiz de instrução a declaração de perda a favor do Estado de bens apreendidos, com expressa menção das disposições legais aplicadas, quando o ministério público proceder ao arquivamento do inquérito nos termos dos artigos 277º, 280º e 282º (artigos 178º, nº 7, e 268º, nº 1, alínea *e)*, do CPP).

[161] Cf. Conde Correia, *Da proibição do confisco à perda alargada*, p. 154 e "Apreensão ou arresto preventivo dos proventos do crime?", p. 506 e ss. E, no mesmo sentido, Germano Marques da Silva, *Curso de Processo Penal* II, p. 289, e Costa Andrade/Maria João Antunes, "Da apreensão enquanto garantia processual penal da perda de vantagens do crime", p. 360 e ss. Cf. *infra*, ponto 6. Cf., ainda, Ac. do TC nº 294/2008.

[162] Sobre isto, Costa Andrade/Maria João Antunes, "Da apreensão enquanto garantia processual penal da perda de vantagens do crime", p. 364 e ss., e "Da natureza processual penal do arresto preventivo", p. 142 e s.

Por outro lado, não faz sentido manter a apreensão enquanto meio de garantia processual de natureza patrimonial em face das alterações introduzidas pela Lei nº 30/2017, de 30 de maio[163].

e) É o artigo 34º, nºs 1 e 4, da CRP que estatui que o sigilo da correspondência é inviolável, sendo proibida toda a ingerência das autoridades públicas na correspondência, salvo os casos previstos na lei em matéria de processo criminal. Esta proteção constitucional da inviolabilidade da correspondência e a proteção da reserva da intimidade da vida privada e familiar (artigos 26º, nº 1, da CRP), introduzem especificidades no regime legal da *apreensão de correspondência* (artigo 179º do CPP). Sob pena de nulidade, é matéria de reserva de juiz autorizar ou ordenar a apreensão, mesmo nas estações de correios e de telecomunicações, de cartas, encomendas, valores, telegramas ou qualquer outra correspondência, quando tiver fundadas razões para crer que a correspondência foi expedida pelo suspeito ou lhe é dirigida, mesmo que sob nome diverso ou através de pessoa diversa; que está em causa crime punível com pena de prisão superior, no seu máximo, a 3 anos; e que a diligência se revelará de grande interesse para a descoberta da verdade ou para a prova (artigos 179º, nº 1, e 118º, nº 1, do CPP e, ainda, artigos 179º, nº 3, 252º e 268º, nº 1, alínea *d)*, 269º, nº 1, alínea *d)*, deste Código).

Por a apreensão em escritório de advogado, em consultório médico e em estabelecimento bancário envolver segredo profissional, segredo profissional médico e segredo bancário, há normas específicas no CPP (artigos 180º, 181º e na alínea *c)* do nº 1 do artigo 268º). Por outro lado, o CPP proíbe, sob pena de nulidade, a apreensão e qualquer outra forma de controlo da correspondência entre o arguido e o seu defensor, salvo se o juiz tiver fundadas razões para crer que aquela constitui objeto ou elemento de um crime (artigos 179º, nº 2, e 118º, nº 1).

f) As *escutas telefónicas*, por via da interceção e da gravação de conversações ou comunicações telefónicas, são autorizadas em matéria de processo criminal, durante a fase de inquérito, se houver razões para crer que a diligência é indispensável para a descoberta da verdade ou que a prova seria, de outra forma, impossível ou muito difícil de obter quanto

[163] Cf. *infra*, Capítulo VI, ponto 6.

aos crimes legal e taxativamente previstos (artigos 34º, nº 4, da CRP e 187º, nº 1, do CPP).

As escutas telefónicas só podem ser autorizadas por despacho fundamentado do juiz de instrução e mediante requerimento do ministério público, o *dominus* da fase processual em que podem ter lugar (artigos 187º, nº 1 e 269º, nº 1, alínea *e)*, do CPP). A natureza marcadamente subsidiária e excecional deste meio de obtenção da prova, subordinado aos denominados "crimes do catálogo", a competência reservada do juiz de instrução e a cominação de nulidade em caso de inobservância dos seus requisitos e condições (artigos 190º e 118º, nº 1, do CPP) relevam da intenção de harmonizar a finalidade de realização da justiça e descoberta da verdade material com a de proteção de direitos fundamentais sacrificados na escuta telefónica (direito à reserva da intimidade da vida privada e familiar, à palavra, à inviolabilidade das telecomunicações e demais meios de comunicação, à autodeterminação informacional). Estão em causa direitos do arguido, mas também direitos de terceiros, que são atingidos por via de uma *investigação oculta*, onde se inclui "um conjunto diversificado e heterogéneo de meios de obtenção de conhecimentos, em que os agentes da investigação se intrometem nos processos de comunicação privada das pessoas investigadas, que não têm conhecimento do facto. E, por causa disso, continuam a agir, a interagir e a comunicar de forma espontânea e 'inocente', dizendo e fazendo coisas de conteúdo e sentido diretamente autoincriminatório. Uma autoincriminação de que, naturalmente, não têm consciência"[164].

O regime legal das escutas telefónicas estende-se às conversações ou comunicações transmitidas por qualquer meio técnico diferente do telefone, designadamente correio eletrónico ou outras formas de transmissão de dados por via telemática, mesmo que se encontrem guardadas em suporte digital, e à interceção entre presentes, a denominada "escuta ambiental" (artigos 189º, nº 1, e 190º do CPP). Alguns dos aspetos do regime legal das escutas telefónicas estende-se agora também, de forma expressa, à obtenção e junção aos autos de dados sobre a localização celular ou de registos da realização de conversações ou comunicações (artigos 189º, nº 2, 190º e 252º-A do CPP).

[164] Cf. Costa Andrade, "Métodos ocultos de investigação (*Plädoyer* para uma teoria geral)" p. 532.

É vasta a jurisprudência constitucional em matéria de escutas telefónicas[165]. Mais recentemente, o TC apreciou a norma constante do nº 1 do artigo 187º do CPP, na redação anterior à Lei nº 48/2007, de 29 de agosto, quando interpretada no sentido de que o respetivo conteúdo abrange o acesso à *faturação detalhada* e à *localização celular* (Ac. nº 486/2009). Depois ter concluído que os dados da faturação detalhada e os dados da localização celular que fornecem a posição geográfica do equipamento móvel com base em atos de comunicação são dados de tráfego respeitantes às telecomunicações, encontrando-se, por isso, abrangidos pela proteção constitucional conferida ao sigilo das telecomunicações (artigo 34º, nº 4), o Tribunal indagou se a expressão "interceção e gravação de conversações ou comunicações telefónicas", constante do nº 1 do artigo 187º – a norma legal habilitante das escutas telefónicas – comportava ou não o acesso àqueles dados. A resposta foi positiva por se ter entendido que a permissão de realização de interceções e de gravações de conversações ou comunicações telefónicas abrange não só o acesso ao conteúdo dessas comunicações, mas também a todos os dados fornecidos pela realização dessas interceções.

Mais recentemente, ainda, o TC pronunciou-se, em sede de fiscalização preventiva, pela inconstitucionalidade da norma da lei reguladora do sistema dos Serviços de Informações da República que pretendia incluir na competência dos seus órgãos ou agentes a possibilidade de interceção dos dados de tráfego das telecomunicações (Ac. nº 403/2015). Considerando que o âmbito de proteção do artigo 34º, nº 4, da CRP abrange não apenas o conteúdo das telecomunicações, mas também os dados de tráfego, o TC entendeu que esta norma permissiva "autoriza a restrição do direito à inviolabilidade das comunicações apenas em determinado domínio normativo: '*em matéria de processo criminal*'".

O STJ fixou jurisprudência, recentemente, no sentido de que "a partir do encerramento do inquérito com dedução de acusação, o arguido, até ao termo dos prazos referidos no nº 8 do artigo 188º do Código de Processo Penal, tem o direito de examinar todo o conteúdo dos suportes técnicos referentes a conversações ou comunicações escutadas e de obter, à sua custa, cópia das

[165] Sobre alguma desta jurisprudência, Damião da Cunha, "A jurisprudência do Tribunal Constitucional em matéria de escutas telefónicas. Anotação aos Acórdãos do Tribunal Constitucional nºs 407/97, 347/01, 411/02 e 528/03", p. 50 e ss., e "A mais recente jurisprudência constitucional em matéria de escutas telefónicas – mero aprofundamento de jurisprudência? Anotação aos Acórdãos do Tribunal Constitucional nºs 426/05 e 4/06", p. 46 e ss.

partes que pretenda transcrever para juntar ao processo, mesmo das que já tiverem sido transcritas, desde que a transcrição destas se mostre justificada" (Ac. nº 3/2017, de 9 de março).

2.2. Meios de prova

O CPP prevê como *meios de prova* a prova testemunhal, as declarações do arguido, as declarações do assistente, as declarações das partes civis, a prova por acareação, a prova por reconhecimento, a reconstituição do facto, a prova pericial e a prova documental (artigos 128º a 170º).

a) A *prova testemunhal* tem como objeto os factos de que a testemunha tenha conhecimento direto e que constituam objeto da prova. Em regra, não serve como meio de prova o depoimento que resultar do que se ouviu dizer a pessoas determinadas e não é admissível como depoimento a reprodução de vozes públicas e convicções pessoais (artigos 124º, 128º, 129º e 130º do CPP). A testemunha poderá ser também inquirida sobre factos relativos à personalidade e ao carácter do arguido, bem como às suas condições pessoais e conduta anterior, tendo em vista a determinação da pena ou da medida de segurança, a prova de elementos constitutivos do crime, nomeadamente a culpa do agente, ou a aplicação de medida de coação ou de garantia patrimonial, nos termos previstos no nº 2 daquele artigo 128º A prova testemunhal é garantida protegendo a testemunha contra formas de ameaça, pressão ou intimidação, nomeadamente nos casos de terrorismo, criminalidade violenta ou altamente organizada, sendo aqui relevantes a Lei nº 93/99, de 14 de julho, e o Decreto-Lei nº 190/2003, de 22 de agosto (artigo 139º, nº 2, do CPP)[166].

De acordo como os artigos 91º, nºs 1, 3, primeira parte, e 4, 131º, nº 1, e 132º, nºs 1 e 2, do CPP e 360º do CP, a testemunha tem o dever de testemunhar e de responder com verdade às perguntas que lhe forem dirigidas, sob pena de incorrer em responsabilidade penal, sem prejuízo de não ser obrigada a responder a perguntas quando alegar que das respostas resulta a sua responsabilidade penal, podendo mesmo pedir a sua

[166] Sobre a Lei de 1999 e as questões aqui implicadas por novas tecnologias serem postas ao serviço do processo penal para proteção das testemunhas, ANABELA RODRIGUES, "A defesa do arguido: uma garantia constitucional em perigo no 'admirável mundo novo'", p. 555 e ss. Cf., ainda, MOURAZ LOPES, *Garantia Judiciária no Processo Penal. Do Juiz e da Instrução*, p. 46 e ss., e SANDRA OLIVEIRA E SILVA, *A Proteção de Testemunhas no Processo Penal*, p. 148 e ss.

constituição como arguido (artigo 59º, nº 2, do CPP). O privilégio da não autoincriminação, muito embora tenha muito em comum com o direito ao silêncio do arguido, distingue-se deste pela razão fundamental de o segundo pressupor que o arguido seja perguntado sobre factos que lhe são imputados no contexto de um processo penal.

Poderão recusar o depoimento como testemunhas os descendentes, ascendentes, irmãos, afins até ao 2º grau, adotantes, adotados ou cônjuge do arguido, bem como quem tiver sido cônjuge do arguido ou quem, sendo de outro ou do mesmo sexo, com ele conviver ou tiver convivido em condições análogas às dos cônjuges, relativamente a factos ocorridos durante o casamento ou a coabitação (artigo 134º do CPP). A existência, no passado ou no presente, de relações de certo tipo entre a testemunha e o arguido – relações familiares, de parentesco ou afinidade, ou relações equivalentes às familiares – justifica esta possibilidade de recusa do depoimento. Impendendo sobre a testemunha um dever de verdade e podendo o seu depoimento responsabilizar criminalmente o arguido, compreende-se que o legislador preveja este desvio ao dever de testemunhar.

No artigo 135º do CPP prevê-se, em nome da tutela do segredo profissional, que os ministros de religião ou confissão religiosa, os advogados, os médicos, os jornalistas, os membros de instituições de crédito e as demais pessoas a quem a lei permitir ou impuser que guardem segredo possam escusar-se a depor sobre factos por ele abrangidos (nº 1). Um tribunal pode, porém, decidir a prestação de testemunho com quebra do segredo profissional, ressalvado o segredo religioso que é inquebrantável, sempre que esta se mostre justificada, segundo o princípio da prevalência do interesse preponderante, nomeadamente tendo em conta a imprescindibilidade do depoimento para a descoberta da verdade material, a gravidade do crime e a necessidade de proteção de bens jurídicos (artigo 135º, nºs 3, 4 e 5, do CPP). Ainda por razões atinentes ao segredo, o legislador prevê nos artigos 136º e 137º do CPP especificidades quanto ao segredo de funcionários e ao segredo de Estado.

b) Relativamente às *declarações do arguido* importa distinguir as que se reportam à sua identidade das que se referem aos factos imputados e ao conteúdo das declarações que acerca deles prestar.

Quanto às primeiras, que incluem o nome, filiação, freguesia e concelho de naturalidade, data de nascimento, estado civil, profissão, residência e local de trabalho, impende sobre o arguido o dever de responder e de responder com verdade às perguntas feitas por entidade competente, sob pena de incorrer em responsabilidade penal (artigos 61º, nº 3, alínea *b)*, 141º, nº 3, e 342º do CPP e 359º, nº 2, do CP).

Na versão original do CPP, este regime valia também para as declarações do arguido quanto aos seus antecedentes criminais, sendo perguntado sobre eles. A evolução legislativa culminou no sentido de o arguido não ter o dever de responder e de responder com verdade a perguntas sobre estes antecedentes. Isto não significa, porém, que tais antecedentes tenham deixado de poder ser considerados, nomeadamente por via de perguntas que continuam a poder ser dirigidas ao arguido (artigo 140º, nº 2, do CPP, na parte em que remete para o artigo 128º) e por intermédio do conteúdo do certificado do registo criminal do arguido (artigo 8º, nº 2, alínea *a)*, da Lei nº 37/2015, de 5 de maio – *Lei da Identificação Criminal)*. De resto, nem outra solução é consentida por um direito penal e processual penal que pressupõe o conhecimento dos antecedentes criminais do arguido (cf., entre outros, artigos 71º, nº 2, alíneas *e)* e *f)*, 75º, 76º, 83º, 84º, 86º e 204º, nº 1, alínea *h)*, do CP e 160º, nº 3, do CPP).

A solução de eliminar o dever de o arguido responder a perguntas sobre os antecedentes criminais e de responder com verdade tem justificação na medida em que as resposta dadas podem, efetivamente, relevar ao nível da sua responsabilidade criminal e da determinação da sanção. Tal não elimina, porém, a possibilidade de perguntar sobre tais antecedentes e de o arguido sobre eles se calar exercendo o direito ao silêncio.

Através do Ac. nº 695/95, o TC julgou inconstitucional o artigo 342º, nº 2, do CPP, na redação primitiva, por violação do princípio das garantias de defesa ínsito no artigo 32º da CRP. Concretamente, por violação do direito ao silêncio enquanto direito que integra as garantias de defesa[167].

[167] Cf. Fernanda Palma, "A constitucionalidade do artigo 342º do Código de Processo Penal (o direito ao silêncio do arguido)", p. 101 e ss., onde a Autora conclui que o artigo 342º, na redação original, violava o princípio da presunção de inocência, as garantias de defesa do arguido e o princípio da necessidade da pena. E, ainda, Rui Patrício, *O princípio da presunção de inocência do arguido na fase do julgamento no atual processo penal português (Alguns problemas e esboço para uma reforma do processo penal português)*, p. 82 e ss., e Silva Dias/Vânia Costa Ramos, *O direito à não auto-incriminação* (nemo tenetur se ipsum accusare) *no processo penal e contra-ordenacional português*, p. 15 e s.

Quanto às declarações sobre os factos que lhe forem imputados e ao conteúdo das declarações que acerca deles prestar, o arguido pode assumir um de três comportamentos processuais, em total liberdade: negar tais factos, confessá-los ou remeter-se ao silêncio, devendo encontrar-se livre na sua pessoa, ainda que se encontre detido ou preso (artigo 140º, nº 1, do CPP).

Primeiro: o arguido pode negar, no todo ou em parte, os factos que lhe são imputados, quando perguntado sobre eles. Não é, porém, responsabilizado criminalmente quando prestar declarações falsas sobre tais factos, não devendo, de resto, prestar juramento em caso algum (artigo 140º, nº 3, do CPP). Não se trata aqui do reconhecimento de um qualquer direito à mentira, mas tão só de que é inexigível ao arguido o cumprimento do dever de verdade, não impendendo sobre ele qualquer dever de colaboração com a administração da justiça penal. As declarações do arguido constituem um meio de prova autónoma da prova testemunhal, não podendo este ser visto como "testemunha em causa própria". Conclui Figueiredo Dias que "não existe, por certo, um *direito* a mentir que sirva como causa justificativa da falsidade; o que sucede simplesmente é ter a lei entendido ser *inexigível* aos arguidos o cumprimento do dever de verdade, razão por que *renunciou* nestes casos a impô-lo"[168].

Segundo: o arguido pode confessar os factos que lhe são imputados, quando inquirido sobre eles. O regime da confissão em audiência de julgamento está previsto no artigo 344º do CPP.

O CPP admite expressamente a confissão do arguido, dando-lhe relevo, diferentemente do direito anterior ao CPP vigente, em que *a confissão desacompanhada de quaisquer outros elementos de prova não valia como corpo do delito*, havendo aqui uma regra legal de valoração da prova (artigo 174º do CPP de 1929). Dois argumentos decisivos justificavam a solução: se a confissão, por si só, pudesse valer como corpo do delito, poder-se-ia estar a incentivar a sua obtenção mediante métodos proibidos de prova (por exemplo, mediante tortura ou ofensa da integridade física); se a confissão, por si só, pudesse valer como corpo do delito, estar-se-ia a desconsiderar a problemática das autoincriminações falsas, muitas vezes ligadas a perturbações psíquicas.

Os efeitos da confissão, em geral, e na sua ligação específica ao princípio da livre apreciação da prova dependem, fundamentalmente, do

[168] Cf. *Direito Processual Penal*, 2004, p. 450.

carácter livre da confissão, da circunstância de ser ou não integral e sem reservas e, ainda, da gravidade do crime confessado (artigo 344º do CPP). Dos nºs 2 e 3 deste artigo resulta que a confissão livre, integral e sem reservas quanto a crime punível com pena de prisão não superior a 5 anos (devendo ainda ser de todos e coerente, havendo coarguidos) implica a renúncia à produção da prova relativa aos factos imputados e consequente consideração destes como provados; a passagem de imediato às alegações orais e, se o arguido não dever ser absolvido por outros motivos, à determinação da sanção aplicável; e a redução da taxa de justiça em metade (cf. artigos 341º, 360º e 369º do CPP)[169]. Por outro lado, a confissão é uma conduta posterior ao facto que relevará enquanto fator de medida da pena, tendo em conta o critério das exigências de prevenção (artigo 71º, nºs 1, e 2, alínea *e)*, do CP).

Esta solução processual penal releva de um tratamento diferenciado da pequena e média criminalidade por referência à criminalidade grave e da intenção de criar, preferencialmente no âmbito daquela, espaços processuais de consenso. Sem descurar que, desta forma, se suaviza a "cerimónia degradante" que alguns dizem ser a audiência de julgamento, na medida em que um dos seus efeitos é a passagem de imediato às alegações orais, dispensando-se a produção de qualquer outra prova.

Aos perigos anteriormente apontados à confissão que pudesse valer como corpo do delito contrapomos hoje que esta regra legal de valoração da prova não impediu, no passado, que fossem utilizados métodos proibidos, tendo em vista a valoração posterior das provas consequenciais. Por outro lado, existe hoje uma relação de dependência funcional entre as autoridades judiciárias e os órgãos de polícia criminal, que atuam sob a direção do juiz, do juiz de instrução e do ministério público (artigo 56º do CPP), que dá garantias de observância do princípio da legalidade da prova contido no artigo 125º do CPP, cominando-se a nulidade e a proibição de valoração da prova obtida através de métodos proibidos (artigos 118º, nº 3, e 126º do CPP)[170] Além de que o juiz poderá sempre, em sua convicção, suspeitar do carácter livre da confissão, nomeadamente por dúvidas sobre a imputabilidade plena do arguido ou da veracidade dos factos confessados, afastando deste modo o perigo das autoincriminações falsas (artigo 344º, nº 3, alínea *b)*, do CPP).

[169] Cf. *infra*, Capítulo VII, ponto 3.3., alínea *b)*.

[170] Cf. *infra*, Capítulo VII, ponto 3.2.

Terceiro: O arguido pode ainda remeter-se ao silêncio.

O princípio do respeito pela decisão de vontade do arguido implica que lhe seja reconhecido o *direito ao silêncio* relativamente às perguntas que lhe sejam feitas quanto aos factos que lhe são imputados e ao conteúdo das declarações que acerca deles prestar e aos seus antecedentes criminais. É uma das garantias de defesa que o processo criminal assegura ao arguido presumido inocente até ao trânsito em julgado da sentença de condenação (artigo 32º, nºs 1 e 2, da CRP). Este direito, cujo exercício pode ser total ou parcial, está expressamente consagrado nos artigos 61º, nº 1, alínea *c)*, 343º, nº 1, e 345º, nº 1, do CPP, estabelecendo os dois últimos uma proibição de valoração contra o arguido: o silêncio não o pode desfavorecer, não podendo ser valorado como indício ou presunção de culpa, nem tão pouco valorado, uma vez provada a culpa, para o efeito de determinação da medida concreta da pena ou de escolha da pena (artigos 70º e 71º, nº 2, alínea *e)*, do CP). Coisa diferente é o arguido ser desfavorecido de um ponto de vista fático (não de um ponto de vista jurídico) quando o silêncio não permita o conhecimento de aspetos que poderiam até ser positivamente relevantes na ótica da sua responsabilização penal ou da determinação da pena. Conclui Figueiredo Dias que "então, mas *só então*, representará o exercício de tal direito um *privilegium odiosum* para o arguido"[171].

c) Também constituem um meio de prova as declarações tomadas ao assistente ou às partes civis, a requerimento seu ou do arguido ou sempre que a autoridade judiciária o entenda conveniente (artigo 145º do CPP). Este meio de prova, apesar de sujeito ao regime de prestação da prova testemunhal (artigo 145º, nº 3, do mesmo Código), não se confunde com ela: o assistente está impedido de depor como testemunha (artigo 133º, nº 1, alínea *b)*, do CPP); a prestação de declarações pelo assistente e pelas partes civis não é precedida de juramento, não obstante ficarem sujeitos ao dever de verdade e a responsabilidade penal pela sua violação (artigos 145º, nº s 2 e 4, do CPP e 359º, nº 2, do CP).

d) O CPP admite, enquanto meio de prova, a *prova por acareação* entre coarguidos, entre o arguido e o assistente, entre testemunhas ou entre

[171] *Direito Processual Penal*, 2004, p. 449.

estas, o arguido e o assistente sempre que houver contradição entre as suas declarações e a diligência se afigurar útil à descoberta da verdade, o que é correspondentemente aplicável às partes civis (artigo 146º, nºs 1 e 2, do CPP).

e) Admite também a *prova por reconhecimento de pessoas,* solicitando-se à pessoa que deva fazer a identificação que a descreva, com indicação de todos os pormenores de que se recorda, perguntando-se-lhe, de seguida, se já a tinha visto antes e em que condições e interrogando-se, por último, sobre outras circunstâncias que possam influir na credibilidade da identificação. Se a identificação não for cabal, afasta-se quem dever proceder a ela e chamam-se pelo menos duas pessoas que apresentem as maiores semelhanças possíveis, inclusive de vestuário, com a pessoa a identificar, sendo esta última colocada ao lado delas, devendo, se possível, apresentar-se nas mesmas condições em que poderia ter sido vista pela pessoa que procede ao reconhecimento. Esta é então chamada e perguntada sobre se reconhece algum dos presentes e, em caso afirmativo, qual (artigo 147º, nºs 1 e 2, do CPP).

A lei processual penal prevê também o *reconhecimento de objetos* e os casos em que é necessário proceder ao reconhecimento da mesma pessoa ou do mesmo objeto por mais de uma pessoa – pluralidade de reconhecimento (artigos 148º e 149º do CPP).

O nº 7 do artigo 147º do CPP passou a dispor, a partir de 2007, que "o reconhecimento que não obedecer ao disposto neste artigo não tem valor como meio de prova, *seja qual for a fase do processo em que ocorrer*" (itálico aditado). Anteriormente o Ac. do TC nº 137/2001 havia julgado inconstitucional, por violação das garantias de defesa do arguido, consagradas no nº 1 do artigo 32º da Constituição, a norma constante do artigo 127º do CPP, quando interpretada no sentido de admitir que o princípio da livre apreciação da prova permite a valoração, em julgamento, de um reconhecimento do arguido realizado sem a observância de nenhuma das regras definidas pelo artigo 147º do CPP[172].

[172] Sobre este reconhecimento "atípico" ou "informal", criticamente, Medina de Seiça, "Legalidade da prova e reconhecimentos 'atípicos' em processo penal: notas à margem de jurisprudência (quase) constante", p. 1393 e ss.

O TC já apreciou o artigo 147º do CPP, na interpretação de que não impõe a presença obrigatória de defensor no reconhecimento nele disciplinado, realizado perante os órgãos de polícia criminal e com observância de todas as formalidades legais previstas no mesmo preceito (Ac. nº 532/2006). O Tribunal julgou a norma não inconstitucional, concluindo que não há qualquer razão para julgar a norma inconstitucional, por violação do direito de defesa, uma vez que o arguido não fica impedido, de forma alguma, de, "na audiência de julgamento, contrariar o valor probatório do reconhecimento anteriormente efetuado, com pleno funcionamento da regra do contraditório; e sendo o mesmo, então obrigatoriamente, assistido por defensor".

f) O CPP admite de igual modo a *reconstituição do facto*, quando houver necessidade de determinar se um facto poderia ter ocorrido de certa forma. Consiste na reprodução, tão fiel quanto possível, das condições em que se afirma ou se supõe ter ocorrido o facto e na repetição do modo de realização do mesmo (artigo 150º, nº 1, do CPP).

g) Nos artigos 151º e ss. do CPP prevê-se um outro meio de prova, a *prova pericial*, a qual tem lugar quando a perceção ou a apreciação dos factos exigirem especiais conhecimentos técnicos, científicos ou artísticos, o que determina depois o seu valor, nos termos do artigo 163º do mesmo Código[173].

O sistema adotado pela lei portuguesa é o da perícia oficial e não o da perícia contraditória: o perito nomeado é um perito do *tribunal*, não havendo indicação de um perito por parte da acusação e de um outro por parte da defesa. A perícia, que poderá ser colegial e interdisciplinar, é realizada, em regra, em estabelecimento, laboratório ou serviço oficial apropriado, sendo ordenada, oficiosamente ou a requerimento, por despacho da autoridade judiciária competente. Exceto se se tratar de perícia sobre caraterísticas físicas ou psíquicas de pessoa que não haja prestado o consentimento, caso em que é da competência do juiz, após ponderação do direito à integridade pessoal e à reserva da intimidade do visado (artigos 152º, 154º, nºs 1 e 3, 160º-A e 269º, nº 1, alínea *a)*, do CPP. E, ainda, artigos 159º deste Código e 2º da Lei nº 45/2004, de 19 de agosto, no que

[173] Cf. *infra*, Capítulo VII, ponto 3.3., alínea *c)*.

diz respeito às perícias médico-legais e forenses, e 160º e 160º-A do CPP, no que toca às perícias sobre a personalidade)[174].

Não obstante o sistema ser de perícia oficial, o CPP faz alguma concessão à contraditoriedade através da possibilidade que é dada ao ministério público, ao arguido, ao assistente e às partes civis de designarem um *consultor técnico* para assistir à realização da perícia que seja ordenada, podendo o mesmo propor a efetivação de determinadas diligências e formular observações e objeções que ficam a constar do auto ou tomar conhecimento do relatório pericial se for designado já depois de realizada a perícia (artigo 155º, nºs 1, 2 e 3, do CPP).

h) Por último, o CPP prevê a *prova documental,* dispondo o artigo 169º, nº 1, que é admissível prova por documento, entendendo-se por tal a declaração, sinal ou notação corporizada em escrito ou qualquer outro meio técnico, nos termos da lei penal (artigo 255º do CP). A junção da prova documental é feita oficiosamente ou a requerimento, não podendo juntar-se documento que tiver declaração anónima, salvo se for, ele mesmo, objeto ou elemento do crime, ficando assegurado, em qualquer caso, o contraditório (artigos 164º, nº 2, 165º, nº 2, e 327º, nº 2, daquele Código).

3. Medidas cautelares e de polícia

As medidas cautelares e de polícia são medidas para as quais são competentes os órgãos de polícia criminal ou as autoridades de polícia criminal (artigos 1º, alíneas *c)* e *d)*, e 55º, nº 2, do CPP)[175].

a) Cabe aos primeiros a *comunicação ao ministério público da notícia de crime* de que tenham conhecimento próprio ou que lhes tenha sido denunciado, sendo este um caso de denúncia obrigatória, ainda que a notícia seja manifestamente infundada, uma vez que para a aquisição desta notícia é competente aquela magistratura (artigos 241º, 248º, nºs 1 e 2, e 242º, nº 1, alínea *a)*, do CPP).

b) Cabe-lhes também tomarem *providências cautelares quantos aos meios de prova*, mesmo antes de receberem ordem da autoridade judiciária

[174] Cf. *supra*, Capítulo IV, ponto 3.2., alínea *a)*, e *infra*, ponto 2.1., alínea *a)*.
[175] Cf. *supra*, Capítulo III, ponto 7.

competente para procederem a investigações, praticando os atos cautelares necessários e urgentes para assegurar os meios de prova, nomeadamente, proceder a exames dos vestígios do crime, assegurando a manutenção do estado das coisas e dos lugares; colher informações das pessoas que facilitem a descoberta dos agentes do crime e a sua reconstituição; e proceder a apreensões no decurso de revista ou buscas ou em caso de urgência ou perigo na demora, bem como adotar as medidas cautelares necessárias à conservação ou manutenção dos objetos apreendidos (artigo 249º, nºs 1 e 2, do CPP). Através desta tomada imediata de providências pelos órgãos de polícia criminal, sem autorização da autoridade judiciária competente, visa-se "acautelar a obtenção de meios de prova que, de outra forma, poderiam irremediavelmente perder-se, provocando danos irreparáveis na obtenção das finalidades do processo. E isto, quer devido à natureza perecível de certos meios de prova, quer ainda dado o carácter urgente dos atos a praticar"[176].

c) Uma outra medida de polícia é a *identificação de suspeito*, prevista no artigo 250º do CPP, a qual pode ir além do âmbito processual penal. Não se trata, porém, de uma "detenção para identificação" em sentido próprio. Nas palavras de Anabela Rodrigues, é "uma 'identificação coativa' que o Código teve o cuidado de excluir do elenco das medidas de coação para que ficasse clara a sua natureza puramente instrumental"[177].

A identificação prevista naquele artigo 250º é de qualquer pessoa encontrada em lugar público, aberto ao público ou sujeito a vigilância policial, sempre que sobre ela recaiam fundadas suspeitas da prática de crimes, da pendência de processo de extradição ou de expulsão, de que tenha penetrado ou permaneça irregularmente em território nacional ou de haver contra si mandado de detenção (nº 1). Antes de procederem à identificação, os órgãos de polícia criminal devem provar a sua qualidade, comunicar ao suspeito as circunstâncias que fundamentam a obrigação de identificação e indicar os meios por que este se pode identificar (nº 2). Nos nºs 3, 4, e 5 preveem-se vários meios de identificação que podem ser usados antes de o órgão de polícia criminal poder conduzir o suspeito ao posto policial mais próximo e compeli-lo a permanecer ali

[176] Cf. Anabela Rodrigues, "O inquérito no novo Código de Processo Penal", p. 71.
[177] Cf. "O inquérito no novo Código de Processo Penal", p. 71 e s.

o tempo estritamente indispensável à identificação, em caso algum superior a seis horas. Esta detenção do suspeito para fins de identificação ocorrerá em última instância. Está concebido como um meio de identificação marcadamente subsidiário, com duração limitada no tempo (nº 6).

Uma outra medida prevista no nº 8 daquele artigo 250º é o *pedido de informações*: os órgãos de polícia criminal podem pedir ao suspeito, bem como a quaisquer pessoas suscetíveis de fornecerem informações úteis, e deles receber, sem prejuízo, quanto ao suspeito, do disposto no artigo 59º, informações relativas a um crime e, nomeadamente, à descoberta e à conservação de meios de prova que poderiam perder-se antes da intervenção da autoridade judiciária.

Em fiscalização preventiva, o TC pronunciou-se no Ac. nº 479/94 pela inconstitucionalidade das normas conjugadas do artigo 1º, nº 1, e 3º, nº 1, do Decreto nº 161/VI da Assembleia da República, enquanto autorizavam que uma pessoa insuspeita da prática de qualquer crime e em local não frequentado habitualmente por delinquentes, pudesse ser sujeita a identificação policial, com base na invocação de razões de segurança interna, através de procedimento suscetível de o vir a privar da liberdade, por um período até seis horas, por violação do disposto no artigo 27º, nºs 1, 2 e 3 da Constituição.

d) Estão também previstas como *medidas cautelares*, não dependente de prévia autorização da autoridade judiciária, a *revista* de suspeitos em caso de fuga iminente ou de detenção e a *busca* no lugar em que se encontrarem, salvo tratando-se de busca domiciliária, sempre que os órgãos de polícia criminal tiverem razão para crer que neles se ocultam objetos relacionados com o crime, suscetíveis de servirem a prova e que de outra forma poderiam perder-se (artigo 251º, nº 1, alínea *a)*, do CPP). Está ainda prevista, como *medida de polícia*, não dependente de prévia autorização da autoridade judiciária, a *revista* de pessoas que tenham de participar ou pretendam assistir a qualquer ato processual ou que, na qualidade de suspeitos devam ser conduzidos a posto policial, sempre que houver razões para crer que ocultam armas ou outros objetos com os quais possam praticar atos de violência (artigo 251º, nº 1, alínea *b)*, do CPP).

O CPP prevê ainda quanto à *apreensão de correspondência* que os órgãos de polícia criminal a transmitem intata ao juiz que tiver autorizado ou ordenado a diligência (artigos 252º, nº 1, 268º, nº 1, alínea *d)*, e 269º, nº 1, alínea *d)*, do CPP e 34º, nºs 1 e 4, da CRP). Sem prejuízo, porém, de o juiz poder autorizar a sua abertura imediata depois de informado de que há razões para crer que as encomendas ou valores fechados podem conter informações úteis à investigação de um crime ou conduzir à sua descoberta que poderiam perder-se em *caso de demora*; e de, nestes casos, os órgãos de polícia criminal poderem mesmo ordenar a suspensão da remessa de qualquer correspondência nas estações de correios e telecomunicações, sendo a correspondência remetida ao destinatário se, no prazo de quarente e oito horas, a ordem não for convalidada por despacho fundamentado do juiz (artigo 252º, nºs 2 e 3, do CPP).

4. Detenção

A *detenção* é um meio processual privativo da liberdade constitucionalmente previsto (artigo 27º, nº 3, alíneas *a)*, *b)* e *f)*, da CRP). Tem em vista a apresentação do detido a julgamento sob forma sumária (artigos 254º, nº 1, alínea *a)*, e 381º e ss. do CPP); a apresentação do detido ao juiz competente para primeiro interrogatório judicial (artigos 254º, nºs 1, alínea *a)*, e 2, e 141º do CPP); a apresentação do detido ao juiz competente para aplicação ou execução de uma medida de coação (artigos 254º, nº 1, alínea *a)*, e 194º do CPP); assegurar a presença imediata ou, não sendo possível, no mais curto prazo, do detido perante a autoridade judiciária em ato processual, (artigos 254º, nº 1, alínea *b)*, e 116º, nº 2, do CPP). Neste caso, o detido pode ser também um terceiro, por exemplo uma testemunha, o que faz da detenção um meio processual que não é privativo do suspeito ou do arguido.

a) Quando a detenção tem como finalidade assegurar a presença do detido perante a autoridade judiciária em ato processual, a privação da liberdade não pode exceder *vinte e quatro horas* (artigo 254º, nº 1, alínea *b)*, do CPP). Nos outros casos, a apresentação do detido terá de ocorrer no prazo máximo de *quarenta e oito horas* (artigos 254º, nº 1, alínea *a)*, do CPP e 28º, nº 1, da CRP).

Segundo o artigo 28º, nº 1, da CRP, a detenção será submetida, no prazo máximo de quarenta e oito horas, a apreciação judicial, para restituição à liberdade ou imposição de medida de coação adequada. Por seu turno, o artigo 254º, nº 1, alínea *a)*, dispõe que a detenção é efetuada para, no prazo máximo de quarenta e oito horas, o detido ser presente ao juiz competente para primeiro interrogatório judicial.

Põe-se aqui a questão saber qual o sentido do estabelecimento deste prazo máximo de quarenta e oito horas: se se refere apenas à apresentação ao juiz; se dele decorre também que o interrogatório judicial se inicie no mesmo prazo; se impõe que este interrogatório termine dentro daquele prazo; se a decisão que aprecia a detenção tem de ser tomada naquele prazo máximo. O TC já foi confrontado com a questão, entendendo que da norma constitucional decorre "um *prazo máximo de prisão administrativa*, que não poderá exceder as 48 horas". Assim, o interrogatório judicial poderá iniciar-se além deste limite; iniciar-se dentro dele e terminar depois das quarenta e oito horas; iniciar-se e terminar dentro deste período, mas haver decisão de apreciação da detenção além das quarenta e oito horas (Acs. nºs 565/2003, 135/2005 e 589/2006)[178].

Este entendimento dá o flanco à observação de que, assim sendo, não há limite temporal para uma privação da liberdade em relação à qual não há ainda a garantia de que respeita o regime constitucional de restrição do direito à liberdade, nomeadamente a exigência de *necessidade* (artigo 18º da CRP). Por outro lado, como a privação da liberdade além das 48 horas não corresponde à aplicação de uma medida de coação legalmente prevista nem tão pouco se enquadra nos casos em que é legalmente admissível a detenção (artigos 191º, nº 1, e 254º, do CPP), põe-se a questão de identificar a *lei* que permite a restrição do direito.

b) Quanto à questão de saber quem pode deter um cidadão, importa distinguir a detenção fora de flagrante delito da detenção em flagrante delito, entendendo-se que é *flagrante delito* todo o crime que se está cometendo ou se acabou de cometer, bem como o caso em que o agente for, logo após o crime, perseguido por qualquer pessoa ou encontrado com objetos ou sinais que mostrem claramente que acabou de o cometer ou nele participar (artigo 256º do CPP).

Havendo *flagrante delito*, por crime punível com pena de prisão, qualquer *autoridade judiciária* ou *entidade policial* procede à detenção. Também

[178] Cf., com apreciação crítica desta jurisprudência, GOMES CANOTILHO/VITAL MOREIRA, *Constituição da República Portuguesa Anotada*, volume I, anotação ao artigo 28º, ponto **III.**, e LOBO MOUTINHO/JORGE MIRANDA/RUI MEDEIROS, *Constituição Portuguesa Anotada*, Tomo I, anotação ao artigo 28º, ponto III. E, ainda, o voto aposto ao Ac. nº 135/2005.

o pode fazer *qualquer pessoa*, se uma destas entidades não estiver presente nem puder ser chamada em tempo útil, caso em que a pessoa que tiver procedido à detenção entrega imediatamente o detido a uma autoridade judiciária ou a uma entidade policial (artigo 255º, nºs 1 e 2, do CPP). Com uma limitação e uma exceção: em caso de crime cujo procedimento dependa de queixa, a detenção só se mantém quando, em ato a ela seguido, o titular do direito respetivo o exercer (artigos 255º, nº 3, do CPP e 113º do CP); tratando-se de crime cujo procedimento dependa de acusação particular, não tem lugar a detenção em flagrante delito, mas apenas a identificação do infrator (artigos 255º, nº 4, e 250º do CPP).

Fora de flagrante delito, a detenção só pode ser efetuada por *mandado do juiz*. A lei reserva expressamente este ato ao juiz, uma vez que pode haver detenção independentemente da gravidade do crime e haver detenção de qualquer pessoa independentemente da qualidade de suspeito ou de arguido (artigos 257º, nº 1, primeira parte, 255º, nº 1, alínea *b)*, do CPP e 27º, nº 3, alínea *f)*, parte final, da CRP). Pode haver detenção em flagrante delito, por mandado do juiz, quando houver fundadas razões para considerar que o visado se não apresentaria voluntariamente perante autoridade judiciária no prazo que lhe fosse fixado; quando se verifique, em concreto, alguma das situações previstas no artigo 204º, que apenas a detenção permita acautelar; *ou* se tal se mostrar imprescindível para a proteção da vítima (artigo 257º, nº 1, do CPP).

Excecionalmente, a detenção pode ser efetuada por *mandado do ministério público, nos casos em que for admissível prisão preventiva*, quando houver fundadas razões para considerar que o visado se não apresentaria voluntariamente perante autoridade judiciária no prazo que lhe fosse fixado; quando se verifique, em concreto, alguma das situações previstas no artigo 204º, que apenas a detenção permita acautelar; *ou* se tal se mostrar imprescindível para a proteção da vítima (artigo 257º, nº 1, do CPP).

De forma ainda mais excecional, as *autoridades de polícia criminal* podem ordenar a detenção, por iniciativa própria, quando se tratar de caso em que é admissível a prisão preventiva, existirem elementos que tornem fundados o receio de fuga ou de continuação da atividade criminosa *e* não for possível, dada a situação de *urgência* e de *perigo na demora*, esperar pela intervenção da autoridade judiciária (artigos 1º, alínea *d)*, e 257º, nº 2, do CPP).

c) A circunstância de a detenção consistir num "ato material de captura"[179] que priva o detido do direito à liberdade (artigo 27º, nº 1, da CRP) justifica um regime jurídico exigente, determinado pela ponderação incontornável entre este direito fundamental e a finalidade de realização da justiça e descoberta da verdade material. Daí a exigência constitucional e legal de apreciação/validação judicial da detenção no prazo máximo de quarenta e oito horas (artigos 28º, nº 1, e 254º, nº 1, alínea *a)*, do CPP); as exigências legalmente estabelecidas quanto aos mandados de detenção, com cominação de nulidade em caso de inobservância (artigo 258º do CPP); o dever que impende sobre qualquer entidade policial que tiver procedido à detenção de a comunicar de imediato o juiz ou ao ministério público (artigo 259º do CPP); o poder-dever que qualquer entidade, que tiver ordenado a detenção ou a quem o detido for presente, tem de proceder de imediato à sua libertação, logo que se tornar manifesto que a detenção foi efetuada por erro sobre a pessoa ou fora dos casos em que era legalmente admissível ou que a medida se tornou desnecessária (artigo 261º do CPP). E daí também que possa ser acionada a providência de *habeas corpus* em virtude de detenção ilegal (artigos 31º da CRP e 220º do CPP).

5. Medidas de coação

De acordo com o artigo 60º do CPP, é assegurado ao arguido, a partir do momento em que adquirir tal qualidade, o exercício de direitos e deveres processuais, *sem prejuízo da aplicação de medidas de coação*, recaindo em especial sobre este sujeito processual o dever de se *sujeitar a medidas de coação* especificadas na lei e ordenadas por entidade competente (artigo 61º, nº 3, alínea *d)*, do CPP).

A posição processual do arguido, no que se refere à aplicação deste tipo de medidas, está enformada por dois vetores fundamentais: o *direito de defesa* (artigo 32º, nº 1, da CRP) e o *princípio da presunção de inocência* (artigo 32º, nº 2, da CRP)[180]. A aplicação de medidas de coação traduz-se sempre numa restrição do direito à liberdade que é tida como necessária para salvaguardar direitos ou interesses constitucionalmente protegidos (artigos 27º, nº 1, e 18º, nº 2, da CRP), nomeadamente a realização da

[179] Assim Anabela Rodrigues, "O inquérito no novo Código de Processo Penal", p. 72.

[180] Cf. *supra*, Capítulo III, ponto 3., alínea *c)*.

justiça e a descoberta da verdade material e o restabelecimento da paz jurídica comunitária posta em causa com a prática do crime.

Aquele direito e aquele princípio constituem um critério decisivo na tarefa de operar a concordância prática entre finalidades conflituantes do processo penal, derivando daqui um regime legal particularmente exigente quanto aos princípios (da legalidade, da necessidade, da adequação, da proporcionalidade, da subsidiariedade e da precariedade) e às condições de aplicação das medidas de coação. Com a consequência de o desrespeito dos princípios e das condições de aplicação das medidas de coação – a aplicação fora das hipóteses e das condições previstas na lei – acarretar, nos termos do disposto no artigo 212º, nº 1, alínea *a)*, do CPP, a *revogação imediata* da medida de coação imposta. Esta consequência é estatuída tendo em vista o direito à liberdade que é restringido com a aplicação de uma medida de coação, mas também em razão do direito à segurança enquanto se liga ao direito à liberdade, ao direito de ser privado desta apenas *nas hipóteses e nas condições* previstas na lei (artigo 27º, nº 1, da CRP). Não se segue o regime geral das nulidades e irregularidades, previsto no artigo 118º e ss. do CPP para a violação ou a inobservância das disposições da lei do processo penal, sem prejuízo de alterações legislativas posteriores à versão primitiva do Código terem introduzido alguma incoerência nesta matéria, ao cominarem expressamente a nulidade em matéria de aplicação de aplicação de medidas de coação (cf. artigo 194º, nºs 1 e 6, do CPP).

5.1. Princípios de aplicação

A lei processual penal sujeita a aplicação das medidas de coação a um conjunto de princípios – os princípios da legalidade, necessidade, adequação, proporcionalidade, subsidiariedade da prisão preventiva e da obrigação de permanência na habitação e precaridade[181].

a) Segundo o *princípio da legalidade* só podem ser aplicadas as medidas de coação previstas na lei, porque só esta pode restringir direitos, liberdades e garantias (artigos 61º, nº 3, alínea *d)*, 191º, nº 1, parte final, do CPP e 18º, nºs 2 e 3, da CRP).

[181] Quanto a estes princípios, MARIA JOÃO ANTUNES, "O segredo de justiça e o direito de defesa do arguido sujeito a medida de coação", p. 1252 e ss.

O CPP prevê como medidas de coação o *termo de identidade e residência* (artigo 196º), a *caução* (artigo 197º), a *obrigação de apresentação periódica* (artigo 198º), a *suspensão do exercício de profissão, de função, de atividade e de direitos* (artigo 199º), a *proibição e imposição de condutas* (artigo 200º), a *obrigação de permanência na habitação* (artigo 201º) e a *prisão preventiva* (artigo 202º).

A obrigação de permanência na habitação, introduzida logo em 1987, representa uma das maiores inovações do direito processual penal português. Em 1998, tendo em vista uma maior aplicação desta medida de coação o legislador previu a possibilidade de utilização de meios técnicos de controlo à distância, para o efeito de ser fiscalizado o cumprimento da obrigação de permanecer na habitação e da obrigação de não contatar com determinadas pessoas[182]. A lei que hoje regula a utilização destes meios é a Lei nº 33/2010, de 2 de setembro. Decorre deste diploma sobre vigilância eletrónica que esta dependerá sempre do consentimento do arguido bem como ainda do consentimento das pessoas, maiores de 16 anos, que com ele coabitem (artigo 4º, nºs 1 e 4).

De forma algo redundante, o CPP especifica no nº 2 do artigo 196º que não se considera medida de coação a obrigação de identificação perante a autoridade competente, nos termos e com os efeitos previstos no artigo 250º Questão pertinente é antes a de saber se o termo de identidade e residência é, em bom rigor, uma medida de coação.

Diferentemente do que sucede relativamente a todas as outras, o artigo 61º, nº 3, alínea *c)*, do CPP especifica como dever especial que recai sobre o arguido o de prestar termo de identidade e residência; os artigos 194º, nº 1, 196º, nº 1, e 268º, nº 1, alínea *b)*, do CPP não reservam ao juiz a sua aplicação, podendo também o ministério público e o órgão de polícia criminal sujeitar o arguido a termo de identidade e residência; o artigo 194º, nº 6, não estabelece qualquer dever de fundamentação da decisão quando se aplique o termo de identidade e residência; os artigos 196º, nº 1, e 204º do CPP excluem esta medida do âmbito do princípio da necessidade, uma vez que a sua aplicação depende somente da circunstância

[182] Sobre a introdução da utilização de tais métodos, Mouraz Lopes, *Garantia Judiciária no Processo Penal. Do Juiz e da Instrução*, p. 34 e ss.

de ter lugar a constituição de arguido; o artigo 214º, nº 1, alínea *e)*, do CPP não determina a extinção do termo de identidade e residência com o trânsito em julgado da sentença condenatória, extinguindo-se somente com a extinção da pena.

b) De acordo com o *princípio da necessidade*, as medidas de coação só podem ser aplicadas em função de *exigências processuais de natureza cautelar*. Só em função deste tipo de exigências é que a liberdade das pessoas pode ser limitada, total ou parcialmente (artigos 191º, nº 1, primeira parte, e 193º, nº 1, primeira parte, do CPP), legitimando-se desta forma a restrição do direito à liberdade, à luz de um princípio de proporcionalidade em sentido amplo (artigos 27º, nº 1, e 18º, nº 2, da CRP). As exigências processuais de natureza cautelar que legitimam a sujeição do arguido a uma medida de coação, sempre por referência ao caso concreto e ao momento em que ocorre a sua aplicação, são as previstas no artigo 204º do CPP: fuga ou perigo de fuga; perigo de perturbação do decurso do inquérito ou da instrução do processo e, nomeadamente, perigo para a aquisição, conservação ou veracidade da prova; ou perigo, em razão da natureza e das circunstâncias do crime ou da personalidade do arguido, de que este continue a atividade criminosa ou perturbe gravemente a ordem e a tranquilidade públicas.

Na medida em que a sujeição a uma *medida de coação tem de ser comunitária mente suportável face à possibilidade de estar a ser aplicada a um inocente*, justificando-se exclusivamente por razões processuais de natureza cautelar, os requisitos gerais constantes do artigo 204º do CPP devem ser interpretados estritamente à luz das finalidades processuais de realização da justiça e de descoberta da verdade material (alíneas *a)* e *b)* deste artigo) e de restabelecimento da paz jurídica comunitária posta em causa com a prática do crime (alínea *c)* do mesmo artigo). Não é por isso legítima a invocação de uma qualquer razão atinente a finalidades preventivas das sanções criminais, à culpa do agente ou à proteção do ofendido. Sem prejuízo de o juiz, oficiosamente ou a requerimento do ministério público, informar o ofendido da data da libertação do arguido, quando se considere que a libertação deste pode criar perigo para aquele (artigo 217º, nº 3, do CPP). Nesta matéria é indispensável a distinção fundamental entre *exigências processuais de natureza cautelar* – aquelas que legitimam a imposição duma *medida de coação* a alguém que se *presume inocente* – e *exi-*

gências da punição – aquelas que legitimam a condenação em *pena* de alguém que é declarado *culpado*.

c) O *princípio da adequação*, consagrado no artigo 193º, nº 1, segunda parte, do CPP, exige que as medidas de coação a aplicar em concreto sejam adequadas às exigências cautelares que o caso requerer. Ao mesmo tempo que dá expressão ao princípio da proporcionalidade em sentido amplo, constitui um critério de escolha de determinada medida entre as legalmente previstas (artigos 193º, nº 2, 201º, nº 1, e 202º, nº 1, do CPP).

É ainda uma exigência de adequação a que preside ao internamento preventivo previsto no artigo 202º, nº 2, do CPP, nos termos do qual a prisão preventiva de arguido que sofra de anomalia psíquica pode ser substituída, enquanto a anomalia persistir, por internamento em hospital psiquiátrico ou em outro estabelecimento análogo adequado, adotando-se as cautelas necessárias para prevenir os perigos de fuga e de cometimento de novos crimes. O tratamento médico-psiquiátrico pode ser mesmo a forma de evitar o cometimento de novos crimes, podendo ser coativamente imposto por via do internamento (cf. artigo 28º da Lei nº 36/98, de 24 de julho – *Lei da Saúde Mental*). Esta possibilidade dá concretização à intenção de não prejudicar ou inviabilizar o tratamento psiquiátrico do arguido, bem como à de manter ou de recuperar a capacidade de o arguido exercer pessoalmente a sua defesa, não obstante o direito processual penal português não fazer corresponder à incapacidade processual uma causa de suspensão do processo[183].

d) Segundo o *princípio da proporcionalidade*, estabelecido no artigo 193º, nº 1, parte final, do CPP, as medidas de coação devem ser proporcionais à gravidade do crime e às sanções que previsivelmente venham a ser aplicadas, dando-se assim cumprimento ao princípio da proporcionalidade em sentido amplo. A exigência de proporcionalidade decorre desde logo do artigo 27º, nº 3, alínea *b)*, da CRP quando reserva a prisão preventiva para os casos em que haja *fortes indícios* de *crime doloso* a que corresponda *pena de prisão* de máximo *superior a três anos*.

Por seu turno, também o legislador ordinário faz depender a aplicação das medidas de coação mais gravosas (proibição e imposição de condutas,

[183] Cf. *supra*, Capítulo III, ponto 3., alínea *d)*.

obrigação de permanência na habitação e prisão preventiva) da existência de *fortes indícios de prática de crime doloso* (artigos 200º, 201º e 202º do CPP) e, em geral, da gravidade da pena aplicável ao crime (artigo 195º do CPP). Preciso é para a caução que o crime imputado seja punível com prisão, o que exclui os casos em que o comportamento do agente é punível com pena de multa autónoma (artigo 197º, nº 1); para a obrigação de apresentação periódica que o crime imputado seja punível com pena de prisão de máximo superior a seis meses (artigo 198º); para a suspensão do exercício de profissão, de função, de atividade e de direitos que o crime imputado seja punível com pena de prisão de máximo superior a dois anos (artigo 199º); para a proibição e imposição de condutas e para a obrigação de permanência na habitação que o crime seja punível com pena de prisão de máximo superior a três anos (artigos 200º e 201º); e para a prisão preventiva – a medida de coação mais gravosa – que o crime seja punível com pena de prisão de máximo superior a cinco (artigo 202º). Sem prejuízo de a prisão preventiva poder ser aplicável relativamente a crimes puníveis com pena de prisão de máximo inferior a cinco anos, mas superior a três, em função da natureza do crime (alíneas *b), c), d)* e *e)* do nº 1 do artigo 202º).

É ainda uma exigência de proporcionalidade que está presente na norma segundo a qual a execução das medidas de coação não deve prejudicar o exercício de direitos fundamentais que não forem incompatíveis com as exigências cautelares que o caso requerer (artigo 193º, nº 4, do CPP). A exigência tem particular relevo nos casos em que a medida de coação é a prisão preventiva, valendo para a execução desta o que se dispõe nos artigos 1º, 123º e 126º, nº 2, do *Código da Execução das Penas e das Medidas Privativas da Liberdade* e 221º a 225º do *Regulamento Geral dos Estabelecimentos Prisionais*. Segundo aquele artigo 123º, nº 1, a prisão preventiva, em conformidade com o princípio da presunção de inocência, é executada de forma a excluir qualquer restrição da liberdade não estritamente indispensável à realização da finalidade cautelar que determinou a sua aplicação e à manutenção da ordem, segurança e disciplina no estabelecimento prisional.

e) O *princípio da subsidiariedade* das medidas de coação mais gravosas – a obrigação de permanência na habitação e a prisão preventiva – significa que estas só podem ser aplicadas quando as outras medidas se revelarem, no caso, inadequadas ou insuficientes (artigos 193º, nº 2, 201º, nº 1, e 202º, nº 2, do CPP)[184]. Expressa-se aqui o princípio político-criminal da privação da liberdade como *ultima ratio* da política criminal, bem como a preferência legal quanto à obrigação de permanência na habitação. Com efeito, relativamente à prisão preventiva – a medida de coação mais gravosa – a exigência de subsidiariedade é acrescida, determinando o legislador que deve ser dada preferência à obrigação de permanência na habitação, se esta medida também couber ao caso, sempre que ela se revele suficiente para satisfazer as exigências cautelares (artigo 193º, nº 3).

É, aliás, o artigo 28º, nº 2, da CRP que determina que a prisão preventiva tem natureza excecional, não sendo decretada (prevista nem mantida) sempre que possa ser aplicada caução ou outra medida mais favorável prevista na lei. Esta norma constitucional vincula o legislador e o aplicador da lei à exigência de subsidiariedade da prisão preventiva, no sentido preciso de a ela se poder chegar somente depois de percorrido o caminho que afasta todas as outras por inadequação ou insuficiência, perante as exigências processuais de natureza cautelar que se façam sentir no caso. É, por isso, redundante o que se dispõe no nº 3 daquele artigo 193º, podendo até retirar-se daqui, contra o disposto naquela norma constitucional, o entendimento de que a obrigação de permanência na habitação é uma medida de coação de substituição da prisão preventiva.

f) O *princípio da precaridade*, nos termos do qual a medida de coação é imediatamente revogada sempre que se verificar terem deixado de subsistir as circunstâncias que justificaram a sua aplicação e substituída por outra menos grave ou por uma forma menos gravosa da sua execução se se verificar uma atenuação das exigências cautelares que a determinaram (artigos 212º, nºs 1, alínea *b)*, e 3, do CPP e 28º, nº 2, da CRP), mais não é do que uma implicação dos princípios da necessidade e da adequação. Para garantia deste princípio, a revogação e substituição têm lugar oficiosamente ou a requerimento do ministério público ou do arguido, de acordo como o artigo 212º, nº 4, do CPP. Ainda segundo esta disposição legal, o primeiro e o segundo devem ser ouvidos, salvo nos casos de impossibilidade devidamente fundamentada. Em face da redação agora

[184] No sentido de, entre nós, haver excesso preventiva, criticamente, TERESA BELEZA, "Prisão preventiva e direitos do arguido", p. 677 e ss.

vigente, deve ainda ser ouvida a vítima, sempre que necessário, mesmo que não se tenha constituído assistente[185].

Como são as medidas de coação mais gravosas, o artigo 213º prevê mesmo, relativamente à obrigação de permanência na habitação e à prisão preventiva, que o juiz proceda oficiosamente ao *reexame* periódico dos seus pressupostos: no prazo máximo de três meses, a contar da data da aplicação da medida ou do último reexame; e quando no processo forem proferidos despacho de acusação ou de pronúncia ou decisão que conheça, a final, do objeto do processo e tal decisão não determine a extinção da medida aplicada. Sem prejuízo de nestes dois casos também ser aplicável o disposto no artigo 212º do CPP, conforme jurisprudência fixada no Ac. nº 3/96, de 24 de janeiro: "a prisão preventiva deve ser revogada ou substituída por outra medida de coação logo que se verificarem circunstâncias que tal justifiquem, nos termos do artigo 212º do Código de Processo Penal, independentemente do reexame trimestral dos seus pressupostos, imposto pelo artigo 213º do mesmo Código".

Da interpretação conjugada destes dois artigos do CPP resulta, por um lado, que o juiz pode, *a todo o tempo*, revogar ou substituir a decisão de aplicação da prisão preventiva ou da obrigação de permanência na habitação, seja *oficiosamente* ou a *requerimento* do Ministério Público ou do arguido; e, por outro, que o juiz deve reexaminar, *oficiosamente, no prazo máximo de três meses* a contar da data da aplicação da medida ou do último reexame, os pressupostos da prisão preventiva ou da obrigação de permanência na habitação, decidindo se é de manter ou se deve antes ser substituída ou revogada. O mesmo é dizer, que o *reexame* previsto no artigo 213º do CPP *só tem lugar de três em três meses*, sem prejuízo de a prisão preventiva ou a obrigação de permanência na habitação poder ser revogada ou substituída em momento anterior por outra medida de coação, por força do regime geral contido no artigo 212º

De acordo com jurisprudência maioritária dos tribunais da relação, o reexame dos pressupostos da prisão preventiva e da obrigação de permanência na habitação não deve conduzir a uma alteração da medida de coação imposta se não tiver havido, entretanto, uma alteração de circunstâncias. "Estando as medidas de coação sujeitas à condição *rebus sic stantibus*, a substituição de

[185] Cf. *supra*, Capítulo III, ponto 5., alínea *d)*.

uma medida de coação por outra menos grave apenas se justifica quando se verifique uma atenuação das exigências cautelares que tenham determinado a sua aplicação". Tem sido entendimento constante que "a decisão que impõe a prisão preventiva, apesar de não ser definitiva, é intocável e imodificável enquanto não se verificar uma alteração, em termos atenuativos, das circunstâncias que a fundamentaram, ou seja, enquanto subsistirem inalterados os pressupostos da sua aplicação"[186]. Esta jurisprudência desconsidera que o sentido do *reexame* dos pressupostos de aplicação destas duas medidas de coação é precisamente o de *reabrir, de três em três meses, uma discussão ampla sobre tais pressupostos*, independentemente de haver ou não qualquer alteração de circunstâncias[187]. Na medida em que são as duas mais gravosas do ponto de vista do direito à liberdade, prevê-se um *reexame* da decisão anterior, indo além do artigo 212º do CPP, como mais uma forma de garantir que a privação da liberdade em causa é *comunitariamente suportável face à possibilidade de estar a ser aplicada a um inocente.*

Do princípio da precaridade enquanto princípio fundado em exigências processuais de natureza estritamente cautelar resulta também, em interseção com o princípio da proporcionalidade, a exigência no sentido de ser estabelecido um prazo máximo de duração das medidas de coação, findo o qual estas se extinguem. Tal prazo é estabelecido, em regra, atendendo à fase processual em causa (artigos 215º, nº 1, e 218º, nº 1, do CPP). Já quanto à prisão preventiva, à obrigação de permanência na habitação e à imposição e proibição de condutas vale também o critério da natureza do crime e da complexidade do procedimento (artigos 215º, 218º, nºs 2 e 3, do CPP e 28º, nº 4, da CRP). No direito vigente vale ainda, quanto à prisão preventiva, o critério da dupla condenação em 1ª instância e em sede de recurso ordinário (artigo 215º, nº 6, do CPP). É duvidoso, porém, que este critério obedeça ao princípio da proporcionalidade e que seja sempre compatível com a possibilidade de a medida de coação estar a ser aplicada a um inocente.

[186] Cf., entre outros, com outras indicações jurisprudenciais, Ac. do Tribunal da Relação do Porto de 21 de junho de 2006 (Processo 0643215) e Ac. do Tribunal da Relação de Lisboa de 28 de janeiro de 2016 (Processo 2210/12.9TASTB-L.L1-9).

[187] Assim, corretamente do nosso ponto de vista, Ac. do Tribunal da Relação de Lisboa de 27 de setembro de 2006 (Processo 6791/2006-3).

De acordo com jurisprudência fixada, "não são aplicáveis às medidas de coação referidas no artigo 218º, nº 1, do CPP as elevações de prazo previstas no art. 216º, nºs 2, 3 e 5 do mesmo diploma" (Ac. nº 4/2015, de 25 de fevereiro).

Do princípio da precaridade resulta ainda a *extinção* imediata das medidas de coação quando são prolatadas decisões processuais que infirmem a existência de exigências processuais de natureza cautelar. É o caso da decisão de arquivamento do inquérito; do despacho de não pronúncia; da decisão de rejeição da acusação, nos termos da alínea *a)* do nº 2 do artigo 311º, por a mesma ser manifestamente infundada; e da sentença de absolvição, mesmo que da decisão tenha sido interposto recurso (artigo 214º, nº 1, alíneas *a), b), c)* e *d)*, do CPP). É ainda o caso da sentença condenatória já transitada em julgado (artigo 214º, nº 1, alínea *e)*, deste Código).

5.2. Condições de aplicação

A lei processual penal faz depender a aplicação das medidas de coação de determinadas condições: da constituição prévia como *arguido* da pessoa a elas sujeita; da *audição* prévia do arguido; da aplicação por um *juiz*; e da aplicação por via de *despacho* judicial *fundamentado*[188].

a) Condição de imposição da medida de coação é, desde logo, a prévia *constituição como arguido* da pessoa que dela for objeto (artigos 58º, nº 1, alínea *b)*, e 192º, nº 1, do CPP). O que, além de ter o significado inequívoco de excluir o mero suspeito, segundo a definição dada no artigo 1º, nº 1, alínea *e)*, do CPP, é, por si só, uma garantia quanto ao conhecimento dos direitos e deveres processuais que a assunção daquela qualidade implica e que são inerentes ao estatuto do arguido enquanto sujeito processual (artigos 57º, nº 3, e 58º, nºs 2 e 4, do CPP).

b) De entre os direitos processuais de que o arguido toma conhecimento, merece um especial destaque o de ser ouvido pelo tribunal ou

[188] Relativamente a estas condições, Maria João Antunes, "O segredo de justiça e o direito de defesa do arguido sujeito a medida de coação", p. 1250 e ss. Sobre alterações significativas nesta matéria, introduzidas em 2007, ainda por referência aos trabalhos preparatórios, Teresa Beleza, "Prisão preventiva e direitos do arguido", p. 681 e ss.

pelo juiz de instrução sempre que eles devam tomar qualquer decisão que pessoalmente o afete, pelo que a aplicação da medida de coação é precedida de *audição do arguido*, ressalvados apenas os casos de impossibilidade devidamente fundamentada, o que supõe que tenham sido esgotadas as diligências suscetíveis de assegurar a audição deste (artigos 61º, nº 1, alínea *b)*, 194º, nº 4, 209º e 254º, nº 1, alínea *a)*, do CPP). A *audição do arguido* é uma condição da aplicação da medida de coação, pelo que deve ser imediatamente revogada, por despacho do juiz, a medida que seja aplicada fora desta condição prevista na lei (artigo 212º, nº 1, alínea *a)*, parte final, do CPP)[189].

À audição aplica-se o disposto no nº 4 do artigo 141º do CPP, devendo o arguido ser informado dos factos que lhe são imputados, incluindo, sempre que forem conhecidas, as circunstâncias de tempo, lugar e modo, e dos elementos do processo que indiciam os factos imputados, sempre que a sua comunicação não puser em causa a investigação, não dificultar a descoberta da verdade nem criar perigo para a vida, a integridade física ou psíquica ou a liberdade dos participantes processuais ou das vítimas do crime. Desta forma, o arguido poderá contraditar efetivamente tais factos e elementos, exercendo o seu direito de defesa de forma efetiva, tendo a garantia de que não podem ser considerados para fundamentar a aplicação de medida de coação (ressalvado o termo de identidade e residência) quaisquer factos ou elementos do processo que não lhe tenham sido comunicados durante aquela audição (artigo 194º, nº 7, do CPP). A remissão para o artigo 141º, nº 4, do CPP serve apenas para definir o objeto da audição. Não se confunde com a audição que tem lugar no âmbito do primeiro interrogatório judicial de arguido detido, não obstante a medida de coação poder ser aplicada neste primeiro interrogatório (artigo 194º, nº 4, do CPP). Por outro lado, o exercício efetivo direito de defesa é ainda assegurado pela possibilidade de consulta dos elementos do processo determinantes da aplicação da medida de coação, durante o interrogatório judicial e no prazo previsto para a interposição do recurso (artigo 194º, nº 8, do CPP).

[189] No sentido de se tratar aqui de um caso de nulidade sanável (artigo 120º, nº 2, alínea *d)*, do CPP), Maia Costa, *Código de Processo Penal Comentado*, comentário ao artigo 194º, pontos **7.** e **14.**

c) Condição da legalidade da sujeição de arguido a medida de coação é também que a aplicação seja determinada por um *juiz*, o que mais não é do que uma concretização do disposto no artigo 32º, nº 4, da CRP, segundo o qual a prática de atos que se prendam diretamente com os direitos fundamentais não podem ser delegados noutras entidades. Trata-se de ato da competência reservada do juiz de instrução, no inquérito e na instrução, e do juiz de julgamento, nesta fase do processo (artigos 194º, nº 1, e 268º, nº 1, alínea *b)*, do CPP). Segundo o artigo 194º, nº 1, deste Código, consoante a fase processual em que se encontre o processo, a medida de coação é aplicada pelo juiz *oficiosamente* ou a *requerimento do ministério público* (fases de instrução e de julgamento) ou apenas a *requerimento do ministério público* (fase de inquérito). Por se tratar de uma norma especial, não tem aqui aplicação o disposto no artigo 268º, nº 2, do CPP, não sendo legalmente admissível a sujeição do arguido a medida de coação a requerimento do assistente ou da autoridade de polícia criminal em caso de urgência ou de perigo na demora[190].

Conquanto se integre na função jurisdicional (artigos 202º da CRP e 17º do CPP), a aplicação da medida de coação na fase de inquérito ocorre somente se for requerida pelo ministério público, o que é uma consequência inevitável da repartição de funções imposta pelo princípio da acusação, constitucionalmente consagrado, segundo o qual o ministério público investiga e acusa e o juiz julga (artigos 32º, nºs 4 e 5, e 219º da CRP e artigos 8º, 9º, 53º, nº 2, alínea *b)*, 262º e ss. e 311º e ss. do CPP). Esta repartição de funções traduz-se numa decisão partilhada por magistraturas distintas, o que, por si só, é também uma garantia para o arguido que é privado da liberdade na sequência da imposição de uma medida de coação.

Na medida em que cabe ao ministério público abrir, dirigir e encerrar o inquérito, intervindo o juiz de instrução nesta fase como guardião dos direitos fundamentais dos cidadãos, na veste de *juiz das liberdades* e não de juiz da investigação, a solução coerente seria a de o juiz dever respeitar o pedido feito pelo ministério público no que toca à medida de coação que seja requerida em função das exigências processuais de natureza cautelar

[190] Assim também, Sónia Fidalgo, "Medidas de coação: aplicação e impugnação (Breves notas sobre a *revisão da revisão*)", p. 251 e s. Em sentido divergente, Pinto Albuquerque, *Comentário do Código de Processo Penal à luz da Constituição da República e da Convenção Europeia dos Direitos do Homem*, comentário ao artigo 194º, Nm. 3. e s.

que se façam sentir no caso. Abonam também neste sentido os princípios da necessidade, da adequação e da proporcionalidade das medidas de coação, porque só o *dominus* da fase de inquérito está em condições de avaliar as exigências processuais de natureza cautelar do caso, conhecendo a gravidade do crime imputado e das sanções que previsivelmente se venham a aplicar; e, ainda, a circunstância de a aplicação de uma medida de coação diferente poder pôr em causa o desenrolar do plano de investigação traçado por quem dirige a investigação[191].

Não é esta, porém, a solução legalmente estabelecida. Depois de em 2007 se ter alterado o artigo 194º do CPP no sentido de, durante o inquérito, o juiz só não poder aplicar medida de coação mais grave do que a requerida pelo ministério público[192], em 2013 procedeu-se a uma distinção atendendo aos casos em que a medida é aplicada com fundamento nas alíneas *a)* e *c)* do artigo 204º daquele Código e àqueles em que se convoca a alínea *b)* deste artigo: na primeira hipótese, o juiz pode, durante o inquérito, aplicar medida de coação diversa da requerida pelo ministério público, ainda que mais grave, quanto à sua natureza, medida ou modalidade de execução; na segunda, o juiz não pode, durante o inquérito, aplicar medida de coação mais grave do que a requerida pelo ministério público, quanto à sua natureza, medida ou modalidade de execução (artigo 194º, nºs 2 e 3, do CPP).

Segundo a Exposição de motivos da Proposta de Lei nº 77/XII, a verificação dos pressupostos das alíneas *a)* e *c)* do artigo 204º, ou seja, quando se verifique fuga, perigo de fuga, perigo de continuação da atividade criminosa, ou perturbação da ordem e tranquilidade públicas, autoriza a aplicação de uma *medida de coação diferente, ainda que mais grave*, uma vez que *o ministério público não detém uma posição de monopólio quanto à ponderação desses valores e necessidade da sua proteção.* Já quando a aplicação da medida de coação assenta nos pressupostos da alínea *b)* do artigo 204º, ou seja, no perigo de perturbação do decurso inquérito ou da instrução do processo e, nomeadamente, perigo

[191] Assim, Maria João Antunes, "O segredo de justiça e o direito de defesa do arguido sujeito a medida de coação", p. 1265. Em sentido divergente, Figueiredo Dias, "Por onde vai o Processo Penal Português: por estradas ou por veredas?", p. 62 e ss.

[192] Sobre esta alteração, Nuno Brandão, "Medidas de coação: o procedimento de aplicação na revisão do código de processo penal", p. 103 e ss., e Sónia Fidalgo, "Medidas de coação: aplicação e impugnação (Breves notas sobre a *revisão da revisão*)", p. 249 e ss.

para a aquisição, conservação ou veracidade da prova, reconhece-se que *o ministério público, enquanto titular da investigação, é a autoridade judiciária mais bem posicionada para avaliar da repercussão que as medidas de coação podem provocar nestas situações*. Caso em que pode aplicar *medida de coação diferente, desde que menos grave*. Por outro lado, esta distinção permitirá que o juiz exerça efetivamente o seu papel de garante dos direitos, liberdades e garantias dos cidadãos, não lhe estando cometida a iniciativa de, oficiosamente, salvaguardar a preservação da prova durante o inquérito. A natureza pública das finalidades visadas pelas medidas de coação, designadamente quando possam existir perigos consideravelmente superiores aos da perturbação do inquérito, atentos os bens jurídicos que, previsivelmente, podem ser violados, justificarão que o juiz, como garante dos direitos fundamentais do cidadão, não esteja limitado na aplicação da medida de coação sempre que verifique a existência desses perigos.

Desta Exposição deve ser dito que ela em nada contribui para justificar a alteração legislativa, nomeadamente no que toca a uma diferenciação de regime fundada nos requisitos gerais de aplicação das medidas de coação. A justificação da alteração legislativa não atenta suficientemente na natureza estritamente cautelar das medidas de coação e nos princípios gerais que presidem à sua aplicação, no modelo de repartição de funções processuais entre o juiz de instrução e o ministério público e no que é ser juiz com papel de garante dos direitos, liberdades e garantias dos cidadãos no decurso do inquérito. Além de ser totalmente incoerente afirmar que o ministério público, enquanto titular da investigação, é a autoridade judiciária mais bem posicionada para avaliar da repercussão que as medidas de coação podem provocar nas situações previstas na alínea *b)* do artigo 204º e permitir depois a aplicação de uma medida de coação *diferente* desde que menos grave.

A lei vigente deixa em aberto a questão de saber se pode haver a aplicação pelo juiz de instrução de uma medida de coação *mais grave* do que a requerida pelo ministério público quando o requerimento se funde na alínea *b)* do artigo 204º e em uma das outras alíneas.

d) Condição da legalidade da medida de coação é que esta seja aplicada por *despacho do juiz*, obrigatoriamente notificado ao arguido, dele devendo constar a advertência das consequências do incumprimento das obrigações impostas e a motivação da decisão (artigos 27º, nº 4, e 205º, nº 1, da CRP e artigos 97º, nº 6, e 164º, nºs 6 e 9, do CPP).

A motivação da decisão é condição do exercício do direito de defesa daquele que é sujeito à medida de coação, devendo resultar do despacho judicial que a aplica o respeito integral pelos princípios que regem esta matéria, que mais não são do que corolários do princípio da presunção de inocência até ao trânsito em julgado da sentença de condenação. O despacho deve conter, sob pena de nulidade, a descrição dos factos concretamente imputados ao arguido, incluindo, sempre que forem conhecidas, as circunstâncias de tempo, lugar e modo; a enunciação dos elementos do processo que indiciam os factos imputados, sempre que a sua comunicação não puser gravemente em causa a investigação, impossibilitar a descoberta da verdade ou criar perigo para a vida, a integridade física ou psíquica ou a liberdade dos participantes processuais ou das vítimas do crime; a qualificação jurídica dos factos imputados; e a referência aos factos concretos que preenchem os pressupostos de aplicação da medida, incluindo os previstos nos artigos 193º (necessidade, adequação e proporcionalidade da medida) e 204º (fuga ou perigo de fuga, perigo de perturbação do decurso do inquérito ou da instrução do processo, nomeadamente, perigo para a aquisição, conservação ou veracidade da prova ou perigo, em razão da natureza e das circunstâncias do crime ou da personalidade do arguido, de que este continue a atividade criminosa ou perturbe gravemente a ordem e a tranquilidade públicas)[193].

Tratando-se das medidas de proibição e imposição de condutas, de obrigação de permanência na habitação e de prisão preventiva, deve constar da motivação a enunciação dos elementos do processo que permitam concluir pela existência de *fortes indícios da prática de crime doloso*. A aplicação de qualquer uma destas medidas de coação nas fases anteriores ao julgamento dependerá sempre de um juízo positivo no sentido de que, em face dos indícios já existentes, há uma possibilidade razoável de ser deduzida a acusação, sendo esta mais provável do que o arquivamento do inquérito; de que, perante os indícios existentes, há uma possibilidade razoável de ser proferido um despacho de pronúncia, sendo este mais provável do que a decisão de não pronúncia. Quando se decide a aplicação de uma medida de coação podem ainda não ser mobilizáveis os mesmos elementos probatórios ou de esclarecimento, e portanto de

[193] Sobre o dever de fundamentação do despacho que aplica a prisão preventiva, ainda à luz do direito anterior ao vigente, GERMANO MARQUES DA SILVA, "Sobre a liberdade no processo penal ou do culto da liberdade como componente essencial da prática democrática", p. 1378 e s.

convicção, que já estarão ao dispor do ministério público e do juiz de instrução, quando se decidem ou não pela acusação ou pela pronúncia do arguido. Por isso, mas só por isso, o que seria insuficiente para a acusação ou para a pronúncia pode ser bastante para dar como verificado o pressuposto "fortes indícios da prática de crime", requisito que não se confunde com a exigência de "indícios suficientes da prática do crime" para o efeito de ser deduzida acusação[194].

Relativamente às duas medidas de coação mais gravosas, deve ainda resultar da motivação da decisão judicial que as outras medidas de coação se revelam inadequadas ou insuficientes do ponto de vista das exigências processuais de natureza cautelar (artigos 193º, nºs 2 e 3, 201º, nº 1, e 202º, nº 1, do CPP). Especificamente em relação à prisão preventiva, deve ainda decorrer que a obrigação de permanência na habitação se revela inadequada e insuficiente daquele ponto de vista.

O dever de motivação estende-se ainda às decisões de manutenção, substituição ou revogação das medidas de coação, valendo a disposição geral segundo a qual os atos decisórios são sempre fundamentados (artigos 97º, nº 5, 212º e 213º do CPP).

É pertinente equacionar se a fundamentação do despacho judicial que aplica a medida de coação pode ser feita por remissão para a promoção do ministério público. A questão deve ser vista quer à luz do disposto no artigo 205º, nº 1, da CRP, segundo o qual as decisões dos tribunais que não sejam de mero expediente são fundamentadas na forma prevista na lei, quer por referência ao princípio constitucional da reserva de juiz, consagrado, nomeadamente, nos artigos 32º, nº 4, e 202º, nº 2, da CRP. O TC já apreciou a constitucionalidade de normas que vão naquele sentido, tendo julgado as mesmas não inconstitucionais (Acs. nºs 189/99, 396/2003, por referência ao primeiro parâmetro, e 391/2015, que considera também o artigo 32º, nº 4).

A questão está em saber se a função de tutela que é própria da *reserva de juiz* se pode bastar com a remissão para a promoção do ministério público ou se exige antes que seja "o juiz, ele próprio, a subjetivizar a fundamentação e a medida. E, para isso, ajuizar crítica e autonomamente as razões de facto e de

[194] Cf. Castanheira Neves, *Sumários de Processo Criminal*, p. 39. Sobre o conceito de "fortes indícios", Maria João Antunes, "O segredo de justiça e o direito de defesa do arguido sujeito a medida de coação", p. 1251 e s.

direito apresentadas pelo Ministério Público para requerer a medida", o que significa que "não pode, pura e simplesmente, remeter-se à fundamentação por ele apresentada"[195].

5.3. Modos de impugnação. O recurso e a providência de *habeas corpus*

O CPP prevê dois meios de impugnação de decisões que sujeitem o arguido a medida de coação: o recurso e a providência de *habeas corpus*.

a) A decisão que aplicar, substituir ou mantiver a medida de coação pode ser impugnada por via da interposição de recurso para o tribunal da relação, a julgar no prazo máximo de 30 dias a contar do momento em que os autos forem recebidos. Tem legitimidade para tal o arguido e ou o ministério público (artigos 219º, nº 1, e 427º do CPP).

É de entender que também é recorrível a decisão judicial que não aplique a medida de coação requerida, que a revogue ou que a declare extinta, em face da redação vigente daquele artigo 219º e do princípio geral da recorribilidade das decisões (artigo 399º do CPP), devendo entender-se, porém, que aquele prazo de 30 dias não vale para estas hipóteses. Dito de outra forma: do nº 1 do artigo 219º resulta apenas que nos casos aí previstos o recurso é julgado no prazo máximo de 30 dias a contar do momento em que os autos forem recebidos[196]. Vai, de resto, ao encontro daquela recorribilidade a jurisprudência fixada pelo STJ, de acordo com a qual "é admissível recurso do ministério público de decisão que indefere, revoga ou declara extinta medida de coação por ele requerida ou proposta" (Ac. nº 16/2014, de 20 de novembro).

[195] Assim, COSTA ANDRADE, "Métodos ocultos de investigação (*Plädoyer* para uma teoria geral)", p. 550, a propósito das escutas telefónicas.

[196] Assim, GERMANO MARQUES DA SILVA, *Curso de Processo Penal*, II, p. 418 e s., e MAIA COSTA, *Código de Processo Penal Comentado*, comentário ao artigo 219º, ponto **2.**
Vão, de facto, no sentido do texto as alterações introduzidas em 2010. Sobre a sucessão de alterações nesta matéria, SÓNIA FIDALGO, "Medidas de coação: aplicação e impugnação (Breves notas sobre a *revisão da revisão*)", p. 254 e ss.
Cf., ainda, Ac. do TC nº 160/2010 sobre norma que previa a irrecorribilidade, por parte do ministério público, da decisão que não aplicasse medida de coação. Sobre isto, DAMIÃO DA CUNHA "Breves notas acerca do regime de impugnação de decisões sobre medidas de coação. Comentário à decisão do Tribunal da Relação de Évora, de 24-09-2009", p. 318 e ss.

O recurso que seja interposto do despacho de reexame que mantenha a obrigação de permanência na habitação ou a prisão preventiva não determina a inutilidade superveniente do que tenha sido interposto de decisão prévia que haja aplicado ou mantido a medida em causa (213º, nº 5, do CPP). A não ser assim, tal corresponderia, na prática, à não recorribilidade da decisão prévia que houvesse aplicado ou mantido a obrigação de permanência na habitação ou a prisão preventiva.

Justifica-se, por isso, que também não haja inutilidade superveniente do recurso interposto de decisão prévia que tenha aplicado ou mantido aquelas duas medidas de coação, quando seja interposto recurso de decisão que mantenha a prisão preventiva ou a obrigação de permanência na habitação ao abrigo do artigo 212º do CPP e não em sede de reexame. Já é defensável, porém, que haja inutilidade superveniente quando estão em causa as outras medidas de coação. Relativamente a elas, porque menos gravosas, não vale da mesma forma a norma constitucional segundo a qual o processo criminal assegura o recurso enquanto garantia de defesa (artigo 32º, nº 1, da CRP).

Através do Ac. nº 418/2003, o TC julgou "inconstitucional, por violação do artigo 32º, nº 1, da Constituição, a norma segundo a qual em caso de manutenção superveniente da prisão preventiva por nova decisão do juiz de instrução antes de decorrido o prazo a que se refere o artigo 213º, nº 1, do Código de Processo Penal, na pendência de recurso da primeira decisão, se torna inútil o conhecimento deste recurso".

b) Relativamente à medida de coação mais gravosa – a prisão preventiva – há ainda a providência de *habeas corpus*: "meio, procedimento, para afirmação de um irredutível direito fundamental de liberdade"[197]. Esta providência vale, em geral, para casos de abuso de poder, por virtude de prisão ou detenção ilegal (artigos 31º, nº 1, da CRP e 220º e 222º do CPP). Contrariando a jurisprudência, o legislador deixou claro a partir de 2007 que não existe relação de litispendência ou de caso julgado entre o recurso que seja interposto e a providência de *habeas corpus*, independentemente dos respetivos fundamentos (artigo 219º, nº 2, do CPP).

[197] Cf. Faria Costa, "*Habeas corpus* (ou a análise de um longo e ininterrupto 'diálogo' entre o poder e a liberdade)", p. 54.

Esta norma não fechou, porém, a discussão em torno dos fundamentos de uma e de outra forma de reagir contra uma privação da liberdade que se considere ilegal[198].

Relativamente ao recurso que seja interposto de decisão que aplique ou mantenha a prisão preventiva, a providência de *habeas corpus* tem, desde logo, a vantagem inequívoca de poder ser requerida também por qualquer cidadão no gozo dos seus direitos políticos[199] – não depende dos critérios da legitimidade e do interesse em agir da lei processual penal, estabelecidos nos artigos 219º, nº 1, e 401º – e de o pedido ser decidido no prazo curto de oito dias (artigos 31º, nºs 2 e 3, da CRP e 222º, nº 2, e 223º, nº 2, do CPP).

A petição de *habeas corpus* deve fundar-se em ilegalidade da prisão, proveniente de ter sido efetuada ou ordenada por entidade incompetente, ser motivada por facto pelo qual a lei a não permite ou manter-se para além dos prazos fixados pela lei ou por decisão judicial (artigo 222º, nº 2, do CPP).

6. Medidas de garantia patrimonial

O CPP prevê duas medidas de garantia patrimonial nos artigos 227º e 228º: a *caução económica* e o *arresto preventivo*.

A *caução económica* é, segundo o nº 5 do artigo 227º, distinta e autónoma relativamente à medida de coação prevista no artigo 197º – a caução, uma das medidas de coação prevista na lei. No passado, esta caução era denominada "caução carcerária", assim se distinguindo da caução económica, o que deixou de fazer sentido a partir do momento em que deixou de ser concebida como medida de substituição da prisão preventiva.

De acordo como o nºs 1 e 5 do artigo 228º do CPP, o *arresto preventivo* pode ser decretado em uma de duas modalidades: enquanto medida de

[198] Sobre o entendimento jurisprudencial no sentido de a providência de *habeas corpus* revestir carácter excecional, não podendo recorrer-se a ela se houver outro meio de reação ou se a decisão causadora da prisão ilegal for passível de recurso ordinário, criticamente, Cláudia Santos, "Prisão preventiva – Habeas corpus – Recurso ordinário. Acórdão do Supremo Tribunal de Justiça de 20 de fevereiro de 1997", p. 305 e ss. Sobre as relações entre esta providência e o recurso, Lobo Moutinho/Jorge Miranda/Rui Medeiros, *Constituição Portuguesa Anotada*, Tomo I, anotação ao artigo 31º, ponto V.

[199] Sobre a exigência constitucional de que o cidadão esteja no gozo dos seus direitos políticos, Faria Costa, "*Habeas corpus* (ou a análise de um longo e ininterrupto 'diálogo' entre o poder e a liberdade)", p. 56 e s.

garantia patrimonial autónoma e enquanto medida de garantia patrimonial subsidiária da caução económica. Em ambas as modalidades é uma medida de natureza processual penal, sem prejuízo de ser decretado nos termos da lei do processo civil[200].

O arresto preventivo distingue-se do denominado "arresto repressivo", previsto no artigo 337º, nºs 3 e 4, do CPP, como efeito da declaração de contumácia, enquanto forma de desmotivar a subtração dolosa do arguido à administração da justiça penal. E é também distinto do arresto previsto no artigo 10º da Lei nº 5/2002, de 11 de janeiro, no âmbito da criminalidade organizada e económico-financeira, onde surge como meio processual que tem em vista garantir o pagamento do valor que se presume constituir vantagem da atividade criminosa para efeitos de *perda de bens* a favor do Estado, nos termos do disposto no artigo 7º daquela Lei[201].

Ambas as medidas servem para acautelar o fundado receio de que faltem ou diminuam substancialmente as garantias do pagamento da pena pecuniária, das custas do processo ou de qualquer outra dívida para com o Estado relacionada com o crime e da perda dos instrumentos, produtos e vantagens de facto ilícito típico ou do pagamento do valor a estes correspondente, bem como para acautelar o fundado receio de que faltem ou diminuam substancialmente as garantias de pagamento da indemnização ou de outras obrigações civis derivadas do crime (artigo 227º, nºs 1 e 3, do CPP). A caução económica e o arresto preventivo aplicam-se em função destas exigências processuais de natureza cautelar e servem a finalidade processual penal de realização da justiça que terá sempre de ser harmonizada com a tutela da liberdade de disposição patrimonial de quem é afetado por tais medidas e com a possibilidade de estar a ser aplicada a alguém que se presume inocente.

Foi na sequência da Lei nº 30/2017, de 30 de maio, que a caução económica e o arresto preventivo passaram a acautelar o fundado receio de que faltem ou diminuam substancialmente as garantias da *perda dos instrumentos, produtos*

[200] Sobre o sentido desta remissão para a lei do processo civil, COSTA ANDRADE/MARIA JOÃO ANTUNES, "Da natureza processual penal do arresto preventivo", p. 143 e ss.

[201] Sobre este arresto e naquilo que se distingue da apreensão e do arresto preventivo, previstos no CPP, CONDE CORREIA, *Da proibição do confisco à perda alargada*, pp. 162 e ss. e 184 e ss., e DAMIÃO DA CUNHA, *Medidas de combate à criminalidade organizada e económico-financeira. A Lei nº 5/2002, de 11 de janeiro de 2002*, p. 51 e ss.

ou vantagens de facto ilícito típico ou do pagamento do valor a estes correspondentes (artigo 227º, nº 1, alínea *b)*, do CPP). Incompreensivelmente não foram retiradas consequências no regime jurídico da apreensão. Este meio processual subsiste enquanto meio de garantia processual de natureza patrimonial relativamente aos instrumentos, produtos ou vantagens relacionados com a prática de um facto ilícito típico (artigo 178º, nºs 1 e 5 do CPP).

O regime das medidas de garantia patrimonial tem muito em comum com o das medidas de coação, não obstante as exigências processuais de natureza cautelar que as justificam terem natureza distinta.

a) As medidas de garantia patrimonial também estão sujeitas ao *princípio da legalidade* – a liberdade das pessoas só pode ser limitada pelas medidas de garantia patrimonial previstas na lei: a caução económica e o arresto preventivo (artigos 191º, nº 1, 227º e 228º do CPP); ao *princípio da necessidade* – a medida de garantia patrimonial aplica-se em função de exigências processuais de natureza cautelar, ou seja, quando houver o fundado receio de que faltem ou diminuam substancialmente as garantias do pagamento da pena pecuniária, das custas do processo ou de qualquer outra dívida para com o Estado relacionada com o crime e da perda dos instrumentos, produtos e vantagens de facto ilícito típico ou do pagamento do valor a estes correspondente, bem como quando faltem as garantias de pagamento da indemnização ou de outras obrigações civis derivadas do crime (artigos 191º, nº 1, 193º, nº 1, e 227º, nºs 1, 3 e 5, parte final, do CPP); ao *princípio da adequação* – a medida de garantia patrimonial deve ser *adequada* às exigências cautelares que o caso requerer (artigo 193º, nº 1, do CPP); e pelo *princípio da proporcionalidade* – a medida de garantia patrimonial deve ser proporcional à gravidade do crime, à sanção pecuniária que previsivelmente venha a ser aplicada, às custas do processo que previsivelmente venham a ser impostas, ao montante da dívida para com o Estado, à perda dos instrumentos, produtos e vantagens do facto ilícito típico ou ao valor a estes correspondente, bem como à indemnização que previsivelmente venha a ser fixada e às outras obrigações civis derivadas do crime que previsivelmente venham a ser reconhecidas (artigos 193º, nº 1, e 227º, nºs 1 e 3, do CPP).

Por se tratar da medida de garantia patrimonial mais gravosa, para o arresto preventivo vale, ainda, o *princípio da subsidiariedade*: por um lado, só se aplica quando a caução económica não seja prestada ou quando esta medida seja inadequada ou insuficiente; por outro, o arresto preventivo é revogado a todo o tempo em que o arguido ou o civilmente responsável prestem a caução económica (artigo 228º, nºs 1 e 5, do CPP)[202].

b) A aplicação das medidas de garantia patrimonial também depende de um conjunto de condições.

É condição de aplicação da caução económica e do arresto preventivo a *constituição prévia de arguido* (artigos 58º, nº 1, alínea *b)*, e 192º, nº 2, do CPP), com três ressalvas: o visado é apenas *civilmente responsável*; a constituição prévia como arguido põe em sério risco o fim ou a eficácia do arresto; constituição prévia como arguido para efeitos de arresto revelou-se comprovadamente impossível.

Em face do princípio da adesão, o *lesado* pode deduzir em processo penal pedido de indemnização civil contra pessoa com responsabilidade meramente civil e requerer a aplicação de uma medida de garantia patrimonial em relação a este (artigos 71º, 73º, nº 1, e 227º, nº 3, do CPP)[203]. Caso em que não há, como é óbvio, constituição prévia de arguido.

A Lei nº 30/2017, de 30 de maio, modificou os artigos 58º, nº 1, alínea *b)*, e 192º do CPP no sentido de não ser condição geral de aplicação do arresto preventivo a constituição prévia como arguido. Segundo o agora disposto nos nºs 2, 3 e 4 do artigo 192º, a constituição de arguido pode ocorrer em momento posterior ao da aplicação do arresto preventivo, mediante despacho fundamentado do juiz, sem exceder o prazo máximo de 72 horas a contar desta aplicação, sob pena de nulidade da medida, sempre que a constituição prévia puser em risco o fim e a eficácia desta medida de garantia patrimonial.

Ainda de acordo com esta Lei, a constituição de arguido poderá ser dispensada, em caso de arresto preventivo, mediante despacho devidamente fundamentado do juiz, se se tiver revelado comprovadamente impossível, por o visado estar ausente em parte incerta e se terem frustrado as tentativas de localizar o seu paradeiro, quando existam, cumulativamente, indícios objetivos de dissipação do respetivo património e fundada suspeita da prática do crime (artigos 58º, nº 1, alínea *b)*, e 192º, nºs 2 e 5, do CPP).

[202] Acentua a natureza subsidiária do arresto preventivo, CONDE CORREIA, "Apreensão ou arresto preventivo dos proventos do crime?", p. 536.
[203] Cf. *supra*, Capítulo III, ponto 6.

Com as alterações introduzidas em maio de 2017 deixou de ser condição de aplicação de uma medida de garantia patrimonial que o visado seja *arguido* (ou responsável meramente civil)[204]. Com estas alterações foi posta em causa a natureza processual penal do arresto preventivo[205].

É também condição de aplicação da medida de garantia patrimonial a audição prévia do visado, com a ressalva dos casos de impossibilidade devidamente fundamentada, nos termos previstos no artigo 194º, nº 4, do CPP. Dá-se aqui cumprimento quer ao disposto no artigo 61º, nº 1, alínea *b)*, do CPP quer ao mandamento contido no artigo 32º, nº 5, da CRP.

A audição do arguido ou da pessoa com responsabilidade meramente civil deve ter lugar ainda que a medida de garantia patrimonial a aplicar seja o arresto preventivo na modalidade de medida autónoma. A remissão que é feita no artigo 228º, nº 1, para a lei do processo civil, não pode ter o sentido de tal arresto poder ter lugar sem ser antecedido de audição do visado, nos termos do anterior artigo 408º, nº 1, do Código de Processo Civil e do vigente artigo 393º, nº 1. A natureza processual penal do arresto preventivo sujeita-o aos princípios e às condições gerais de aplicação das medidas de garantia patrimonial. Por outro lado e no que se refere ao arguido, a solução de permitir a aplicação de uma tal medida, sem audição de alguém que se presume inocente até ao trânsito em julgado da condenação, dificilmente seria compatível com a imposição constitucional no sentido de o processo criminal assegurar todas as garantias de defesa, a partir de uma estruturação acusatória com respeito pelo princípio do contraditório (artigo 32º, nºs 1, 2 e 5, da CRP)[206].

[204] Relativamente ao direito anterior, concluíam no sentido de haver apenas a ressalva do responsável meramente civil, Germano Marques da Silva, *Curso de Processo Penal*, II, p. 351, Lobo Moutinho, *Arguido e imputado no processo penal português*, p. 111, Rodrigo Santiago, "As *medidas de garantia patrimonial* no Código de Processo Penal de 1987", p. 1540 e s., Conde Correia, *Da proibição do confisco à perda alargada*, p. 174, e Costa Andrade/Maria João Antunes, "Da natureza processual penal do arresto preventivo", pp. 137 e s. e 147 e s. Cf., ainda, no mesmo sentido o Ac. do Tribunal da Relação de Lisboa de 8 de outubro de 2015 (Processo 324/14.0TELSBI.L19).

[205] No sentido de a constituição prévia como arguido ter que ver com a natureza processual penal da medida, Costa Andrade/Maria João Antunes, "Da natureza processual penal do arresto preventivo", p. 147 e ss.

[206] Assim, Costa Andrade/Maria João Antunes, "Da natureza processual penal do arresto preventivo", p. 152 e ss.

O TC não julgou "inconstitucional a norma constante do artigo 228º, nº 1, do Código de Processo Penal, na interpretação segundo a qual, remetendo a referida disposição para o regime processual civil, se permite o decretamento do arresto preventivo sem audição prévia do arguido" (Ac. nº 724/2014). Deve atentar-se, porém, muito embora isso não resulte da norma que foi objeto de apreciação, que se tratava, no caso, de uma medida aplicada a requerimento do lesado que, segundo a fundamentação do Ac., não tinha *em vista as finalidades próprias do processo penal* (ponto 18.1. do Ac.).

Nos casos *regulados* pela lei civil (artigo 129º do CP), quando o arresto seja requerido com fundamento no disposto no nº 3 do artigo 227º do CPP, é equacionável, no plano do direito a constituir, a solução da não audição do visado.

Como se prende diretamente com um direito fundamental do visado, a aplicação das medidas de garantia patrimonial está reservada ao juiz – ao juiz de instrução nas fases de inquérito e instrução e depois delas ao juiz de julgamento (artigos 194º, nº 1, e 268º, nº 1, alínea *b)*, do CPP). Na fase de inquérito, a medida é aplicada, por despacho do juiz, a *requerimento do ministério público* quando haja o fundado receio de que faltem ou diminuam substancialmente as garantias do pagamento da pena pecuniária, das custas do processo ou de qualquer outra dívida para com o Estado relacionada com o crime e da perda dos instrumentos, produtos e vantagens do facto ilícito típico ou do pagamento do valor a estes correspondente, aproveitando também ao lesado (artigo 227º, nºs 1 e 4, do CPP); a *requerimento do lesado* quando haja fundado receio de que faltem ou diminuam substancialmente as garantias de pagamento da indemnização ou de outras obrigações civis derivadas do crime (artigo 227º, nº 3, do CPP). Nas outras fases, a medida de garantia patrimonial é aplicada, por despacho do juiz, a requerimento do ministério público ou do lesado, consoante os casos (artigo 227º, nº s 1 e 3, do CPP), ou *oficiosamente*, ouvido o ministério público, se for de recear, fundadamente, que faltem ou diminuam substancialmente as garantias do pagamento da pena pecuniária, das custas do processo ou de qualquer outra dívida para com o Estado relacionada com o crime e da perda dos instrumentos, produtos e vantagens do facto ilícito típico ou do pagamento do valor a estes correspondente. Valendo o princípio processual do pedido relativamente à indemnização de perdas e danos emergentes da prática de crime (artigos

71º e ss. do CPP e 129º do CP), o juiz não pode aplicar a medida de garantia patrimonial, com fundamento no nº 3, do artigo 227º do CPP, se a mesma não for requerida pelo lesado.

O despacho de aplicação da medida de garantia patrimonial deve ser fundamentado, sob pena de *nulidade*, nos termos do disposto no artigo 194º, nº 6, do CPP.

Capítulo VII
A tramitação do processo penal comum – a fase de julgamento

1. Tribunal competente para o julgamento

A fase de julgamento é da competência de tribunais de diferente espécie, por referência à sua composição: do tribunal singular, integrado por um só juiz, do tribunal coletivo, composto por três juízes, e do tribunal de júri, integrado pelos juízes do tribunal coletivo e por quatro jurados (artigos 13º, 14º e 16º do CPP e artigo 1º do Decreto-Lei nº 387-A/87, de 29 de dezembro). Quebra-se nesta fase a tramitação unitária do processo penal comum.

É o artigo 207º, nº 1, da CRP a disposição constitucional que prevê a participação do povo no julgamento dos crimes graves, nos casos que a lei fixar, designadamente quando a acusação ou a defesa o requeiram, ressalvados os crimes de terrorismo e os de criminalidade altamente organizada[207]. Quanto a estes, atenta a natureza desta criminalidade, nomeadamente quanto ao modo de operar, entende-se que juízes *leigos* poderiam não reunir as condições que garantem a sua capacidade para administrar a justiça, em face do grau de ameaça ou de intimidação que o julgamento

[207] Sobre a instituição do júri, entre nós e no direito comparado, ELIANA GERSÃO, "Júri e participação dos cidadãos na justiça", *Revista do Ministério Público*, Nº 41, 1990, p. 23 e ss., e MARIA JOÃO ANTUNES/NUNO BRANDÃO/SÓNIA FIDALGO/ANA PAIS, "Garantia constitucional de julgamento pelo júri e recurso de apelação", p. 316 e ss.

de tais casos poderia comportar[208]. Por outro lado, não é razoável que um cidadão seja chamado a exercer uma função que se pode tornar particularmente espinhosa em razão da natureza dos crimes em julgamento.

O regime do tribunal de júri está estabelecido no Decreto-Lei nº 387-A/87, nomeadamente o que se refere à capacidade para ser jurado, à seleção dos jurados e ao estatuto dos mesmos. Com a particularidade de os jurados intervirem na decisão das questões da culpabilidade e da determinação da sanção quer no que toca a matéria de facto quer no que se refere a matéria de direito, sendo as deliberações do tribunal tomadas por maioria simples dos votos (artigos 2º, nº 3, daquele diploma e 348º, nº 5, 365º, nºs 2, 3, 4 e 5, 368º e 369º do CPP).

O conceito constitucional de "criminalidade altamente organizada" é um conceito autónomo que não tem de coincidir com o que se extrai do artigo 1º, alínea *m)*, do CPP. A esta luz, o TC concluiu no Ac. nº 450/2008 que «o artigo 207º da Constituição impede a formação de tribunais de júri para julgamento dos crimes de tráfico de estupefacientes previstos nos artigos 22º a 25º e 28º do Decreto-Lei nº 15/93, de 22 de janeiro, na medida em que aqueles se inserem no conceito jurídico-constitucional de *"criminalidade altamente organizada"*».

O artigo 40º da Lei n. º 34/87, de 16 de julho – *Lei da responsabilidade dos titulares de cargos políticos* – exclui da competência do tribunal de júri o julgamento dos crimes a que se refere esta lei. A norma suscita a questão da sua conformidade constitucional. Se, por um lado, o artigo 207º se limita a dizer, positivamente, que a intervenção deste tribunal está reservada para os crimes graves nos casos que a lei fixar, por outro, delimita negativamente a competência deste tribunal, excluindo expressamente apenas os crimes de terrorismo e de criminalidade altamente organizada. A questão foi julgada no Ac. do TC nº 460/2011, no sentido da não inconstitucionalidade do "artigo 40º, da Lei nº 34/87, de 16 de Julho, no segmento em que impede o julgamento por um tribunal do júri dos crimes de participação económica em negócio, p.p. nos artigos 3º, n. º 1, alínea *i)*, e 23º, n. º 1, de corrupção passiva para ato ilícito, p.p. nos artigos 3º, nº 1, *i)*, e 16º, nº 1, e de abuso de poder, p.p. pelos artigos 3º, nº 1, *i)*, e 26º, n. º 1, todos da referida Lei nº 34/87, de 16

[208] Assim, Damião da Cunha/Jorge Miranda/Rui Medeiros, *Constituição Portuguesa Anotada*, III, anotação ao artigo 207º, ponto II, alínea *c)*.

de Julho, quando cometidos por um membro de um órgão representativo de autarquia local".

A questão está em saber se a exclusão da intervenção deste tribunal quanto a crimes de responsabilidade de titulares de cargos políticos se enquadra na liberdade de conformação do legislador ou se decorre antes do próprio artigo 207º, no sentido de a garantia da intervenção do júri não abranger tais crimes, constitucionalmente credenciados no artigo 117º[209].

A repartição de competência pelos diferentes tribunais assenta na gravidade do crime, na natureza do mesmo e na maior ou menor facilidade de apreciação e valoração da prova por parte do tribunal. Para o efeito, o artigo 15º do CPP estatui que na determinação da pela abstratamente aplicável são levadas em conta todas as circunstâncias que possam elevar o máximo legal da pena a aplicar no processo.

a) Atendendo a estes critérios, compete ao tribunal singular julgar os processos que respeitarem a crimes cuja pena máxima, abstratamente aplicável, seja igual ou inferior a 5 anos de prisão (alínea *b)* do nº 2 do artigo 16º) ou que respeitarem a crimes *contra a autoridade pública* (alínea *a)* do nº 2 do artigo 16º e artigos 347º a 358º do CP). A circunstância de estes serem crimes contra *autoridade pública* justifica o julgamento por apenas um juiz. A apreciação e a valoração da prova estão especialmente facilitadas, pelo que até cabem na competência do tribunal singular crimes puníveis com pena de prisão superior a 5 anos (cf. artigos 350º, nº 1, e 354º do CP).

Por via de alterações introduzidas pela Lei nº 20/2013, de 21 de fevereiro, o tribunal singular passou a julgar outros crimes puníveis com pena de prisão superior a 5 anos, em caso de julgamento em processo sumário (artigo 16º, nº 2, alínea *c)*, do CPP). Por força desta lei, passaram a ser julgados em processo sumário os detidos em flagrante delito, sem qualquer limitação em função da pena aplicável ao crime (artigo 381º do CPP). O TC declarou, porém, com força obrigatória geral, "a inconstitucionalidade da norma do artigo 381º,

[209] Este é o sentido da declaração de voto aposta ao Ac. referido. Conclui que há mesmo uma "imposição constitucional" de não intervenção do tribunal de júri nos crimes de responsabilidade, Henriques Gaspar, *Código de Processo Penal Comentado*, comentário ao artigo 13º, ponto **5**.

nº 1, do Código de Processo Penal, na redação introduzida pela Lei nº 20/2013, de 21 de fevereiro, na interpretação segundo a qual o processo sumário aí previsto é aplicável a crimes cuja pena máxima abstratamente aplicável é superior a cinco anos de prisão" (Ac. nº 174/2014). A Lei nº 1/2016, de 25 de fevereiro, veio dar cumprimento a esta jurisprudência, eliminando a possibilidade de aplicação do processo sumário a crimes puníveis com pena de prisão superior a 5 anos.

b) Atendendo aos mesmos critérios, compete ao tribunal coletivo julgar os processos que, não devendo ser julgados pelo tribunal singular (cf. artigo 16º, nºs 2, alínea *a)*, e 3, do CPP), respeitarem a crimes cuja pena máxima, abstratamente aplicável, seja superior a 5 anos de prisão, mesmo quando, no caso de concurso de infrações, seja inferior o limite máximo correspondente a cada crime, ou seja, quando a soma do limite máximo correspondente a cada crime for superior a 5 anos de prisão (alínea *b)* do nº 2 do artigo 14º e artigo 77º, nº 2, do CP)[210]. Com a ressalva de que se a pena abstratamente aplicável for superior a 8 anos, o tribunal coletivo só é competente se não for requerida a intervenção do tribunal de júri (artigo 13º, nº 2).

Considerando a natureza dos crimes, compete ainda ao tribunal coletivo julgar os processos que, não devendo ser julgados pelo tribunal de júri, respeitarem aos crimes contra a identidade cultural e integridade pessoal, contra a segurança do Estado ou a violações do direito internacional humanitário (nº 1 do artigo 14º, artigos 240º, 243º a 245º, 308º e 316º a 343º do CP e artigos 8º a 18º da Lei nº 31/2004, de 22 de julho). Bem como os processos que, não devendo ser julgados pelo tribunal singular, respeitarem a crimes dolosos ou agravados pelo resultado, quando for elemento do tipo a morte de uma pessoa (alínea *a)* do nº 2 do artigo 14º).

c) Ainda a partir dos mesmos critérios, compete ao tribunal de júri julgar os processos que, não devendo ser julgados pelo tribunal singular (cf. artigo 16º, nº 2, do CPP), respeitarem a crimes cuja pena máxima, abstratamente aplicável, for superior a 8 anos de prisão; e os que respeita-

[210] Era este o sentido da jurisprudência fixada no Acórdão nº 3/95, de 17 de maio, face à redação primitiva do CPP que não especificava os casos de concurso de crimes.

rem a crimes contra a identidade cultural e integridade pessoal, contra a segurança do Estado ou a violações do direito internacional humanitário (nºs 1 e 2 do artigo 13º, artigos 240º, 243º a 245º, 308º e 316º a 343º do CP e artigos 8º a 18º da Lei nº 31/2004, de 22 de julho). Num caso e noutro, o tribunal de júri só intervém a requerimento irretratável do ministério público, do assistente ou do arguido (artigo 13º, nºs 1, 2 e 5, do CPP).

d) Ao tribunal singular é também cometida uma competência residual, ao ser competente para julgar os processos que por lei não couberem na competência dos tribunais de outra espécie. Tal sucederá se o processo respeitar a crime punível com pena de multa autónoma (por exemplo, artigo 366º, nº 2, do CP).

Por outro lado, é ainda competente para julgar os processos por crimes cuja pena máxima, abstratamente aplicável, seja superior a 5 anos de prisão, mesmo em caso de concurso de infrações, quando o ministério público, na acusação ou em requerimento, quando seja superveniente o conhecimento do concurso, entender que não deve ser aplicada, em concreto, pena de prisão superior a 5 anos, não podendo o tribunal, neste caso, aplicar pena de prisão superior a este montante (nºs 3 e 4 do artigo 16º e alínea *b)* do nº 2 do artigo 14º). Trata-se aqui de uma regra de determinação da competência do tribunal de julgamento por referência à pena *concretamente* aplicável e tão só de uma regra deste tipo[211].

Quando o ministério público faça uso do artigo 16º, nº 3, do CPP, entendendo que não deve ser aplicada, em concreto, pena de prisão superior a 5 anos, pode pôr-se a questão de saber se o juiz de instrução pode, assim sendo, suspender provisoriamente o processo, ao abrigo do artigo 307º, nº 2, do CPP. Pode defender-se que, por via deste entendimento do ministério público, a gravidade *concreta* do crime passou a conter-se nos limites deste instituto (artigo 281º, nº 1, do CPP)[212]. Ou entender-se, diferentemente, como resulta da Diretiva nº 1/2014 da Procuradoria-Geral da República que "o disposto no nº 3 do artigo 16º do Código de Processo Penal respeita à repartição de competência para julgamento entre tribunais em função da

[211] Cf. *supra*, Capítulo III, ponto 1., alínea *c)*.

[212] Neste sentido, Fernando Torrão, "Admissibilidade da suspensão provisória do processo nas situações previstas no artigo 16º, nº 3, do CPP (Fundamentos de política criminal e caminhos técnico-processuais a partir de uma hipótese prática)", p. 1208 e ss.

medida da pena concretamente aplicável no processo, mas não altera a distinção qualitativa entre pequena e média criminalidade e criminalidade grave, que se reflete na medida da pena abstratamente aplicável ao crime justificada por razões de proteção do bem jurídico".

Na mesma linha, pode perguntar-se quais são as implicações da confissão livre, integral e sem reservas do arguido quanto aos factos que lhe são imputados (artigo 344º do CPP), quando o ministério público faça uso deste artigo 16º, nº 3. De todo o modo, o juiz poderá sempre, em sua livre convicção, decidir que não deve ter lugar a produção da prova quanto aos factos confessados, bastando-se com a confissão do arguido.

2. Atos preliminares

Recebidos os autos no tribunal de júri, no coletivo ou no singular, têm lugar os atos preliminares da fase de julgamento. Cabe ao presidente, nomeadamente, proceder ao saneamento do processo e designar dia, hora e local para a audiência (artigos 311º, 312º, e 313º do CPP).

O saneamento do processo tem lugar em dois planos distintos: no das nulidades e outras questões prévias ou incidentais e no da acusação deduzida.

De acordo com o disposto no artigo 311º, nº 1, do CPP, o presidente pronuncia-se sobre as nulidades e outras questões prévias ou incidentais que obstem à apreciação do mérito da causa, de que possa desde logo conhecer. Por exemplo, questões relativas à inadmissibilidade legal do procedimento, nomeadamente por prescrição do procedimento criminal ou por extinção do direito de queixa em caso de crime semipúblico ou particular.

Se o processo tiver sido remetido para julgamento sem ter havido instrução, sem ter havido, pois, uma comprovação judicial da decisão de acusar (artigo 286º, nº 1, do CPP), o presidente pode mesmo rejeitar a acusação do ministério público ou a acusação do assistente, se a considerar *manifestamente infundada*, segundo o estatuído no artigo 311º, nº 2, alínea *a)*, do CPP. Pode, ainda, de acordo com o disposto na alínea *b)* do nº 2 deste artigo, não aceitar a acusação do assistente ou do ministério público, na parte em que esta represente uma alteração substancial dos factos, nos termos do nº 1 do artigo 284º e do nº 4 do artigo 285º, respetivamente.

A acusação deve considerar-se *manifestamente infundada* quando não contenha a identificação do arguido, quando não contenha a narração dos factos, se não indicar as disposições legais aplicáveis ou as provas que a fundamentam ou se os factos não constituírem crime (artigos 311º, nº 3, 283º, 284º e 285º do CPP).

O nº 3 do artigo 311º foi introduzido em 1998 e significou na prática a derrogação do Ac. nº 4/93 que havia fixado jurisprudência no sentido de que "a alínea *a)* do nº 2 do artigo 311º do Código de Processo Penal inclui a rejeição da acusação por manifesta insuficiência de prova indiciária". Segundo Figueiredo Dias, este nº 3 torna claro que "não é processualmente admissível uma rejeição da acusação por manifesta insuficiência de prova indiciária". E não é admissível, obviamente, "em nome de uma estrutura processual acusatória, em que a partilha das funções de investigação, de acusação e de julgamento é feita entre magistraturas distintas, em obediência, de resto, à Constituição"[213].

3. Princípios gerais

Na fase de julgamento relevam de forma particular certos princípios gerais relativos à *prossecução processual* (princípios da investigação e da concentração) e princípios gerais quanto à *prova* (princípios da legalidade, da livre apreciação da prova e *in dubio pro reo*) e à *forma* (princípios da publicidade, da oralidade e da imediação).

Em relação a todos eles não deixa de estar presente que, em regra, *não valem em julgamento, nomeadamente para o efeito de formação da convicção do tribunal, quaisquer provas que não tiverem sido produzidas ou examinadas em audiência* (artigo 355º, nº 1, do CPP).

3.1. Princípio da investigação

Sem prejuízo de o princípio valer também na fase de instrução (artigos 289º, nº 1, e 290º, nº 1, do CPP), o *princípio da investigação* tem consagração expressa em um dos artigos da audiência de julgamento – o artigo 340º, nº 1, do CPP, nos termos do qual *o tribunal ordena oficiosamente a produção de todos os meios de prova cujo conhecimento se lhe afigurar necessário à descoberta da verdade e à boa decisão da causa.*

[213] Cf. "Os princípios estruturantes do processo e a revisão de 1998 do Código de Processo Penal", p. 210 e s.

O princípio da investigação, também denominado "da verdade material", que é ao mesmo tempo um princípio geral da prossecução processual e um princípio geral da prova, é o princípio segundo o qual o tribunal investiga o facto sujeito ou a sujeitar a julgamento, independentemente dos contributos da acusação e da defesa, construindo autonomamente as bases da sua decisão[214]. A ele se opõe o princípio do dispositivo ou da verdade formal, de acordo com o qual a acusação e a defesa, enquanto partes processuais, no verdadeiro sentido da expressão, disporão do processo, cabendo-lhe a elas e só a elas carrear para o processo os factos e as provas correspondentes, segundo um princípio de autorresponsabilidade probatória.

Um processo onde vigore o princípio da investigação desenrola-se de forma diferente, já que a passividade do juiz dá lugar a um juiz com o *ónus de investigar e esclarecer oficiosamente o facto submetido ou a submeter a julgamento*, independentemente das contribuições da acusação e da defesa, das contribuições dos sujeitos processuais ou das partes. O que é compatível quer com o princípio da legalidade da prova quer com o princípio da acusação ou, em geral, com a estrutura acusatória do processo. Mas já não com o princípio da autorresponsabilidade probatória das partes e com uma qualquer ideia de disponibilidade do objeto do processo.

O princípio da investigação encontra-se consagrado, com carácter geral, no já referido artigo 340º do CPP e, a propósito de pontos concretos do regime processual penal, em artigos como o 154º, nº 1, 164º, nº 2, 174º, nº 3, 288º, nº 4, 289º, nº 1, 290º, nº 1, 348º, nº 5, e 354º deste Código. Estas disposições legais mostram que o princípio vale indistintamente para o juiz de julgamento e para o de instrução. Por outro lado, evidenciam a natureza marcadamente subsidiária do princípio da investigação enquanto princípio que integra a estrutura acusatória do processo penal português. De forma expressiva, segundo o artigo 348º, nº 5, do CPP, os juízes e os jurados podem formular à testemunha, inquirida por quem a apresentou, as perguntas *que entenderem necessárias para o esclarecimento do depoimento prestado e para boa decisão da causa*[215].

[214] Sobre este princípio, Figueiredo Dias, *Direito Processual Penal*, 1988-9, §§ 164 e 195 e ss.

[215] Cf. *supra*, Capítulo I, ponto 4.2.

3.2. Princípio da legalidade da prova

Um dos princípios que vale em matéria de prova é o *princípio da legalidade*. Está consagrado no artigo 125º do CPP e é aí estabelecido que são admissíveis as provas que não forem proibidas por lei.

São provas proibidas por lei, segundo o artigo 32º, nº 8, da CRP, todas as provas obtidas mediante tortura, coação, ofensa da integridade física ou moral da pessoa, abusiva intromissão na vida privada, no domicílio, na correspondência ou nas telecomunicações (cf., ainda, artigos 25º, 26º e 34º da CRP). Quanto aos métodos proibidos de prova, o artigo 126º, nºs 1 e 3, do CPP refere as provas obtidas mediante tortura, coação ou, em geral, ofensa da integridade física ou moral das pessoas e as provas obtidas mediante intromissão na vida privada, no domicílio, na correspondência ou nas telecomunicações sem o consentimento do respetivo titular. Com ressalva dos casos previstos na lei, como, por exemplo, os previstos nos artigos 177º e 187º do CPP.

No nº 2 daquele artigo 126º especifica-se que são ofensivas da integridade física ou moral das pessoas as provas obtidas, mesmo que com consentimento delas, mediante perturbação da liberdade de vontade ou de decisão através de maus tratos, ofensas corporais, administração de meios de qualquer natureza, hipnose ou utilização de meios cruéis ou enganosos[216]; perturbação, por qualquer meio, da capacidade de memória ou de avaliação; utilização da força, fora dos casos e dos limites permitidos pela lei; ameaça com medida legalmente inadmissível e, bem assim, com denegação ou condicionamento da obtenção de benefício legalmente previsto; e promessa de vantagem legalmente inadmissível[217].

No já referido Ac. nº 155/2007, o TC julgou inconstitucional, por violação do disposto no artigo 32º, nº 4, da Constituição, a norma constante do artigo 126º, nºs 1, 2, alíneas *a)* e *c)*, e 3, do CPP, quando interpretada em termos de considerar válida e, por conseguinte, suscetível de ulterior utilização e valo-

[216] Sobre os meios enganosos, Susana Aires de Sousa, "*Agent provocateur* e meios enganosos de prova. Algumas reflexões", p. 1216 e ss.

[217] Sobre isto, com exemplos, Figueiredo Dias, *Direito Processual Penal*, 2004, p. 452 e ss., e, ainda, Costa Andrade, *Sobre as proibições de prova em processo penal*, p. 209 e ss. Especificamente quanto à questão da taxatividade dos métodos previstos no nº 2 do artigo 126º, Costa Andrade, *ob. cit.*, p. 216 e ss., e Sónia Fidalgo, "Determinação do perfil genético como meio de prova em processo penal", p. 133 e s.

ração a prova obtida através da colheita coativa de vestígios biológicos de um arguido, para determinação do seu perfil genético, sem autorização do juiz e tendo o arguido manifestado a sua expressa recusa em colaborar ou permitir tal colheita.

No também já mencionado Ac. nº 607/2003, o TC julgou "inconstitucional, por violação das disposições conjugadas dos artigos 1º, 26º, nº 1, e 32º, nº 8, da Constituição da República Portuguesa, a norma extraída do art. 126º, nºs 1, e 3 do Código de Processo Penal, na interpretação segundo a qual não é ilícita a valoração como meio de prova da existência de indícios dos factos integrantes dos crimes de abuso sexual de crianças imputados ao arguido (previstos e puníveis pelos artigos 172º, nº 1, e 172º, nºs 1 e 2, do Código Penal) e dos pressupostos estabelecidos nos artigos 202º e 204º, alínea *c)*, do Código de Processo Penal, para a aplicação da medida de coação de prisão preventiva, dos 'diários' apreendidos, em busca domiciliária judicialmente decretada, na ausência de uma ponderação, efetuada à luz dos princípios da necessidade e da proporcionalidade, sobre o conteúdo, em concreto, desses 'diários'".

a) Por força do estatuído na CRP (artigo 32º, nº 8) e no CPP (artigos 126º, nºs 1 e 3, e 118º, nº 1), o desrespeito pelo princípio da legalidade da prova tem como consequência a *nulidade* das provas obtidas através de métodos proibidos, *não podendo as mesmas ser utilizadas.* À sanção da nulidade acresce a *proibição de valoração da prova* obtida através de métodos de prova proibidos, dispondo expressamente o artigo 118º, nº 3, do CPP que as disposições sobre nulidades não prejudicam as normas do Código relativas a proibições de prova[218]. Além disto, prevê-se ainda no artigo 449º, nº 1, alínea *e)*, deste diploma que é fundamento do recurso extraordinário de revisão a descoberta de que serviram de fundamento à condenação provas proibidas nos termos dos nºs 1 a 3 do artigo 126º

É pertinente equacionar se as *proibições de prova* têm ou não carácter *absoluto*, se a uma proibição de produção de prova tem de corresponder neces-

[218] Para uma leitura crítica deste regime, Fátima Mata-Mouros, *Juiz das Liberdades. Desconstrução de um Mito do Processo Penal*, p. 294 e ss., e Figueiredo Dias, "Revisitação de algumas ideias-mestras da teoria das proibições de prova em processo penal (também à luz da jurisprudência constitucional portuguesa)", p. 7 e s.

sariamente a proibição de valoração da prova ilicitamente produzida, ou se subsiste espaço para uma ponderação de valorações conflituantes[219].

Põe-se aqui também a questão relativa à extensão (ou não) da proibição de valoração da prova obtida através de métodos proibidos à prova que é obtida de forma mediata ou consequencial[220]. A problemática do *efeito-à-distância* da proibição de valoração da prova foi já objeto da jurisprudência constitucional. No Ac. nº 198/2004, o Tribunal não julgou inconstitucional "a norma do artigo 122º, nº 1, do CPP, entendida como autorizando, face à nulidade/invalidade de interseções telefónicas realizadas, a utilização de outras provas, distintas das escutas e a elas subsequentes, quando tais provas se traduzam nas declarações dos próprios arguidos, designadamente quando tais declarações sejam confessatórias"[221].

b) Há que distinguir, porém, as *proibições de prova* das meras *regras de produção de prova*. Sendo certo, por outro lado, que são identificáveis proibições de valoração da prova, sem que a lei comine também a sanção da nulidade.

Enquanto "a proibição de prova é a prescrição de um *limite à descoberta da verdade*" – na forma de proibição de *temas* de prova (artigo 137º do CPP), de proibição de *métodos* de prova (artigo 126º do CPP), de proibição de *meio* de prova (artigo 134º, nº 2, do CPP) e de proibições de *leitura de protocolos* (artigo 356º do CPP) – as regras de produção da prova "visam apenas disciplinar o procedimento exterior de realização da prova na diversidade dos seus meios e métodos"[222]. É o que sucede, por exemplo,

[219] Para esta questão, Figueiredo Dias, "Revisitação de algumas ideias-mestras da teoria das proibições de prova em processo penal (também à luz da jurisprudência constitucional portuguesa)", p. 9 e ss.

[220] Sobre isto, Costa Andrade, *Sobre as proibições de prova em processo penal*, pp. 60 e ss., 169 e ss. e 314 e ss., Helena Mourão, "O *efeito-à-distância* das proibições de prova no Direito Processual Penal português", p. 575 e ss., e Figueiredo Dias, "Revisitação de algumas ideias-mestras da teoria das proibições de prova em processo penal (também à luz da jurisprudência constitucional portuguesa)", p. 14 e ss.

[221] Em anotação crítica Helena Mourão, "*Efeito-à-distância* das proibições de prova e declarações confessatórias – o acórdão nº 198/2004 do Tribunal Constitucional e o argumento 'the cat is out of the bag'", p. 689 e ss.

[222] Cf. Costa Andrade, *Sobre as proibições de prova em processo penal*, p. 83 e s., e Figueiredo Dias, "Revisitação de algumas ideias-mestras da teoria das proibições de prova em processo penal (também à luz da jurisprudência constitucional portuguesa)", p. 5 e ss.

com as *regras* prescritas no artigo 341º do CPP sobre a ordem de produção da prova na audiência de julgamento.

Segundo Costa Andrade, integrará, porém, o âmbito das proibições de prova e não o das meras regras de produção de prova, o *dever de informação e advertência* sobre o direito ao silêncio que assiste o arguido quanto aos factos que lhe são imputados (artigos 58º, nºs 2 e 4, 61º, nº 1, alíneas *d)* e *h)*, 141º, nº 4, 143º, nº 2, e 343º, nº 1, do CPP). "Pondo abertamente em causa o estatuto do arguido como sujeito do processo, frustrando nomeadamente o dogma de que a participação ativa do arguido na descoberta da verdade deve passar pela sua liberdade, a omissão do esclarecimento e advertência deve desencadear a sanção da proibição da valoração"[223]. Vai ao encontro do acabado de reproduzir o disposto no artigo 58º, nº 5, do CPP, ao prescrever, relativamente à omissão ou violação das formalidades quanto à constituição de arguido, que *as declarações prestadas pela pessoa visada não podem ser utilizadas como prova*.

À proibição de valoração da prova obtida sem cumprimento daquele dever de informação e advertência não se junta, porém, a cominação da nulidade.

3.3. Princípio da livre apreciação da prova

Em matéria de apreciação da prova está em causa saber se esta deve ter na sua base regras legais que predeterminem o valor a atribuir-lhe ou se deve assentar antes na sua livre valoração pela entidade competente. À primeira opção corresponde o princípio da prova legal; à segunda o *princípio da prova livre* ou *da livre apreciação da prova*[224].

É este princípio o que está consagrado no artigo 127º do CPP, nos termos do qual, salvo quando a lei dispuser diferentemente, a prova é apreciada segundo as regras da experiência e a livre convicção da entidade competente. Muito embora o princípio da livre apreciação da prova tenha um especial relevo na fase de julgamento, por a regra ser a de que não valem nesta fase, nomeadamente para o efeito de formação da convicção do tribunal, quaisquer provas que não forem produzidas ou examinadas

[223] Cf. *Sobre as proibições de prova em processo penal*, p. 86 e ss. e, ainda, Figueiredo Dias, *Direito Processual Penal*, 2004, p. 446 e s.

[224] Sobre este princípio, Figueiredo Dias, *Direito Processual Penal*, 1988-9, § 212 e ss., e Castanheira Neves, *Sumários de Processo Criminal*, p. 50 e ss.

em audiência (artigo 355º, nº 1, do CPP), o princípio vale também para outras entidades, nomeadamente para o juiz de instrução e para o ministério público, sendo um princípio geral de processo penal com incidência no decurso de todo o processo.

O princípio da livre apreciação da prova significa, negativamente, a ausência de critérios legais que predeterminem o valor da prova e, positivamente, que as entidades a quem caiba valorar a prova o façam de acordo com o dever de perseguir a realização da justiça e a descoberta da verdade material, numa apreciação que terá de ser sempre objetivável, motivável e, por conseguinte, suscetível de controlo. É este o sentido do estabelecido no CPP no artigo 365º, nº 3, a propósito dos termos da deliberação do tribunal; nos artigos 374º, nº 2, 375º, nº 1, 379º, nº 1, alínea *a)*, e 425º, nº 4, quanto às exigências de fundamentação da sentença, com a cominação da nulidade da decisão por inobservância de tais exigências; e 410º, nº 2, que alarga os fundamentos do recurso aos vícios em matéria de facto aqui previstos, ainda que o recurso seja de revista, com o intuito de garantir o controlo do conteúdo da fundamentação da decisão. Além de que "é oficioso, pelo tribunal de recurso, o conhecimento dos vícios indicados no artigo 410º, nº 2, do Código de Processo Penal, mesmo que o recurso se encontre limitado à matéria de direito", de acordo com jurisprudência fixada pelo STJ no Acórdão nº 7/95, de 19 de outubro[225].

O princípio da livre apreciação da prova não vale, porém, sem quaisquer limitações.

a) Relativamente à prova testemunhal, em geral, não são identificáveis quaisquer limitações ao princípio, podendo mesmo dizer-se que este é o seu campo de eleição (artigo 128º do CPP). As declarações da testemunha são apreciadas segundo as regras da experiência e a livre convicção da entidade competente para as colher. Porém, já não pode ser afirmado o mesmo quanto ao depoimento indireto ou testemunho de ouvir dizer ou relativamente às vozes públicas e convicções pessoais (artigos 129º e 130º do CPP).

[225] Já assim, Maria João Antunes, "Conhecimento dos vícios previstos no artigo 410º, nº 2, do Código de Processo Penal. Acórdão do Supremo Tribunal de Justiça, de 6 de maio de 1992", p. 121 e s.

Quanto ao primeiro, o CPP estabelece a regra de que tal depoimento não pode servir como meio de prova, estabelecendo uma *proibição de valoração da prova*. O juiz poderá, porém, chamar a depor as pessoas a quem se ouviu dizer e, no limite, se tal não for possível por morte, anomalia psíquica superveniente ou impossibilidade de serem encontradas, valorar o depoimento indireto. Já haverá uma *proibição de valoração absoluta* se quem depõe se recusar ou não estiver em condições de indicar a pessoa ou a fonte através das quais tomou conhecimento dos factos[226].

Relativamente às vozes públicas e convicções pessoais, a regra é a de que não é admissível como depoimento a reprodução de vozes ou rumores públicos, bem como a manifestação de meras convicções pessoais sobre factos ou a sua interpretação.

b) No que se refere às declarações do arguido sobre os factos que lhe são imputados, às que acerca deles prestar e às que incidem sobre os seus antecedentes criminais, há que considerar, em concreto, o comportamento deste sujeito processual[227].

Se o arguido negar os factos que lhe são imputados, vale por inteiro o princípio da livre apreciação da prova.

Este princípio valerá também se o arguido confessar de forma parcial ou com reservas os factos que lhe são imputados, bem como se confessar de forma integral e sem reservas tais factos, quando houver coarguidos e não houver confissão integral, sem reservas e coerente de todos eles; quando o tribunal, em sua livre convicção, suspeitar do carácter livre da confissão, nomeadamente por dúvidas sobre a imputabilidade plena do arguido ou da veracidade dos factos imputados; ou quando o crime for punível com pena de prisão superior a cinco anos (artigo 344º, nºs 3, alíneas *a)* e *c)*, e 4, do CPP).

O princípio da livre apreciação da prova já não valerá em caso de confissão livre, integral e sem reservas do arguido, por crime punível com pena de prisão até cinco anos, uma vez que lhe correspondem os efeitos previstos no nº 2 do artigo 344º, nomeadamente a renúncia à produção da prova relativa aos factos imputados e consequente consideração destes como provados e a passagem de imediato às alegações orais e, se o

[226] Sobre isto, cf. Costa Pinto, "Depoimento indireto, legalidade da prova e direito de defesa", p. 1050 e ss.

[227] Cf. *supra*, Capítulo VI, ponto 2.2., alínea *b)*.

arguido não dever ser absolvido por outros motivos, à determinação da sanção aplicável (alíneas *a)* e *b)* daquele nº 2). Em bom rigor, continua, porém, a valer. Na verdade, o valor que a lei atribui aqui às declarações do arguido abrange somente os casos em que a confissão também é livre (alínea *b)* do nº 3 do artigo 344º), valendo integralmente o princípio da livre apreciação da prova quando o juiz aprecia o carácter livre da confissão. Em suma, só aparentemente é que há limitação ao princípio da livre apreciação da prova quando o arguido confessa a prática de um crime punível com pena de prisão até cinco anos.

Já relativamente ao silêncio do arguido há na lei uma verdadeira limitação à livre apreciação pela entidade competente, na medida em que, de acordo com ela, o silêncio nunca pode desfavorecer o arguido (artigos 61º, nº 1, alínea *d)*, 141º, nº 4, alínea *a)*, 343º, nº 1, e 345º, nº 1, parte final, do CPP). Trata-se aqui do exercício do direito à não autoincriminação, um direito com proteção constitucional (artigo 32º, nºs 1 e 2, da CRP), que é assumido enquanto tal pela lei no artigo 141º, nº 4, alínea *b)*, do CPP e que deverá abranger também as perguntas feitas ao arguido sobre os seus antecedentes criminais[228].

c) Há uma outra limitação ao princípio da livre apreciação em matéria de prova pericial. Segundo o artigo 163º, nº 1, do CPP, o juízo técnico, científico ou artístico inerente à prova pericial presume-se subtraído à livre apreciação do julgador, o que representa o abandono do entendimento de que o juiz é o perito dos peritos. O julgador só poderá divergir do juízo contido no parecer do perito, fundamentando devidamente a divergência, se puder fazer uma apreciação também técnica, científica ou artística ou se se tratar de um caso inequívoco de erro (artigo 163º, nº 2, do CPP). Sem prejuízo de continuar a caber ao julgador o juízo jurídico e de manter a sua liberdade de apreciação no que se refere à base de facto pressuposta pelo perito, podendo contrariar tal base e desta forma retirar validade ao juízo do perito.

d) Quanto aos factos constantes de documentos vale o princípio da livre apreciação da prova, ainda que se trate de um documento autêntico ou autenticado, uma vez que a autenticidade do documento ou a veraci-

[228] Cf. *supra*, Capítulo III, ponto 3., alíneas *c)* e *f)*, e Capítulo VI, ponto 2.2., alínea *b)*.

dade do seu conteúdo podem ser fundadamente postas em causa (artigo 169º do CPP). O tribunal pode mesmo, em qualquer caso, declarar um documento junto aos autos como falso (artigo 170º do CPP)[229].

3.4. Princípio *in dubio pro reo*

O princípio *in dubio pro reo* é o princípio de acordo com o qual o tribunal deve dar como provados os factos favoráveis ao arguido, quando fica aquém da *dúvida razoável*, apesar de toda a prova produzida[230]. Como, por força do princípio da investigação, o tribunal tem o poder dever de investigar o facto sujeito a julgamento, independentemente dos contributos da acusação e da defesa, construindo autonomamente as bases da sua decisão, a *dúvida* que fique aquém da *razoável* deverá ser valorada de forma favorável ao arguido, tanto mais que este se presume inocente até ao trânsito em julgado da sentença de condenação.

Produzida a prova (artigos 340º e 341º do CPP), o tribunal aprecia a mesma segundo as regras da experiência e a sua livre convicção, que deverá ser sempre objetivável e motivável (artigo 127º do CPP), concluindo que foi produzida prova dos factos imputados ao arguido, caso em que os mesmos são dados como provados; que não foi produzida prova de tais factos, caso em que os mesmos são dados como não provado; ou que, apesar da prova produzida, ficou aquém da *dúvida razoável*, caso em que dá como provados os favoráveis ao arguido.

O princípio *in dubio pro reo* encontra fundamento jurídico-constitucional no artigo 32º, nº 2, da CRP, na parte em que garante que *todo o arguido se presume inocente* até ao trânsito em julgado da sentença de condenação. Da presunção de inocência do arguido só pode decorrer que se deem com provados os factos favoráveis ao arguido, decidindo o tribunal como se tivesse sido feita prova dos factos, caso fique aquém da dúvida razoável[231].

[229] No sentido de haver quanto àqueles documentos uma regra legal de prova, SOUSA MENDES, "A prova penal e as regras da experiência", p. 1007 e ss.

[230] Sobre este princípio, FIGUEIREDO DIAS, *Direito Processual Penal*, 1988-9, § 226 e ss.

[231] No sentido do texto, RUI PATRÍCIO, *O princípio da presunção de inocência do arguido na fase do julgamento no atual processo penal português (Alguns problemas e esboço para uma reforma do processo penal português)*, p. 30 e ss. Em sentido divergente, dando antes relevo ao dever constitucionalmente consagrado de fundamentação das decisões judiciais, CRISTINA LÍBANO MONTEIRO, *Perigosidade de inimputáveis e «in dubio pro reo»*, pp. 60 e ss. e 77 e ss.

O princípio vale para toda a matéria de facto, quer para a relativa ao crime quer para a atinente à sanção que lhe corresponde (por exemplo, quer quanto a uma causa de exclusão da ilicitude quer em relação a uma circunstância modificativa atenuante), mas já não para a matéria de direito. Isto não obsta, porém, a que o tribunal de recurso conheça da violação do princípio quando o recurso interposto seja apenas de revista. A violação do princípio *in dubio pro reo* integra a matéria de direito, como qualquer outra violação de um princípio jurídico, pelo que está no âmbito dos poderes de cognição do STJ, tal como previstos no artigo 434º do CPP.

Muito embora já esteja afastada jurisprudência de acordo com a qual "o princípio *in dubio pro reo* é um princípio natural de prova, imposto pela lógica, pelo senso e pela probidade processual, e, porque de princípio de prova se trata, é estranho à competência do Supremo Tribunal de Justiça", enquanto tribunal de revista, a jurisprudência atual não deixa de ser ainda muito limitativa. Para o STJ "a violação do princípio *in dubio pro reo*, dizendo respeito à matéria de facto e sendo um princípio fundamental em matéria de apreciação e valoração da prova, só pode ser sindicado pelo STJ dentro dos seus limites de cognição, devendo, por isso, resultar do texto da decisão recorrida em termos análogos aos dos vícios do art. 410º, nº 2, do CPP, ou seja, quando seguindo o processo decisório evidenciado através da motivação da convicção se chegar à conclusão de que o tribunal, tendo ficado num estado de dúvida, decidiu contra o arguido, ou quando a conclusão retirada pelo tribunal em matéria de prova se materialize numa decisão contra o arguido que não seja suportada de forma suficiente, de modo a não deixar dúvidas irremovíveis quanto ao seu sentido, pela prova em que assenta a convicção" (Ac. de 19 de janeiro de 2011, Processo 6034/08.0TDPRT.P1.S1); "o princípio *in dubio pro reo*, baseado no princípio constitucional da presunção de inocência (art. 32º, nº 2, da CRP), constitui um limite normativo da livre convicção probatória, assumindo uma vertente de direito, passível de controle pelo STJ, quando, ao debruçar-se sobre o conjunto dos factos, procura detetar se se decidiu contra o arguido, não declarando a dúvida evidente, já porque esta resultava de uma valoração emergente do simples texto da decisão recorrida por si ou de acordo com as regras da experiência comum, de acordo com aquilo que é usual acontecer, já por incurso em erro notório na apreciação da prova. Se a decisão recorrida não manifestou qualquer incerteza, nem qualquer dúvida acerca das condenações impostas aos arguidos, o tribunal não decidiu *in malam partem*, não se verificando violação do dito princípio" (Ac. de 8 de janeiro de 2014, Processo nº 331/04.0TAFIG-B.C1-A.S1); "a violação do princípio *in dubio pro reo* exige que o tribunal tenha exprimido, com um mínimo de clareza, que se encontrou num estado de dúvida quanto aos factos que devia dar por provados ou não provados. Como não é manifestamente o caso, o recorrente só pode pretender que, apesar de o coletivo da 1ª instância não ter tido dúvidas sobre o que considerou provado, deveria tê-las tido. Mas isso não constitui qualquer vício da decisão recorrida, mas antes discordância do recorrente para com ela" (Ac. de 27 de fevereiro de 2014, Processo nº 1164/09.3JDLSB-C.S1).

3.5. Princípio da publicidade

Um dos princípios gerais do processo penal, em matéria de forma, é o *princípio da publicidade* do processo[232]. Implica a assistência pelo público, em geral, à realização de certos atos processuais, nomeadamente à audiência de julgamento, à narração dos atos processuais ou à reprodução dos seus termos pelos meios de comunicação social e à consulta do auto e à obtenção de cópias, extratos e certidões de quaisquer partes do processo.

A publicidade do processo justifica-se tendo em vista um exercício objetivo, independente e imparcial da justiça penal, as garantias de defesa do arguido e a aproximação dos cidadãos, em geral, à administração da justiça penal, com ganhos evidentes no plano do controlo desta mesma administração e no da reafirmação da validade da norma violada com a prática do crime.

O *princípio da publicidade* está expressamente consagrado no artigo 206º da CRP, ao dispor, em geral, que *as audiências dos tribunais são públicas*, e nos artigos 86º a 90º e 321º do CPP, valendo este último especificamente para a audiência de julgamento.

Indo além do que é constitucionalmente imposto, no regime legal vigente vale a *regra da publicidade do processo penal* (artigo 86º, nº 1), a qual implica: a assistência, pelo público em geral, à realização do debate instrutório e dos atos processuais na fase de julgamento (artigos 86º, nº 6, alínea *a)*, 87º e 321º do CPP); a narração dos atos processuais, ou repro-

[232] Sobre este princípio, Figueiredo Dias, *Direito Processual Penal*, 1988-9, § 238 e ss.

dução dos seus termos, pelos meios de comunicação social (artigos 86º, nº 6, alínea *b)*, e 88º do CPP); e a consulta do auto e obtenção de cópias, extratos e certidões de quaisquer partes dele (artigos 86º, nº 6, alínea *c)*, 89º e 90º do CPP)[233].

O princípio da publicidade do processo tem, porém, limitações.

O já mencionado artigo 206º da CRP ressalva os casos em que o próprio tribunal decida o contrário, em despacho fundamentado, para salvaguarda da dignidade das pessoas e da moral pública ou para garantir o seu normal funcionamento. Por outro lado, o artigo 20º, nº 3, da CRP estatui que a lei define e assegura a adequada proteção do segredo de justiça.

Na versão primitiva do CPP de 1987 optava-se mesmo pela vigência do segredo de justiça até à decisão instrutória ou até ao momento em que esta já não pudesse ser requerida (artigo 86º, nº 1), havendo duas razões fundamentais a justificar a opção: por um lado, acautelar o êxito da investigação da notícia do crime, especialmente quanto à aquisição e à conservação da prova (artigo 262º, nº 2, do CPP) e, por outro, tutelar de forma efetiva o direito à presunção de inocência do suspeito/arguido, o que é também uma forma de lhe garantir o direito ao bom nome e reputação (artigos 32º, nº 2, e 26º, nº 1, da CRP)[234]. E valia a mesma solução na versão do CPP de 1998, com a diferença de que podia deixar de valer o segredo de justiça na fase de instrução se, tendo sido requerida apenas pelo arguido, este declarasse a sua não oposição à publicidade do processo (artigo 86º, nº 1).

a) No direito vigente, na fase de inquérito, pode ser proferido despacho de sujeição do processo a segredo de justiça, por decisão do juiz de instrução, quando entenda que a publicidade prejudica os direitos do arguido, do assistente ou do ofendido, ou, por despacho do ministério público (sujeito a validação deste juiz), sempre que entender que os

[233] Criticamente sobre a publicidade do processo logo na fase de inquérito, FIGUEIREDO DIAS, "Sobre a revisão de 2007 do Código de Processo Penal Português", p. 371 e ss.

[234] Sobre estas razões, COSTA PINTO, "Segredo de Justiça e acesso ao Processo", p. 70 e s., e LAMAS LEITE, "Segredo de justiça interno, inquérito, arguido e seus direitos de defesa", p. 541 e ss.

Relativamente ao direito anterior a 2007, em geral, MARIA JOÃO ANTUNES, "O segredo de justiça e o direito de defesa do arguido sujeito a medida de coação", p. 1241 e ss., e, numa perspetiva crítica, INÊS FERREIRA LEITE, "Segredo ou Publicidade? A tentação de Kafka na Investigação Criminal portuguesa", p. 28 e ss.

interesses da investigação ou os direitos dos sujeitos processuais o justifiquem (artigo 86º, nºs 2 e 3, do CPP)[235]. Sem prejuízo de o ministério público poder determinar, oficiosamente ou a requerimento, em qualquer momento, o levantamento do segredo, ou de o juiz de instrução determinar tal levantamento, se o ministério público não o fizer, quando tal lhe seja requerido pelo arguido, pelo assistente ou pelo ofendido (artigo 86º, nºs 4 e 5, do CPP).

No Ac. nº 110/2009, o TC julgou não inconstitucional o nº 3 do artigo 86º do CPP, na parte em que sujeita à validação, pelo juiz de instrução, a determinação do ministério público em aplicar ao processo, durante a fase de inquérito, o segredo de justiça. Entendemos, porém, que esta validação pelo juiz de instrução, quando tenha lugar em nome dos *interesses da investigação*, põe em causa o modelo constitucional de repartição de funções processuais entre as duas magistraturas (artigos 32º, nºs 4 e 5, e 219º, nºs 1 e 2, da CRP[236].

b) O segredo de justiça implica, nos termos da lei, as proibições de assistência à prática ou tomada de conhecimento do conteúdo de ato processual a que não tenham o direito ou o dever de assistir e de divulgação da ocorrência de ato processual ou dos seus termos, independentemente do motivo que presidir a tal divulgação (artigo 86º, nº 8, do CPP). Bem como a proibição de consultar o processo ou elementos dele constantes e de obter os correspondentes extratos, cópias, ou certidões, quando requeridos pelo arguido, pelo assistente, pelo ofendido, pelo lesado e pelo responsável cível, se o ministério público a isso se opuser, fundamentadamente, por tal poder prejudicar a investigação ou os direitos dos participantes processuais ou das vítimas (artigo 89º, nº 1, do CPP).

[235] Sobre o regime introduzido em 2007, criticamente, Costa Andrade, *"Bruscamente no Verão Passado", a reforma do Código de Processo Penal. Observações críticas sobre uma Lei que podia e devia ter sido diferente*, p. 61 e ss.

[236] Criticando também a solução, Henriques Gaspar, "Processo penal: reforma ou revisão; as ruturas silenciosas e os fundamentos (aparentes) da descontinuidade", p. 352 e ss., e Inês Ferreira Leite, "Segredo ou Publicidade? A tentação de Kafka na Investigação Criminal portuguesa", p. 35 e ss. Em sentido divergente, por entender que a restrição que o segredo implica constitui uma limitação de direitos do arguido, do assistente e do ofendido e, como tal, exigir a intervenção do juiz, Germano Marques da Silva, "A publicidade do processo penal e o segredo de justiça. Um novo paradigma?", p. 264 e s.

c) O segredo vincula todos os sujeitos e participantes processuais, bem como terceiros que, por qualquer título, tiverem tomado contato com o processo ou conhecimento de elementos a ele pertencentes, enquanto durar o inquérito, fazendo incorrer em responsabilidade criminal quem o infrinja, por prática de crime de violação do segredo de justiça (artigos 86º, nºs 2 e 8, do CPP e 371º, nº 1, do CP). Porém, o arguido, o assistente e o ofendido podem consultar todos os elementos do processo que se encontrem em segredo de justiça, findos os prazos do inquérito, cessando o segredo interno, salvo se o juiz de instrução determinar, a requerimento do ministério público, que o acesso aos autos seja adiado por um período máximo de três meses, prorrogável por uma só vez, quando estiver em causa certo tipo de criminalidade, por um prazo objetivamente indispensável à conclusão da investigação (artigo 89º, nº 6, do CPP)[237].

d) Além desta limitação ao princípio da publicidade, durante a fase de inquérito, o CPP prevê outras em geral. Prevê-se, desde logo, no nº 7 do artigo 86º, que a publicidade não abrange os dados relativos à reserva da vida privada que não constituam meios de prova.

O juiz pode, oficiosamente ou a requerimento do ministério público, do arguido ou do assistente, restringir a livre assistência do público ou que o ato, ou parte dele, decorra com exclusão da publicidade, o que inclui a audiência de julgamento, devendo fundar-se em factos ou circunstâncias concretas que façam presumir que a publicidade causaria grave dano à dignidade das pessoas, à moral pública ou ao normal decurso do ato (artigos 206º, parte final, da CRP e 87º, nºs 1 e 2, e 321º do CPP).

Em caso de processo por crime de tráfico de pessoas ou contra a liberdade e a autodeterminação sexual, os atos processuais decorrem em regra com exclusão da publicidade (artigo 87º, nº 3, do CPP). Corre também, em regra, com exclusão da publicidade a produção de prova suplementar para determinação da espécie e da medida da sanção aplicar (artigo 371º, nº 5, do CPP).

Em regra, não está autorizada a reprodução de peças processuais ou de documentos incorporados no processo, até à sentença de 1ª instância (artigo 88º, nº 2, alínea *a)*, do CPP); a transmissão ou registo de imagens ou de tomadas de som relativas à prática de qualquer ato processual,

[237] Cf. *supra*, Capítulo IV, ponto 3.3.

nomeadamente a audiência (artigos 88º, nº 2, alínea *b)*, 101º, nºs 1 e 4, e 141º, nºs 7, 8 e 9, do CPP); a transmissão ou registo de imagens ou tomada de som relativas a pessoa que a tal se opuser (artigo 88º, nº 2, alínea *b)*, parte final, do CPP); bem como a publicação, por qualquer meio, da identidade de vítimas de crimes de tráfico de pessoas, contra a liberdade e a autodeterminação sexual, contra a honra ou contra a reserva da vida privada (artigo 88º, nº 2, alínea *c)*, do CPP). Por outro lado, ainda, não é autorizada a narração de atos processuais anteriores à decisão sobre a publicidade da audiência, quando o juiz tiver proibido tal narração com fundamento em factos ou circunstâncias concretas que façam presumir que a mesma causaria grave dano à dignidade das pessoas, à moral pública ou ao normal decurso do ato (artigo 88º, nº 3, do CPP).

A violação destas proibições faz incorrer, quer a pessoa singular quer a pessoa coletiva ou equiparada, em responsabilidade criminal pela prática de crime de desobediência (artigos 88º, nºs 2 e 3, do CPP e 11º, nº 2, e 348º, nº 1, alínea *a)*, do CP).

e) Como a regra é a da publicidade do processo, a decisão de exclusão ou de restrição da publicidade da audiência é, sempre que possível, precedida de audição contraditória dos sujeitos processuais interessados, devendo constar da ata da audiência (artigos 321º e 362º, nº 1, alínea *e)*, do CPP); o juiz tem o dever de fundamentar o despacho em que decide a exclusão ou restrição da publicidade de um ato processual (artigo 87º, nºs 1 e 2, e 97º, nº 5, do CPP); este despacho deve ser revogado logo que cessem os motivos que lhe deram causa (artigo 87º, nº 2, parte final, do CPP); a exclusão da publicidade não abrange, em caso algum, a leitura da sentença (artigo 87º, nº 5, do CPP).

3.7. Princípios da oralidade e da imediação

O *princípio da oralidade* tem que ver com a forma de atingir a decisão – os atos processuais devem processar-se sob forma *oral*, devendo a decisão ser proferida tendo por base uma audiência oral. O princípio da oralidade tem ligações inescapáveis com o *princípio da imediação*, na medida em que este tem que ver com a *relação de proximidade comunicante* que deve ser estabelecida entre o tribunal e os sujeitos e participantes processuais, por não ser apenas relevante o que se diz, mas também a forma como se diz, nomeadamente para o efeito de formação da convicção do julgador[238]. Na formulação de Eduardo Correia, "o princípio da imediação determina que o juiz deverá tomar contato imediato com os elementos de prova, ou seja, através duma perceção direta ou pessoal (princípio da imediação subjetiva ou formal)[239].

Os princípios não se confundem, porém, uma vez que o princípio da imediação supõe, mais amplamente, um contato *imediato* com os meios de prova em geral (havendo, por exemplo, imediação relativamente à prova documental, mas já não oralidade). Um princípio e outro são indissociáveis dos princípios da acusação, do contraditório, da livre apreciação da prova e da investigação, bem como de uma estruturação do processo segundo o modelo acusatório, sem menosprezo da finalidade de descoberta da verdade e de realização da justiça.

a) Os princípios da *oralidade* e da *imediação* têm consagração legal no CPP. De maneira clara, o artigo 96º, nº 1, estatui que a prestação de declarações processa-se por forma oral, não sendo autorizada a leitura de documentos escritos previamente elaborados para o efeito. Mostram também a consagração destes princípios os artigos 129º, 298º, 302º, nºs 2, 3, 4 e 5, 328º-A, 341º, 343º, 345º, nºs 1, 2 e 3, 346º, 347º, 348º, 355º, 360º e 361º, nº 1.

Em 2015, o legislador aditou o 328º-A (princípio da plenitude da assistência dos juízes) onde prescreve logo no nº 1 que *só podem intervir na sentença os juízes que tenham assistido a todos os atos de instrução e discussão praticados na audiência de julgamento.* Para a realização do princípio da imediação é estabelecido o *princípio* instrumental *da identidade do juiz*[240]. Não se trata, porém, de norma inovadora, uma vez que já decorria da aplicação subsidiária de norma do processo civil[241].

b) A consagração do princípio da oralidade em nada colide com a documentação das declarações prestadas oralmente na audiência (artigos 363º e 364º do CPP). Estas são sempre documentadas na ata, sob pena

[238] Sobre os dois princípios, Figueiredo Dias, *Direito Processual Penal*, 1988-9, § 246 e ss.
[239] Cf. *Processo Criminal*, p. 192.
[240] Cf. Eduardo Correia, *Processo Criminal*, p. 193 e s.
[241] Sobre as razões da introdução do artigo 328º-A, cf. a Exposição de motivos da Proposta de Lei nº 263/XII.

de nulidade. Segundo jurisprudência fixada, esta nulidade "deve ser arguida perante o tribunal da 1ª instância, em requerimento autónomo, no prazo geral de 10 dias, a contar da data da sessão da audiência em que tiver ocorrido a omissão da documentação ou a deficiente documentação das declarações orais, acrescido do período de tempo que mediar entre o requerimento da cópia da gravação, acompanhado do necessário suporte técnico, e a efetiva satisfação desse pedido pelo funcionário, nos termos do nº 3 do artigo 101º do mesmo diploma, sob pena de dever considerar-se sanada" (Ac. nº 13/2014, de 3 de julho)[242].

Contrastando com a versão primitiva do CPP, em que a documentação das declarações orais prestadas em audiência era obrigatória apenas quando esta decorresse perante o tribunal singular, caso em que era possível o recurso de apelação, a versão vigente desde 2007 estabelece a regra da documentação, independentemente da composição do tribunal de julgamento, o que tem relevo, direto e imediato, em matéria de fundamentação da decisão e de recurso em matéria de facto (artigos 374º, nº 2, e 412º, nºs 2 e 3, do CPP)[243]. Com as alterações introduzidas em 2015, são também objeto de registo áudio ou audiovisual as *alegações orais*. Além dos despachos, das informações, dos esclarecimentos, dos requerimentos e das promoções e respetivas respostas (artigo 364º, nº 2, do CPP).

No Ac. nº 394/89, a propósito da apreciação da norma do Código de Justiça Militar que então permitia o julgamento sem a presença do réu, o TC entendeu que o princípio da imediação vai ínsito na própria ideia de processo criminal de um Estado de direito como exigência fundamental que é do princípio do respeito pela dignidade humana.

c) A forma *oral* e *imediata* de atingir a decisão judicial final em muito promove a boa decisão da causa, muito especificamente porque, entre o mais, permite um contato *imediato* com o arguido, com relevo para a matéria dos factos que lhe são imputados e para o conhecimento da sua

[242] Anteriormente, antes de ser cominada a nulidade, o STJ fixou jurisprudência no sentido de que "a não documentação das declarações prestadas oralmente na audiência de julgamento, contra o disposto no artigo 363º, do Código de Processo Penal, constitui irregularidade, sujeita ao regime estabelecido no artigo 123º do mesmo diploma legal, pelo que, uma vez sanada, o tribunal já dela não pode conhecer (Jurisprudência nº 5/2002, de 27 de junho).

[243] Assim, Germano Marques da Silva, "Registo da prova em processo penal", p. 802 e s.

personalidade. Sofre, porém, limitações. Permite-se, por exemplo, o julgamento na ausência do arguido e é permitida a reprodução ou leitura de certos autos e declarações, bem como de declarações do arguido, nos termos do disposto nos artigos 355º, nº 2, 356º e 357º do CPP. Sem prejuízo de devermos distinguir no artigo 356º os casos em que ocorreu, verdadeiramente, uma *produção antecipada de prova* (alínea *a)*, do nº 1 e alínea *a)* do nº 2 do artigo 356º).

O TC decidiu "não julgar inconstitucional a norma constante dos artigos 356º, nº 2, *b)* e nº 5, e 355º, nº 1, do Código de Processo Penal, interpretados no sentido de que, não tendo os assistentes dado o seu consentimento à leitura, pedida por um arguido, de declarações produzidas, em inquérito, por assistentes e testemunhas, essa leitura não pode ser admitida em audiência de julgamento, assim como o subsequente confronto de tais assistentes e testemunhas com essas declarações" (Ac. nº 90/2013).

O TC decidiu também "não julgar inconstitucional o artigo 356º, nº 3, do Código de Processo Penal, quando interpretado no sentido de que a leitura dos depoimentos testemunhais prestados no inquérito perante o Ministério Público é admitida, sem ser necessário o consentimento dos arguidos, quando aquela leitura se destine a avivar a memória de quem declare na audiência já não se lembrar de certos factos, ou quando existir entre elas e as feitas na audiência discrepâncias ou contradições" (Ac. nº 24/2016).

d) Em 2013 alterou-se a redação da alínea *b)* do nº 1 do artigo 357º do CPP (*Reprodução ou leitura permitida de declaração do arguido*) no sentido de ser permitida a reprodução ou a leitura de declarações anteriormente feitas pelo arguido no processo, quando tenham sido feitas perante *autoridade judiciária* com assistência de *defensor* e o arguido tenha sido *informado* de que não exercendo o direito ao silêncio as declarações que prestar poderão ser utilizadas no processo, mesmo que seja julgado na ausência ou não preste declarações em audiência de julgamento, estando tais declarações sujeitas à livre apreciação da prova.

Considerando a redação anterior – a primitiva –, é de concluir que há aqui um alargamento manifesto dos casos em que as declarações do arguido podem ser reproduzidas ou lidas na audiência de julgamento. Com a exigência, porém, de terem sido prestadas com assistência do defensor e de o arguido ter sido informado das consequências de uma tal prestação, em alternativa ao exercício do direito ao silêncio. Passaram a valer também as declarações prestadas perante o ministério público e caiu a exigência de se verificar a existência de contradições e discrepâncias sensíveis entre as declarações prestadas anteriormente (perante o juiz) e as feitas em audiência que não pudessem ser esclarecidas de outro modo[244].

Em face da redação anterior da alínea *b)* do nº 1 do artigo 357º do CPP, colocava-se a questão – agora resolvida por letra de lei no artigo 141º, nº 4, alínea *b)* deste Código – de saber se, tendo prestado declarações anteriormente perante o juiz de instrução, poderiam as mesmas ser lidas em audiência, quando o arguido aí se remetesse ao silêncio[245].

3.8. Princípio da concentração

O *princípio da concentração* aponta para uma prossecução processual unitária e continuada de todos os termos e atos do processo, quer de um ponto de vista espacial quer de um ponto de vista temporal[246].

O princípio ganha uma especial autonomia na fase de julgamento, na audiência, estando diretamente relacionado com os princípios da oralidade e da imediação. Estes princípios, a par de outros correlacionados, apontam para a *concentração espacial* da audiência de julgamento, devendo esta decorrer em um mesmo local, bem como para a *concentração temporal,* devendo a audiência de julgamento, uma vez iniciada, decorrer sem interrupções e adiamentos.

a) É precisamente este o sentido do artigo 328º, nº 1, do CPP – *continuidade da audiência* – que não deixa, porém, de prever as *interrupções* estritamente necessárias, em especial para alimentação e repouso dos participantes (nº 2 do mesmo artigo). E as *interrupções* e os *adiamentos,*

[244] Sobre a redação vigente, sem oposição de princípio à validade probatória das declarações do arguido que sejam prestadas em momento anterior ao julgamento, Figueiredo Dias, "Por onde vai o Processo Penal Português: por estradas ou por veredas?", p. 67 e ss. E, no mesmo sentido, Dá Mesquita, "A utilizabilidade probatória no julgamento *das declarações processuais anteriores do arguido* e a revisão de 2013 do Código de Processo Penal", p. 149 e ss.

[245] No sentido de uma resposta negativa, Maria João Antunes, "Direito ao silêncio e leitura, em audiência, das declarações do arguido", p. 26.

[246] Sobre o princípio, Figueiredo Dias, *Direito Processual Penal*, 1988-9, § 189 e ss.

quando a simples interrupção não for suficiente para remover o obstáculo, motivados por razões processuais como: a falta ou a impossibilidade de participação de pessoa que não possa ser de imediato substituída e cuja presença seja indispensável por força da lei ou de despacho do tribunal, exceto se estiverem presentes outras pessoas, caso em que se procederá à sua inquirição ou audição, mesmo que tal implique a alteração da ordem de produção de prova referida no artigo 341º (cf. artigos 333º, nº 1, e 334º, nº 3, do CPP); a necessidade absoluta de proceder à produção de qualquer meio de prova superveniente e indisponível no momento em que a audiência estiver a decorrer; o surgimento de qualquer questão prejudicial, prévia ou incidental, cuja resolução seja essencial para a boa decisão da causa e que torne altamente inconveniente a continuação da audiência (cf. artigo 7º do CPP); ou a necessidade de proceder à elaboração de relatório social ou de informação dos serviços de reinserção social, nos termos do nº 1 do artigo 370º (artigo 328º, nº 3, do CPP). Além destas razões processuais, o CPP prevê outras, como, por exemplo, a substituição de defensor (artigo 67º, nº 3), a impossibilidade temporária de juiz (artigo 328º-A, nº 3) ou a absoluta indispensabilidade da presença do arguido na audiência (artigos 333º, nº 1, e 334º, nº 3, do CPP).

b) A audiência pode, pois, ser simplesmente *interrompida* ou ser mesmo *adiada*, sem exceder 30 dias, se a mera interrupção não for bastante para remover o obstáculo, dependendo a interrupção e o adiamento de despacho fundamentado que é notificado a todos os sujeitos processuais (artigo 328º, nºs 3, 5 e 6, primeira parte, do CPP).

A estas hipóteses a lei liga-lhes o efeito da *continuação* da audiência, que é retomada a partir do último ato processual praticado na audiência interrompida ou adiada (nº 4 daquele artigo).

c) Embora se estabeleça a regra dos 30 dias, o que encontra justificação óbvia na preservação das vantagens associadas ao princípio da imediação, prevê-se agora que, se não for possível retomar a audiência neste prazo, por impedimento do tribunal ou por impedimento dos defensores constituídos em consequência de outro serviço judicial já marcado de natureza urgente e com prioridade sobre a audiência em curso, deve o respetivo motivo ficar consignado em ata, identificando-se expressamente a diligência e o processo a que respeita. E que para efeitos da contagem do prazo de 30 dias, não é considerado o período das férias judiciais, nem o período em que, por motivo estranho ao tribunal, os autos aguardem a realização de diligências de prova, a prolação de sentença ou que, em via de recurso, o julgamento seja anulado parcialmente, nomeadamente para repetição da prova ou produção de prova suplementar (artigo 328º, nºs 6 e 7, do CPP).

Com este regime substituiu-se um que acautelava de facto as vantagens do princípio da imediação da prova: as *interrupções* e os *adiamentos por período não superior a 5 (8) dias* ditavam o efeito da *continuação* da audiência; o *adiamento* superior a 5 (8) dias e *até 30* obrigava a decisão do tribunal sobre a repetição ou não de alguns atos já realizados; o adiamento *superior a 30 dias* ditava o *recomeço* da audiência, perdendo eficácia a prova já produzida (artigo 328º, nºs 4, 5 e 6, do CPP, na redação anterior a 2007).

Com efeito, o regime atual, ao permitir sempre a continuação da audiência, não prevendo que a prova já produzida possa perder eficácia, parece fazer tábua rasa do entendimento de que só a concentração temporal permite acautelar as vantagens decorrentes de uma relação de proximidade comunicante entre o tribunal e os sujeitos e participantes processuais[247]. O que não é ultrapassável, do nosso ponto de vista, pela obrigatoriedade da documentação das declarações prestadas oralmente na audiência (artigo 263º do CPP). É, porém, distinto o entendimento que se extrai da Exposição de motivos da Proposta de Lei que esteve na origem desta alteração legislativa, onde se lê que "no contexto tecnológico atual, a sanção legalmente prevista – perda da eficácia da prova pela ultrapassagem do prazo legal de 30 dias para a continuação da audiência de julgamento – antolha-se desajustada, sendo certo que se considera que a eliminação desta sanção não contende com a manutenção plena dos princípios da concentração da audiência e da imediação".

Note-se que o Ac. nº 11/2008, de 29 de outubro, fixou jurisprudência no sentido de que "nos termos do artigo 328º, nº 6, do Código de Processo Penal, o adiamento da audiência de julgamento por prazo superior a 30 dias implica a perda de eficácia da prova produzida com sujeição ao princípio da

[247] Segundo a Exposição de motivos da Proposta de Lei nº 263/XII, pretendeu-se, de facto, que a prova já produzida não perdesse eficácia.

imediação. Tal perda de eficácia ocorre independentemente da existência de documentação a que alude o artigo 363º do mesmo diploma".

Ainda em relação à redação anteriormente vigente, o STJ fixou, recentemente, a seguinte jurisprudência: "o prazo de 30 dias previsto no artigo 328º, nº 6 do Código de Processo Penal, na redação anterior à Lei nº 27/2015, de 14 de abril, é inaplicável nas fases processuais em que, após a deliberação do tribunal sobre as questões da culpabilidade e da determinação da sanção, seguida ao encerramento da fase de discussão, seja verificada a necessidade de repetição de prova registada no decurso dessa anterior fase de discussão por haver deficiência no registo efetuado mantendo-se, portanto, a eficácia da prova" (Ac. nº 1/2016, de 12 de novembro de 2015).

4. Alteração dos factos e alteração da qualificação jurídica

Da estruturação do processo penal segundo o modelo acusatório e muito especificamente do princípio da acusação e da tutela do direito de defesa do arguido, decorre para o tribunal de julgamento a sua vinculação temática: à acusação do ministério público ou à do assistente (se o procedimento depender de acusação particular), se o processo tiver sido remetido para julgamento sem ter havido instrução; ao despacho de pronúncia, se esta fase tiver sido requerida. Sem prejuízo de o legislador ter previsto um regime diferenciado, consoante a alteração dos factos descritos na acusação ou na pronúncia, se a houver, seja substancial ou não substancial.

a) É, por isso, fundamental qualificar a alteração dos factos, entretanto ocorrida, como *substancial* ou *não substancial*. É a alínea *f)* do artigo 1º do CPP a norma que dispõe no sentido de a *alteração substancial dos factos* ser aquela que tem por efeito a imputação ao arguido de um *crime diverso* ou a *agravação dos limites máximos das sanções aplicáveis*. Consequentemente, a alteração é *substancial*, por via da mera agravação dos limites máximos das sanções aplicáveis – tendo em vista o direito de defesa do arguido –, independentemente de a alteração dos factos ter por efeito a imputação de um crime diverso.

Saber se a alteração dos factos tem por efeito a imputação ao arguido de um crime *diverso* é algo que conduz o intérprete à problemática do *objeto do processo*, no sentido de que este objeto se fixa com a dedução da acusação ou da pronúncia, delimitando a extensão do caso julgado. Com as seguintes consequências, já anteriormente destacadas: o objeto do processo deve manter-se *o mesmo* desde que é fixado e até ao trânsito em julgado da decisão; o objeto do processo deve ser conhecido e julgado na sua *totalidade*; ainda que não tenha sido conhecido e julgado na sua totalidade, deve *ter-se por conhecido e julgado*, estendendo-se-lhe o efeito de caso julgado[248].

Crime diverso não significa, seguramente, que há alteração substancial se apenas houver a imputação de um outro tipo legal de crime. A imputação de um *crime diverso* significa, isso sim, que os novos factos conhecidos pelo tribunal vão além do objeto do processo fixado pela acusação ou pela pronúncia, o que envolve a questão de saber o que é, afinal, o *objeto do processo*. Esta questão tem tido várias respostas na doutrina portuguesa. Para Eduardo Correia, o objeto do processo é uma *concreta e hipotética violação jurídico-criminal acusada*; para Cavaleiro de Ferreira, o objeto do processo é *o facto na sua existência histórica, que importa averiguar no decurso do processo*; para Castanheira Neves, o objeto do processo é o *caso jurídico concreto trazido pela acusação*; para Figueiredo Dias, o objeto do processo é um *recorte, um pedaço da vida, um conjunto de factos em conexão natural*[249]. Para Germano Marques da Silva, o crime será *diverso* quando implique *alteração do juízo base de ilicitude*[250].

b) Assim, se houver uma *alteração não substancial* dos factos descritos na acusação ou na pronúncia, com relevo para a decisão da causa e que não seja derivada de factos alegados pela defesa, tal alteração tem de ser comunicada ao arguido pelo presidente do tribunal, que lhe concede o tempo estritamente necessário para a preparação da defesa, se tal lhe for requerido (artigos 1º, alínea *f)*, e 358º, nºs 1 e 2, e, ainda, 424º, nº 3, do CPP, se a questão se colocar em sede de recurso). Com a consequência de ser nula a sentença que condenar fora destas condições (artigo 379º, nº 1, alínea *b)*, do CPP).

[248] Cf. *supra*, Capítulo IV, ponto 1.3., alínea *b)*.

[249] Sobre estas posições doutrinais, Mário Tenreiro, "Considerações sobre o objeto do processo penal", p. 1017 e ss., e Sousa Mendes, *Lições de Direito Processual Penal*, p. 145 e ss.

[250] Cf. *Direito Processual Penal Português. Noções e Princípios Gerais. Sujeitos Processuais. Responsabilidade Civil conexa com a Criminal. Objeto do Processo*, p. 385.

Foi fixada jurisprudência, de acordo com a qual "a falta de descrição, na acusação, dos elementos subjetivos do crime, nomeadamente dos que se traduzem no conhecimento, representação ou previsão de todas as circunstâncias da factualidade típica, na livre determinação do agente e na vontade de praticar o facto com o sentido do correspondente desvalor, não pode ser integrada, em julgamento, por recurso ao mecanismo previsto no artigo 358º do Código de Processo Penal" (Ac. nº 1/2015, de 20 de novembro de 2014).

c) Se houver uma *alteração substancial* dos factos descritos na acusação ou na pronúncia, esta não pode ser tomada em conta pelo tribunal para o efeito de condenação no processo em curso, sob pena de nulidade da sentença (artigos 1º, alínea *f)*, 359º, nº 1, e 379º, nº 1, alínea *b)*, do CPP). Ressalvam-se as situações em que o ministério público, o arguido e o assistente estiverem de acordo com a continuação do julgamento pelos novos factos, caso em que é dado ao arguido, se requerido, prazo para preparação da sua defesa (artigo 359º, nºs 3 e 4 do CPP). Há aqui uma entorse ao princípio da acusação, no sentido de ser uma mesma entidade, o juiz de julgamento, a "investigar", a "acusar" e a julgar. Tal ocorre em nome da celeridade e da economia processuais, legitimando-se na concordância daqueles sujeitos processuais e, em geral, em uma ideia de abertura a soluções processuais consensuais.

Na sequência das alterações introduzidas em 2007 ao CPP, resulta do artigo 359º, nº 1, parte final, que, na falta daquele acordo e não podendo haver condenação no processo em curso por factos que alterem substancialmente os descritos na acusação ou na pronúncia, a instância não é extinta. E decorre do artigo 359º, nº 2, que a comunicação ao ministério público desta alteração vale como denúncia, para que proceda pelos novos factos, *apenas se estes forem autonomizáveis em relação ao objeto do processo.* O que acarreta o prosseguimento do julgamento nos outros casos, "com sacrifício dos factos novos não autonomizáveis"[251]. Uma solução que não deixa de representar "um sacrifício intolerável das finalidades do processo penal de descoberta da verdade material, de realização da justiça e da pacificação social"[252] e que não deixa de desafiar o *mandamento de esgotante apreciação de toda a matéria tipicamente ilícita submetida à cognição do*

[251] Cf. Sousa Mendes, *Lições de Direito Processual Penal*, p. 156. Sobre a posição do Autor, concordante com o novo regime, cf. p. 149 e ss.

[252] Cf. Nuno Brandão, "A nova face da instrução", p. 248 e ss.

tribunal num certo processo penal, que Figueiredo Dias faz decorrer da norma constitucional de acordo com a qual "ninguém pode ser julgado mais do que uma vez pela prática do mesmo crime" (artigo 29º, nº 5, da CRP).

Uma das consequências do regime vigente é que, em caso de *alteração substancial de factos autonomizáveis em relação ao objeto do processo* fixado na acusação ou na pronúncia, por imputação ao arguido de um *crime diverso*, *não constituem causas de interrupção e de suspensão da prescrição* (artigos 120º e 121º do CP) as que se verificaram no processo onde foi extraída a certidão que deu origem à abertura de inquérito para investigação dos *novos factos*.

Ao TC já foi pedida a apreciação de normas reportadas ao artigo 359º, na redação dada em 2007. No Ac. nº 226/2008, o Tribunal decidiu não julgar inconstitucional "a norma extraída dos nºs 1 e 2 do artigo 359º, enquanto prevê que, no caso de se verificar uma alteração substancial dos factos descritos na acusação ou na pronúncia, por virtude de factos novos que não sejam autonomizáveis em relação ao objeto do processo, e que não possa ser tida em conta pelo tribunal para efeito de condenação no processo em curso, por não haver o acordo a que se reporta o nº 3 do preceito, não pode o tribunal comunicar a alteração ao Ministério Público para que proceda pela totalidade dos factos e extinguir a instância em curso". Como se destacou nesta decisão, o que se questionava era a imposição de proferir decisão de mérito (de absolvição ou de condenação), vinculada aos factos descritos na acusação ou na pronúncia, com definitiva desconsideração do efeito agravativo da responsabilidade criminal que resultaria dos novos factos provados em fase de julgamento, por estes não serem autonomizáveis em relação ao objeto do processo. No caso, o arguido havia sido acusado da prática de um crime de furto simples, tendo sido feita, em audiência de julgamento, prova de factos que integravam o comportamento do agente no tipo legal de furto qualificado. O Tribunal concluiu, sem que daí retirasse consequências no plano da conformidade constitucional da norma em apreciação, que "mediante o novo regime, o legislador optou por conferir mais intensa realização ao princípio do acusatório, com possível sacrifício da verdade material e da legalidade. Factos que, se incluídos no objeto do processo, teriam como consequência a agravação da responsabilidade do arguido, mas que não constam da acusação ou da pronúncia, ficam definitivamente excluídos de perseguição penal, pelo menos quanto à sua relevância criminal específica de agravação abstrata dos limites da pena".

Já no Ac. nº 253/2010, o Tribunal decidiu não tomar conhecimento do objeto do recurso interposto.

d) É distinta da questão da *alteração dos factos* a da *alteração da qualificação jurídica dos factos.* E é distinta, desde logo porque se sabe de antemão que a discussão da causa tem por objeto os factos alegados pela acusação e pela defesa e os que resultarem da prova produzida na audiência, *bem como todas as soluções jurídicas, independentemente da qualificação jurídica dos factos resultante da acusação ou da pronúncia* (artigo 339º, nº 4, do CPP).

Há *alteração* da qualificação jurídica dos factos quando *os factos se mantêm,* alterando-se somente a sua *qualificação jurídica.* É o exemplo de escola de quem é acusado de homicídio simples, por se ter entendido que a morte não foi produzida em circunstâncias que revelassem uma especial censurabilidade ou perversidade do agente, e vem a ser condenado por crime de homicídio qualificado, por o tribunal de julgamento, *perante os mesmos factos,* ter concluído por uma especial censurabilidade (artigos 131º e 132º do CP). A alteração já será uma *alteração dos factos* – alteração substancial, de acordo com a segunda parte da alínea *f)* do artigo 1º – se, da prova produzida em audiência, resultarem factos distintos dos descritos na acusação ou na pronúncia que tiverem por efeito a agravação do limite máximo da sanção aplicável. É o exemplo de escola de quem é acusado de homicídio simples, punível com pena de prisão de 8 a 16 anos, sendo produzida prova na audiência de julgamento da qual resultam factos distintos dos descritos na acusação que levam à subsunção do comportamento do agente no tipo legal de homicídio qualificado, punível com pena de prisão de 12 a 25 anos (artigos 131º e 132º do CP).

Sobre a alteração da qualificação jurídica dos factos dispõe o artigo 358º, nº 3, do CPP: quando o tribunal alterar a qualificação jurídica dos factos descritos na acusação ou na pronúncia, o presidente, oficiosamente ou a requerimento, comunica a alteração ao arguido e concede-lhe, se ele o requerer, o tempo estritamente necessário para a preparação da defesa. Remetendo para o nº 1 daquele artigo, o legislador equiparou, tal como sucede em fase de instrução[253], o regime da alteração da qualificação jurídica dos factos ao da alteração não substancial dos factos, com a diferença de a inobservância do disposto naquele nº 3 não acarretar a nulidade da

[253] Cf. *supra*, Capítulo V, ponto 4., alínea *b)*.

sentença[254]. Com efeito, o artigo 379º, nº 1, alínea *b)*, do CPP restringe-se à alteração dos factos. Se a alteração da qualificação jurídica se puser em sede de recurso, também é dada ao arguido a possibilidade de defesa, de acordo com o estatuído no artigo 424º, nº 3, do CPP.

O Ac. do STJ nº 7/2008, de 25 de junho, vai no sentido de a inobservância daquele nº 3 acarretar a nulidade da sentença. Foi fixada a seguinte jurisprudência: "em processo por crime de condução perigosa de veículo ou por crime de condução de veículo em estado de embriaguez ou sob a influência de estupefacientes ou substâncias psicotrópicas, não constando da acusação ou da pronúncia a indicação, entre as disposições legais aplicáveis, do nº 1 do artigo 69º do Código Penal, não pode ser aplicada a pena acessória de proibição de conduzir ali prevista, sem que ao arguido seja comunicada, nos termos dos nºs 1 e 3 do artigo 358º do Código de Processo Penal, a alteração da qualificação jurídica dos factos daí resultante, sob pena de a sentença incorrer na nulidade prevista na alínea *b)* do nº 1 do artigo 379º deste último diploma legal".

O regime da alteração da qualificação jurídica dos factos descritos na acusação ou na pronúncia é claramente tributário do entendimento de que o arguido tem o direito de se defender dos *factos* que lhe são imputados, bem como da *qualificação jurídica* dos mesmos, ganhando aqui espaço a distinção entre *auto-defesa*, relativamente aos primeiros, e *defesa técnica*, quanto à segunda.

O Ac. do TC nº 445/97 foi decisivo para o regime vigente da alteração da qualificação jurídica dos factos, ao declarar «inconstitucional, com força obrigatória geral – por violação do princípio constante do nº 1 do artigo 32º da Constituição –, a norma ínsita na alínea *f)* do nº 1 do artº 1º do Código de Processo Penal, em conjugação com os artigos 120º, 284º, nº 1, 303º, nº 3, 309º, nº 2, 359º, nºs 1 e 2 e 379º, alínea *b)* do mesmo Código, quando interpretada, nos termos constantes do acórdão lavrado pelo Supremo Tri-

[254] No sentido de que nem toda a alteração da qualificação jurídica dos factos dever seguir o regime da alteração não substancial dos factos, Germano Marques da Silva, *Direito Processual Penal Português. Noções e Princípios Gerais. Sujeitos Processuais. Responsabilidade Civil conexa com a Criminal. Objeto do Processo*, p. 386 e ss. E, ainda, Damião da Cunha, *O caso julgado parcial. Questão da culpabilidade e questão da sanção num processo de estrutura acusatória*, p. 442 e ss.

bunal de Justiça em 27 de Janeiro de 1993 e publicado, sob a dedignação de «*Assento nº 2/93*», na 1ª Série-A do *Diário da República* de 10 de Março de 1993 –, aresto esse entretanto revogado pelo Acórdão nº 279/95 do Tribunal Constitucional –, no sentido de não constituir alteração substancial dos factos descritos na acusação ou na pronúncia a simples alteração da respetiva qualificação jurídica, mas tão-somente na medida em que, conduzindo a diferente qualificação jurídica dos factos à condenação do arguido em pena mais grave, não se prevê que este seja prevenido da nova qualificação e se lhe dê, quanto a ela, oportunidade de defesa». Com efeito, anteriormente, na versão primitiva do CPP, valia o princípio da inteira liberdade do tribunal quanto à qualificação jurídica dos factos, estendendo-se a mesma ao tribunal de recurso. Com o limite da proibição da *reformatio in pejus*, segundo o Ac. de fixação de jurisprudência nº 4/95, de 7 de junho.

O STJ fixou jurisprudência no sentido de que "a alteração, em audiência de discussão e julgamento, da qualificação jurídica dos factos constantes da acusação, ou da pronúncia, não pode ocorrer sem que haja produção da prova, de harmonia com o disposto no artigo 358º, nºs 1 e 3, do CPP" (Ac. nº 11/2013, de 12 de junho).

5. A presença do arguido na audiência de julgamento

A finalidade do processo penal de realização da justiça e de descoberta da verdade, por um lado, e a de proteção dos direitos do arguido, por outro, ditam a regra da presença do arguido na audiência de julgamento, fazendo desta presença não só um direito do arguido, mas também um dever que sobre ele impende (artigos 61º, nº 1, alínea *a)*, e 332º, nº 1, do CPP). Para Eduardo Correia, a presença física do arguido na audiência de julgamento é imposta pela necessária realização do direito de defesa e pelos princípios do contraditório, da imediação e da verdade material, pelo que "a presença do arguido na audiência de discussão e julgamento não é, assim, tão-só imposta por exigências de um direito à defesa corolário do princípio do contraditório e, portanto, por um mero interesse do arguido: impõe-na, antes, a própria causa pública"[255].

[255] Cf. "Breves reflexões sobre a necessidade de reforma do Código de Processo Penal, relativamente a reús presentes, ausentes e contumazes", *Revista de Legislação e de Jurisprudência*, Ano 110º, Nº 3592, p. 100.

Através do Ac. nº 394/89, o TC decidiu mesmo "julgar inconstitucional a norma do artigo 394º, nº 3, do Código de Justiça Militar, na parte em que permite que se proceda ao julgamento sem a presença do réu", já que viola o princípio das garantias de defesa (artigo 32º, nº 1, da CRP), o princípio do contraditório (artigo 32º, nº 5, da CRP) e os princípios da imediação da prova e da verdade material, ínsitos na ideia de Estado de Direito democrático (artigo 1º da CRP). O Código de Justiça Militar e o CPP de 1929 previam o julgamento na ausência do réu, o qual foi afastado só com o CPP de 1987.

Perante o entendimento doutrinal e jurisprudencial avesso ao julgamento na ausência que se foi firmando, o CPP de 1987 estabeleceu a *regra da obrigatoriedade da presença do arguido na audiência de julgamento*, com pequeníssimos desvios. A aposta quanto à presença do arguido na audiência passava pelo estabelecimento de um regime rigoroso de consequências quando o arguido faltasse a este ato processual e pelo mecanismo da declaração de contumácia. O tempo veio a mostrar que a aposta não foi ganha, tendo mesmo sido introduzida uma norma na CRP, em 1997, a abrir a possibilidade de julgamentos sem a presença do arguido. O artigo 32º, nº 6, passou a dispor que "a lei define os casos em que, assegurados os direitos de defesa, pode ser dispensada a presença do arguido ou acusado em atos processuais, incluindo a audiência de julgamento"[256].

Apesar das alterações legislativas que se foram sucedendo, o CPP mantém a regra da obrigatoriedade da presença do arguido na audiência de julgamento no artigo 332º, nº 1, mas vigora agora um regime que em muito se distancia do previsto na versão primitiva do diploma.

a) O arguido pode ser julgado na ausência se, tendo sido *regularmente notificado*, não estiver presente na hora designada para o início da audiência, depois de o presidente tomar as medidas necessárias e legalmente admissíveis para obter a sua comparência, nomeadamente a sua detenção (artigos 333º, nºs 1 e 7, 116º, nº 2, e 254º, nº 1, alínea *b)*, do CPP).

Considera-se regularmente notificado do despacho que designa dia para a audiência (artigo 313º do CPP), o arguido/notificando que o tenha sido mediante contato pessoal ou mediante via postal registada, por meio

[256] Sobre esta evolução, MARIA JOÃO ANTUNES, "A falta do arguido à audiência de julgamento e a revisão do Código de Processo Penal", p. 217 e ss.

de carta ou aviso registados (artigo 113º, nº 1, alíneas *a)* e *b)*, por remissão do nº 3 daquele artigo 313º). Porém, se o arguido tiver prestado termo de identidade e residência, considera-se regularmente notificado mediante *via postal simples*, por meio de carta ou aviso (artigos 113º, nº 1, alínea *c)*, por remissão do nº 3 daquele artigo 313º, 61º, nº 3, alínea *c)*, e 196º do CPP). Por esta via e porque a autoridade judiciária ou o órgão de polícia criminal sujeitam a termo de identidade e residência todo aquele que for constituído arguido (artigo 196º, nº 1, do CPP) garante-se facilmente a regularidade da notificação do despacho que designa dia para julgamento e, consequentemente, a possibilidade de o arguido ser julgado sem estar presente[257]. Devendo, ainda, destacar-se, até por referência ao direito anterior, que o que a lei elege como critério para o julgamento na ausência é a regularidade desta notificação, não distinguindo, para este efeito, os casos em que o arguido falta justificadamente dos que falta injustificadamente (artigos 116º e 117º do CPP).

Sem prejuízo de a audiência ser adiada, se o tribunal considerar que é absolutamente indispensável para a descoberta da verdade material a sua presença desde o início da audiência (artigo 333º, nº 1, do CPP); de a audiência se poder iniciar sem a presença do arguido, nomeadamente quando tenha justificado a falta, prestando declarações até ao encerramento da audiência ou na segunda data designada para esta ter lugar (artigo 333º, nºs 2 e 3, do CPP); de, havendo impossibilidade de comparecimento, mas não de prestação de declarações, o arguido as prestar no dia, hora e local que o tribunal designar, ouvido o médico assistente, se necessário (artigo 117º, nº 6, do CPP).

Segundo o Ac. do STJ nº 9/2012, de 8 de março, "notificado o arguido da audiência de julgamento por forma regular, e faltando injustificadamente à mesma, se o tribunal considerar que a sua presença não é necessária para a descoberta da verdade, nos termos do nº 1 do artigo 333º do CPP, deverá dar início ao julgamento, sem tomar quaisquer medidas para assegurar a presença do arguido, e poderá encerrar a audiência na primeira data designada,

[257] Cf. *supra*, Capítulo VI, ponto 5.1., alínea *a)*. Trata-se de um aspeto do regime do julgamento na ausência do arguido que não é propriamente isento de dúvidas. Cf. Maria João Antunes/ /Joana Costa, "Comentário à Proposta de Diretiva do Parlamento Europeu e do Conselho relativa ao reforço de certos aspetos da presunção de inocência e do direito de comparecer em tribunal em processo penal (com (2013) 821 final)", p. 42 e s.

na ausência do arguido, a não ser que o seu defensor requeira que ele seja ouvido na segunda data marcada, nos termos do nº 3 do mesmo artigo".

b) O arguido pode também ser julgado na ausência, a seu requerimento ou com o seu consentimento, sempre que se encontrar praticamente impossibilitado de comparecer à audiência, nomeadamente por idade, doença grave ou residência no estrangeiro, sem prejuízo de o tribunal poder ordenar a sua presença, interrompendo ou adiando a audiência (artigos 333º, nº 4, e 334º, nºs 2 e 3, do CPP).

c) A audiência de julgamento pode, ainda, ter lugar sem a presença do arguido, se ao caso couber processo sumaríssimo mas o procedimento tiver sido reenviado para a forma comum e se o arguido não puder ser notificado do despacho que designa dia para a audiência ou faltar a esta injustificadamente. Sem prejuízo de o tribunal poder ordenar a sua presença, interrompendo ou adiando a audiência (artigos 117º, 334º, nºs 1 e 3, e 398º do CPP).

d) A tutela do direito de defesa do arguido impõe que quando este seja julgado na ausência haja assistência obrigatória de defensor (artigos 64º, nº 1, alínea *h)*, 333º, nº 7, e 334º, nº 4, do CPP); e que o prazo de interposição do recurso pelo arguido se conte a partir da notificação da sentença, ressalvados os casos em que este requeira ou consinta que a audiência tenha lugar na sua ausência, havendo a notificação da decisão logo que seja detido ou se apresente voluntariamente, com informação expressa de que tem o direito de recorrer e do prazo para o efeito (artigos 333º, nº 5, 6 e 7, e 334º, nºs 6, 7 e 8, do CPP).

e) Fora dos casos de audiência na ausência especialmente previstos no artigo 334º, nº 1, do CPP, o arguido é notificado por editais para se apresentar em juízo num prazo até 30 dias, sob pena de ser declarado contumaz, se não for possível notificá-lo mediante contato pessoal ou via postal registada ou executar a detenção ou a prisão preventiva referidas nos artigos 116º, nº 2, e 254º do CPP. A última parte do nº 2 deste artigo 116º prevê que a prisão preventiva possa ser aplicada ao arguido que falte injustificadamente à audiência, pelo tempo indispensável à realização da mesma. Muito embora o legislador condicione a aplicação desta medida à admissibilidade legal da prisão preventiva, nomeadamente à gravidade abstrata do crime em causa, esta norma só tem sentido se entendermos que, neste caso, não valem os requisitos do artigo 204º do CPP. Nesta hipótese a medida de coação é *necessária* em função da exigência processual de assegurar a presença do arguido na audiência de julgamento.

Dito de outra forma: se o arguido não for notificado regularmente do despacho que designa dia para a audiência – não o podendo ser pela forma expedita da via postal simples se não tiver prestado termo de identidade e residência – e se a sua presença não puder ser assegurada através da detenção ou até da prisão preventiva, será declarado *contumaz* se não se apresentar em juízo no prazo fixado para este efeito. O despacho que declarar a contumácia, com a especificação dos respetivos efeitos, e o que declarar a sua cessação são registados no registo de contumazes (artigo 337º, nº 6, do CPP e artigos 14º a 18º da Lei nº 37/2015, de 5 de maio).

f) A declaração de contumácia é um mecanismo de desmotivação da falta do arguido à audiência de julgamento, por via dos efeitos previstos no artigo 337º, nºs 1, 2 e 3, do CPP, além de implicar para o arguido a passagem imediata de mandado de detenção. Pretende-se que quem se subtrai dolosamente ao exercício da justiça penal se apresente a julgamento, perante os efeitos daquela declaração, legalmente previstos: a *anulabilidade* dos negócios jurídicos de natureza patrimonial que o arguido haja celebrado após a declaração, uma medida drástica de compressão da capacidade patrimonial e negocial do arguido; a *proibição* de obter determinados *documentos, certidões* ou *registos* junto de autoridades públicas; e o *arresto*, na totalidade ou em parte, dos bens do arguido. É ainda como forma de desmotivar a falta do arguido à audiência de julgamento que pode ser visto o aditamento que foi feito, através da Lei nº 30/2017, de 30 de maio, ao artigo 335º: a declaração de contumácia não impede o prosseguimento do processo para efeitos da declaração da perda dos instrumentos, produtos e vantagens a favor do Estado (nº 5).

A declaração de contumácia é, pois, uma forma de assegurar a obrigatoriedade da presença do arguido na audiência de julgamento. Caduca logo que o arguido se apresente ou seja detido, sendo logo sujeito a termo de identidade e residência, momento a partir do qual passará a poder ser notificado por via postal simples e a ter-se por regularmente notificado, por esta via, do despacho que designa dia para a audiência (artigos

196º, 313º, nº 3, 333º, nº 1, 336º, nºs 1 e 2, e 337º, nº 1, primeira parte, do CPP). Com a consequência de poder ser julgado na ausência.

g) Se o processo tiver prosseguido sem a acusação ter sido notificada ao arguido, de acordo com o disposto no artigo 283º, nº 5, do CPP[258], procede-se à notificação em falta, logo que o arguido se apresente ou seja detido, podendo requerer a abertura da instrução, nos termos do artigo 287º, nº 1, alínea *a)* deste Código (artigo 336º, nº 3, do CPP). Deve suceder o mesmo fora dos casos de caducidade da declaração de contumácia, ou seja, na hipótese de o arguido ser notificado da acusação já na fase de julgamento, nomeadamente em cumprimento do disposto no artigo 313º, nºs 2 e 3, do CPP. Também neste caso o arguido deve poder requerer a abertura da instrução, no prazo a que se refere o artigo 287º

6. A sentença

A sentença é o último "ato" do julgamento, seguindo-se imediatamente ao encerramento da discussão (361º, nº 2, e 365º, nº 1, do CPP). Esta é encerrada findas as alegações orais e produzidas as últimas declarações do arguido, caso queira declarar a bem da defesa (artigos 360º e 361º do CPP).

Este ato decisório que conhece a final do objeto do processo toma a forma de *sentença* quando proferido pelo tribunal singular ou de *acórdão* quando proferido pelo tribunal coletivo ou pelo tribunal de júri (artigo 97º, nºs 1, alínea *a)*, e 2, do CPP)[259]. Como o objeto do processo é conhecido a final, a sentença ou o acórdão são decisões condenatórias ou absolutórias (artigos 374º, nº 3, alínea *b)*, 375º, nº 3, e 376º, nº 3, do CPP).

Relativamente à sentença são autonomizáveis no CPP os momentos seguintes: deliberação e votação (artigos 365º a 369º), elaboração e assinatura (artigos 372º, nºs 1 e 2, 374º e 375º, nº 1) e leitura (artigos 372º, nºs 3, 4 e 5, 373º e 375º, nº 2).

a) De acordo com o CPP, o tribunal tem de decidir duas questões essenciais: a *questão da culpabilidade* (artigo 368º) que, em bom rigor, tem

[258] Relativamente ao despacho do ministério público a ordenar o prosseguimento do processo, cf. Ac. de fixação de jurisprudência nº 3/2011, de 17 de novembro de 2010.

[259] Deve notar-se que o legislador optou por usar, em regra, o termo "sentença", sempre que esteja em causa decisão da 1ª instância.

antes que ver com a responsabilidade penal do arguido, uma vez que também nela se integra a questão de saber se se verifica no caso o pressuposto da perigosidade criminal do agente; e a *questão da determinação da sanção*, se das deliberações anteriores resultar que ao arguido deve ser aplicada uma pena ou uma medida de segurança (artigo 369º).

Esta autonomização põe em relevo a matéria atinente à determinação da sanção, permitindo-se mesmo a reabertura da audiência para este efeito, se o tribunal considerar que é necessário produzir *prova suplementar* para determinação da espécie e da medida sanção a aplicar (artigos 369º, nº 2, primeira parte, e 371º do CPP)[260].

O tribunal pode sempre solicitar a elaboração de relatório social ou de informação dos serviços de reinserção social ou a respetiva atualização, quando já constarem do processo, em qualquer altura do julgamento, logo que, em função da prova produzida em audiência, considerar tais elementos necessários à correta determinação da sanção que possa eventualmente vir a ser aplicada ou à decisão que possa vira a ser tomada relativamente à forma de execução da pena de prisão (artigos 370º, nº 1, do CPP, 43º do CP e 7º, nº 2, e 19º, nº 1, da Lei nº 33/2010, de 2 de setembro). Não obstante o aqui previsto, o tribunal poderá sempre considerar que ainda é necessário produzir prova suplementar, caso em que serão ouvidos, sempre que possível, o perito criminológico, o técnico de reinserção social e quaisquer pessoas que possam depor com relevo sobre a personalidade e as condições de vida do arguido (artigo 370º, nº 2, do CPP). Em face do objeto desta prova suplementar, a sua produção decorre com exclusão da publicidade, exceto se o presidente, por despacho, entender que da publicidade não pode resultar ofensa à dignidade do arguido (artigo 370º, nº 5, do CPP).

A reabertura da audiência para aplicação retroativa de lei penal mais favorável, prevista no artigo 371º-A do CPP não tem que ver, propriamente, com a tramitação do processo penal comum. Tem até lugar já depois do trânsito em julgado da condenação, antes de ter cessado a execução da pena. Esta disposição legal foi introduzido em 2007, na sequência da alteração legislativa que, no mesmo ano, deu nova redação ao artigo 2º, nº 4, do CP[261].

[260] Cf. *supra*, Capítulo I, ponto 1.1., alínea *a)*.

[261] A propósito desta nova disposição legal, Maria João Antunes, "Abertura da audiência para aplicação retroativa de lei penal mais favorável", p. 333 e ss.

b) A elaboração da sentença ou do acórdão, por seu turno, deve obedecer ao disposto no artigo 374º do CPP, de acordo com o qual a decisão tem três partes essenciais: o relatório (nº 1), a fundamentação (nº 2 e artigo 375º, nº 1) e o dispositivo (nº 3). O 379º, nº 1, alínea *a)*, comina mesmo a nulidade da sentença se esta não contiver as menções referidas no nº 2 e na alínea *b)* do nº 3 do artigo 374º

A fundamentação da sentença consta da enumeração dos factos provados e não provados, uma exposição tanto quanto possível completa, ainda que concisa, dos motivos, de facto e de direito, que fundamentam a decisão, com indicação e exame crítico das provas que serviram para formar a convicção do tribunal, bem como a especificação dos fundamentos que presidiram à escolha e à medida da pena. Esta fundamentação é relevante em vários planos: no do convencimento do arguido e dos membros da comunidade jurídica relativamente à bondade da decisão; no do processo de deliberação do tribunal; e no da controlabilidade da decisão em sede de recurso, ainda que este seja apenas de revista[262].

Foi fixada jurisprudência no sentido de que a falta de indicação na sentença penal das provas que serviram para formar a convicção do tribunal, ordenada pelo artigo 374º, nº 2, parte final, acarreta a nulidade da sentença, nos termos do estatuído no artigo 379º, nº 1, alínea *a)*, mas não constitui nulidade *insanável*, não lhe sendo aplicável a disciplina do corpo do artigo 119º do CPP (Acórdão do STJ de 6 de maio de 1992). E que "as nulidades da sentença enumeradas de forma taxativa nas alíneas *a)* e *b)* do artigo 379º do Código de Processo Penal *não têm de ser arguidas, necessariamente*, nos termos estabelecidos na alínea *a)* do nº 3 do artigo 120º do mesmo diploma processual, *podendo sê-lo, ainda, em motivação de recurso* para o tribunal superior" (Ac. nº 1/94, de 2 de dezembro de 1993).

De acordo com o Ac. do STJ de 29 de fevereiro de 2015, tirado no Processo 617/11, "a especificação dos fundamentos que presidiram à escolha e à medida da pena integra-se no dever de fundamentação das razões de direito, a que se refere o nº 2 do artigo 374º do CPP, e a omissão de tal especificação determina a nulidade da sentença (cf. artigo 379º, nº 1, alínea *a)*, do CPP).

[262] Sobre isto, Maria João Antunes, "Conhecimento dos vícios previstos no artigo 410º, nº 2, do Código de Processo Penal. Acórdão do Supremo Tribunal de Justiça, de 6 de Maio de 1992", p. 121 e s., e Sandra Oliveira e Silva, *A Proteção de Testemunhas no Processo Penal*, p. 303 e ss.

A operação complexa de determinação da medida concreta da pena deve ser esclarecida na sentença por forma a tornar compreensíveis as razões da medida da pena, e, quando for caso disso, de não opção por uma pena de substituição".

O dispositivo da sentença contém as disposições legais aplicáveis, a decisão condenatória ou absolutória, a indicação do destino a dar a coisas ou objetos relacionados com o crime, com expressa menção das disposições legais aplicadas, a ordem de remessa de boletins ao registo criminal e a data e as assinaturas dos membros do tribunal.

Da ordem de remessa de boletins ao registo criminal, para os efeitos previstos na Lei nº 37/2015, de 5 de maio, resultará também a inscrição no sistema de registo de identificação criminal de condenados por crimes contra a autodeterminação sexual e a liberdade sexual de menor, criado pela Lei nº 103/2015, de 24 de agosto, por força do disposto no artigo 8º do regime jurídico deste sistema.

Por força do disposto no artigo 8º, nºs 2 e 3, da Lei nº5/2008, de 12 de fevereiro, na redação dada pela Lei nº 90/2017, de 22 de agosto, passou a ser ordenada na sentença, devendo por isso constar do dispositivo, a recolha de amostras destinadas a análise de ADN, com a consequente inserção do respetivo perfil de ADN na base de dados, em arguido condenado por crime doloso em pena concreta de prisão igual ou superior a 3 anos, ainda que tenha sido substituída, bem como em arguido declarado inimputável a quem seja aplicada medida de segurança de internamento, nos termos do nº 2 do artigo 91º do CP, ainda que suspensa nos termos do artigo 98º do mesmo Código.

Capítulo VIII
Impugnação das decisões – reclamação e recurso

1. Impugnação das decisões – reclamação e recurso

As decisões judiciais, que têm a forma de despacho, sentença ou acórdão (artigo 97º, nºs 1 e 2, do CPP), são passíveis de impugnação, por via de *reclamação* ou de *recurso*. É, por exemplo, por via de reclamação que é impugnado o despacho que indefira a prática de atos instrutórios, o que não admita ou retenha recurso interposto, bem como a decisão sumária e o despacho proferidos em sede de exame preliminar de recurso interposto (artigos 291º, nºs 1 e 2, 405º e 417º, nºs 6, 7 e 8, do CPP).

O *recurso* em processo penal é uma das *garantias de defesa* do arguido (artigo 32º, nº 1, da CRP). Já mesmo antes de a Lei Constitucional nº 1/97, de 20 de setembro, ter acrescentado que são asseguradas todas as garantias de defesa, *incluindo o direito ao recurso*, se entendia que o direito de o arguido recorrer em processo penal se insere no complexo de garantias que integram o direito de defesa. Não foi, por isso, decisiva a alteração introduzida por esta Lei (cf., entre outros, Acs. do TC nºs 178/88, 132/92, 322/93, 418/2003 e 153/2012). Na medida em que é uma *garantia de defesa do arguido*, o artigo 32º, nº 1, da CRP não é parâmetro de aferição da conformidade constitucional de normas relativas ao direito ao recurso por parte do ministério público ou do assistente, ressalvada a hipótese de o primeiro interpor recurso no exclusivo interesse do arguido. No que se refere a normas desse tipo, valem antes as disposições constitucionais contidas nos artigos 20º e 219º da CRP[263].

Daqui decorre também que é constitucionalmente admissível, não havendo qualquer violação do princípio da igualdade, que a matéria dos recursos seja regulada de maneira diferente em relação ao arguido, por comparação com o assistente e o ministério público, designadamente quando a recorribilidade das decisões seja mais ampla relativamente ao primeiro (cf. Acs. do TC nºs 132/92, 153/2012 e 540/2012)[264].

O CPP divide os recursos em *recursos ordinários* e *recursos extraordinários*, o que corresponde à distinção entre recursos interpostos de sentenças ainda não transitadas em julgado e já transitadas em julgado. Relativamente a estas últimas, a possibilidade de recurso é particularmente significativa da intenção de harmonizar a finalidade de restabelecimento da paz jurídica comunitária e da paz jurídica do arguido com a finalidade de realização da justiça e de descoberta da verdade material[265].

2. Recursos ordinários

Os recursos ordinários são da competência dos tribunais da relação ou do STJ, segundo os artigos 11º, nº 4, alínea *b)*, 12º, nº 3, alínea *b)*, 427º e 432º do CPP.

Atento o disposto nestes últimos, é de concluir que é propósito do legislador circunscrever a competência do STJ aos casos de *maior gravidade* quer quando intervém como segunda instância de recurso quer quando intervém como primeira. Na primeira hipótese tal decorre claramente das alíneas *d)*, *e)* e *f)* do nº 1 do artigo 400º do CPP, ao ditarem a irrecorribilidade de decisões que apliquem pena não privativa da liberdade, pena de prisão não superior a 5 anos e pena de prisão não superior a 8 anos; e na segunda, da alínea *c)* do nº 1 daquele artigo 432º ao dispor que, ainda que o recurso vise exclusivamente o reexame de matéria de direito, não é da competência do STJ se a decisão do tribunal coletivo ou do júri não

[263] Assim também, Helena Mourão, "Da delimitação subjetiva do direito ao recurso em matéria penal – Fundamento e legitimidade para recorrer", p. 16 e ss.

[264] Neste sentido, Sandra Oliveira e Silva, "As alterações em matéria de recursos, em especial a restrição de acesso à jurisdição do supremo Tribunal de Justiça – garantias de defesa em perigo?", p. 278 e ss.

[265] Cf. *supra*, Capítulo I, ponto 2.

aplicar pena de prisão superior a 5 anos. Por outro lado, o STJ é, tradicionalmente, um tribunal com competência reservada em matéria de direito. É, tradicionalmente, um tribunal de revista (artigo 434º).

O STJ fixou a seguinte jurisprudência, por via do Ac. nº 5/2017: "a competência para conhecer do recurso interposto de acórdão do tribunal do júri ou do tribunal coletivo que, em situação de concurso de crimes, tenha aplicado uma pena conjunta superior a cinco anos de prisão, visando apenas o reexame da matéria de direito, pertence ao Supremo Tribunal de Justiça, nos termos do artigo 432º, nº 1, alínea *c)*, e nº 2, do CPP, competindo-lhe também, no âmbito do mesmo recurso, apreciar as questões relativas às penas parcelares englobadas naquela pena, superiores, iguais ou inferiores àquela medida, se impugnadas".

2.1. Princípios

No regime dos recursos ordinários são identificáveis, entre outros, os seguintes princípios:

a) O *princípio geral da recorribilidade* das decisões, segundo o qual é permitido recorrer dos acórdãos, das sentenças e dos despachos cuja irrecorribilidade não estiver prevista na lei (artigo 399º do CPP).

Atento o disposto no Código, são irrecorríveis, além das decisões expressamente previstas no artigo 400º (por exemplo, o despacho de mero expediente ou a decisão que ordene atos dependentes da livre resolução do tribunal), entre outras: a decisão sobre um conflito de competências (artigo 36º, nº 2); a decisão sobre a oposição do ministério público à consulta do processo ou à obtenção de elementos (artigo 89º, nº 2); o despacho que indefira a prática de atos instrutórios (artigo 291º, nº 2); a decisão instrutória que pronunciar o arguido pelos factos constantes da acusação do ministério público, formulada nos termos do artigo 283º ou do nº 4 do artigo 285º, mesmo na parte em que apreciar nulidades ou outras questões prévias ou incidentais (artigo 310º, nºs 1 e 2).

É entendimento reiterado do TC que a CRP não exige o duplo grau de jurisdição relativamente a todas as decisões proferidas em processo penal. O direito de recorrer impõe-se somente quanto a decisões condenatórias e relativamente às que tenham que ver com a situação do arguido, em face da privação ou restrição da liberdade ou de quaisquer outros direitos fundamentais deste sujeito processual (cf., entre outros, Acs. nºs 265/94, 387/99 e 430/2010)[266].

b) O *princípio da proibição da* reformatio in pejus, de acordo com o qual e segundo o artigo 409º, nº 1, do CPP, interposto *recurso pela defesa* – somente pelo arguido, pelo ministério público no exclusivo interesse do arguido, ou pelo arguido e pelo ministério público no exclusivo interesse do primeiro –, o tribunal superior não pode modificar, na sua espécie ou medida, as sanções constantes da decisão recorrida, em prejuízo de qualquer dos arguidos ainda que não recorrentes (cf. artigo 402º do CPP). A proibição não se aplica, porém, à agravação da quantia fixada para cada dia de multa, se a situação económica e financeira do arguido tiver entretanto melhorado de forma sensível (nº 2 daquele artigo). Os dias de multa não podem ser modificados para pior, mas pode ser agravado o quantitativo diário da multa, por tal ser imposto pela necessidade de garantir a eficácia político-criminal desta pena.

Muito embora o princípio da proibição da *reformatio in pejus* esteja previsto, de um ponto de vista sistemático, no âmbito dos recursos ordinários, pode ser visto como um princípio geral em matéria de recursos em processo penal. Com efeito, a proibição estende-se também aos recursos extraordinários, em face do estabelecido nos artigos 443º, nº 3, e 463º, nº 2, do CPP. Esta extensão é ditada pela razão de ser do princípio.

O *princípio da proibição da reforma para pior* funda-se numa das garantias de defesa que o processo penal deve assegurar ao arguido – o recurso (artigo 32º, nº 1, da CRP). Se à interposição de recurso pelo arguido, pelo ministério público no interesse deste ou pelo arguido e pelo ministério público no interesse do primeiro pudesse seguir-se a modificação para pior da sanção aplicada na decisão recorrida, tal constituiria um contra motivo sério para o recorrente. O risco de ver a sanção agravada, na sua espécie ou medida, poderia desincentivá-lo de recorrer.

O TC tem enquadrado a proibição da *reformatio in pejus* no âmbito das garantias de defesa (cf. Ac. nº 236/2007, onde é recordada a jurisprudência

[266] Sobre este entendimento jurisprudencial, HELENA MOURÃO, "Da delimitação subjetiva do direito ao recurso em matéria penal – Fundamento e legitimidade para recorrer", p. 12 e s.

constitucional mais relevante na matéria). Nesta decisão o Tribunal julgou "inconstitucional, por violação do artigo 32º, nº 1, da Constituição da República Portuguesa, a norma do artigo 409º, nº 1, do Código de Processo Penal, interpretada no sentido de não proibir o agravamento da condenação em novo julgamento a que se procedeu por o primeiro ter sido anulado na sequência de recurso unicamente interposto pelo arguido" (no mesmo sentido, depois, Ac. nº 502/2007).

c) O *princípio da tramitação unitária* dos recursos, da tramitação *tendencialmente* unitária, do qual decorre que os recursos são tramitados segundo um regime que tende a ser comum. Independentemente, pois, do tribunal para onde se recorre e dos respetivos poderes de cognição.

Estão aqui abrangidas as matérias relativas aos fundamentos do recurso, à interposição, motivação e notificação do mesmo, à admissão do recurso, ao exame preliminar, ao julgamento do recurso em conferência ou em audiência, à rejeição do recurso, à deliberação do tribunal, à votação e elaboração do acórdão e ao reenvio do processo para novo julgamento (artigos 410º a 426º-A do CPP).

d) O *princípio do duplo grau de recurso*, de acordo com o qual ainda é admissível recurso de decisão proferida em recurso, com a consequência de haver um triplo grau de jurisdição, ainda que restrito a matéria de direito.

Este princípio foi reintroduzido no processo penal português em 1998[267]. O CPP de 1987 havia optado pelo princípio do grau único de recurso (do duplo grau de jurisdição), através de uma "divisão «horizontal» de competência entre as relações e o Supremo", que erigiu "em elemento determinante da competência do tribunal de recurso o da natureza do tribunal recorrido"[268]: do tribunal singular era interposto recurso para o tribunal da relação, em grau único, podendo este tribunal conhecer de

[267] Sobre esta reintrodução, DAMIÃO DA CUNHA, "A estrutura dos recursos na proposta de revisão do CPP – algumas considerações", p. 251 e ss. e MEDINA DE SEIÇA, "A reforma dos recursos em matéria penal: breves observações sobre a 'revista' para o Supremo Tribunal de Justiça", p. 624 e s.

[268] Cf., respetivamente, FIGUEIREDO DIAS, "Para uma reforma global do processo penal português. Da sua necessidade e de algumas orientações fundamenais", p. 241, e CUNHA RODRIGUES, "Recursos", p. 391.

facto e de direito; do tribunal coletivo e do júri era interposto recurso para o STJ, em grau único, sendo este recurso de revista ampliada ou alargada. A colegialidade destes últimos era uma garantia quanto à apreciação da prova, dispensando-se mesmo a documentação obrigatória das declarações orais prestadas na audiência de julgamento (cf. artigos 363º, 364º, nº 1, 427º, 428º, 432º, alíneas *b)* e *c)*, e 433º da versão primitiva do CPP).

O TC tem entendido que não é constitucionalmente imposto o duplo grau de recurso em processo penal. Nem mesmo depois de a Lei Constitucional nº 1/97, de 20 de setembro, ter explicitado o recurso como uma garantia de defesa. Entende-se que "mesmo quanto às decisões condenatórias, não tem que estar necessariamente assegurado um triplo grau de jurisdição", existindo, consequentemente, "alguma liberdade de conformação do legislador na limitação dos graus de recurso". Sem prejuízo de valerem outras normas e princípios constitucionais relativamente aos recursos legalmente previstos que não sejam constitucionalmente impostos (cf. Ac. nº 189/2001 e, entre outros, Acs. nºs 178/88, 49/2003, 645/2009, 353/2010, 540/2012 e 324/2013)[269].

O princípio do *duplo grau de recurso* sofre extensas limitações no direito vigente, devendo acentuar-se que a tendência do legislador tem sido a de restringir sucessivamente o triplo grau de jurisdição, reservando o STJ para os casos de maior gravidade (de "maior merecimento penal"). É o que decorre da Exposição de Motivos da Proposta de Lei nº 109/X, na base das alterações introduzidas pela Lei nº 48/2007, de 29 de agosto, e da Exposição de Motivos da Proposta de Lei nº 77/XII, na origem das alterações introduzidas pela Lei nº 20/2013, de 13 de fevereiro.

Em 1998, o legislador combinou o denominado "princípio da dupla conforme", com o critério da gravidade da pena abstrata correspondente ao crime (artigo 400º, nº 1, alíneas *d)*, *e)* e *f)*, do CPP, na redação de 1998); num momento posterior, combinou aquele princípio com o critério da gravidade da pena aplicada, o que acarretou o alargamento do âmbito

[269] Sobre o entendimento da jurisprudência constitucional no sentido de o direito ao recurso se bastar com a garantia de um duplo grau de jurisdição, com um grau único de recurso, Maria João Antunes/Nuno Brandão/Sónia Fidalgo, "A reforma do sistema de recursos em processo penal à luz da jurisprudência constitucional", p. 610 e ss.

das decisões irrecorríveis (artigo 400º, nº 1, alíneas *d)*, *e)* e *f)*, do CPP, na redação de 2007 e na atual redação); em 2013, e ainda segundo o critério da pena aplicada, alargou os casos de irrecorribilidade aos acórdãos proferidos, em recurso, pelas relações que apliquem pena de prisão não superior a 5 anos (artigo 400º, nº 1, alínea *e)*, na redação vigente). Pode mesmo duvidar-se que a regra seja a do duplo grau de recurso. Pode mesmo defender-se que, com algumas exceções, o *princípio* regra é, em bom rigor, o do *grau único de recurso*.

Segundo o artigo 400º, nº 1, do CPP, não há duplo grau de recurso:

a) De acórdãos proferidos, em recurso, pelas relações que não conheçam, a final, do objeto do processo – alínea *c)*. Por exemplo, em caso de recurso interposto do despacho de aplicação de medida de coação, do que declara a especial complexidade do procedimento ou do que não pronuncia o arguido (artigos 194º e 219º, nº 1, 215º, nºs 3 e 4, e 308º do CPP). Nestes casos, é precisamente a circunstância de se tratar de uma decisão que não conhece, a final, do objeto do processo que justifica o grau único de recurso.

O TC, através do Ac. nº 684/2004, julgou inconstitucional, por violação do nº 1 do artigo 32º da Constituição a "norma do artigo 400º, nº 1, alínea *c)*, do Código de Processo Penal, interpretada no sentido de ser irrecorrível uma decisão do Tribunal da Relação que se pronuncie pela primeira vez sobre a especial complexidade do processo, declarando-a". Nesta hipótese, esta decisão equivale, de facto, a uma de primeira instância.

b) De acórdãos absolutórios proferidos, em recurso, pelas relações, exceto no caso de decisão condenatória em 1ª instância em pena de prisão superior a 5 anos – alínea *d)*. O critério da irrecorribilidade assenta na natureza absolutória do acórdão proferido em recurso, combinado, por um lado, com o do sentido das decisões e, por outro, com o da gravidade e da espécie de pena aplicada em 1ª instância. O acórdão *absolutório* da relação não é recorrível se confirmar decisão absolutória da 1ª instância ou se esta decisão for de condenação em pena não privativa da liberdade ou em pena de prisão não superior a 5 anos. Mas já será recorrível se a decisão *condenatória* de 1ª instância tiver sido em *pena de prisão superior a 5 anos*.

Na redação anterior, estava vedada a recorribilidade apenas quando o acórdão absolutório da relação confirmasse a decisão absolutória da 1ª instância. Entre outras questões[270], a norma suscitava uma de constitucionalidade, por o arguido não poder recorrer de alguns acórdãos condenatórios da relação que revogassem decisões absolutórias da 1ª instância. O TC julgou "inconstitucional a norma dos artigos 399º e 400º do Código de Processo Penal, na versão dada pela Lei nº 48/2007, de 29 de agosto, segundo a qual é admissível o recurso para o Supremo Tribunal de Justiça, interposto pelo assistente, do acórdão do Tribunal da Relação, proferido em recurso, que absolva o arguido por determinado crime e que, assim, revogue a condenação do mesmo na 1ª instância numa pena não privativa da liberdade, por violação das disposições conjugadas dos artigos 13º, nº 1, e 32º, nºs 1 e 2, da Constituição da República Portuguesa" (Ac. nº 540/2012). Lê-se nesta decisão que "a admissibilidade de recurso para o Supremo Tribunal de Justiça, *interposto pelo assistente*, de acórdão da relação, proferido em recurso, que absolva o arguido por determinado crime e que, assim, revogue a condenação do mesmo na 1ª instância numa pena não privativa da liberdade viola o *princípio da igualdade*, enquanto dele decorre que *a posição dos sujeitos processuais seja nivelada dentro das garantias de defesa e em favor da mesma defesa* (Acórdão nº 132/92). Há violação, na medida em que não é admissível recurso para o Supremo Tribunal de Justiça, *interposto pelo arguido*, de acórdão da relação, proferido em recurso, que condene o arguido em pena não privativa da liberdade e que, assim, revogue a absolvição do mesmo na 1ª instância. O arguido não tem o direito de aceder ao segundo grau de recurso, com a consequente estabilização da decisão condenatória, apesar de se presumir inocente, diferentemente do assistente que tem o direito de aceder ao segundo grau de recurso, protelando a estabilização de uma decisão que absolve quem se presume inocente".

c) De acórdãos proferidos, em recurso, pelas relações que apliquem pena não privativa de liberdade ou pena de prisão não superior a 5 anos – alínea *e)*. O critério da irrecorribilidade alicerça-se na *espécie* e na *gravidade* da pena aplicada pelo tribunal de recurso, independentemente da natureza absolutória ou condenatória da decisão de 1ª instância.

[270] Sobre a previsão desta dupla conforme absolutória, criticamente, Damião da Cunha, "Algumas questões do atual regime de recursos em processo penal", p. 265 e s.

Esta norma põe a questão de saber se ela é conforme ao disposto no artigo 32º, nº 1, da CRP, na parte em que veda ao arguido a possibilidade de recurso nos casos em que o acórdão condenatório na instância de recurso foi antecedido por uma decisão absolutória em 1ª instância[271].

Em jurisprudência constante, o TC foi decidindo no sentido da não inconstitucionalidade, pondo em evidência que o acórdão condenatório é da competência de um *tribunal superior* (o tribunal da relação), perante o qual o arguido tem a possibilidade de expor a sua *defesa* (Acs. nºs 49/2003, 255/2005 e 353/2010). Mais recentemente, pelo Ac. nº 412/2015, o Tribunal julgou no sentido da *inconstitucionalidade* a "norma do artigo 400º, nº 1, alínea *e)*, do CPP, resultante da revisão introduzida no Código de Processo Penal pela Lei nº 20/2013, de 21 de fevereiro, que estabelece a irrecorribilidade do acórdão da Relação que, inovatoriamente relativamente à absolvição ocorrida em 1ª instância, condena os arguidos em pena de prisão efetiva não superior a cinco anos, por violação do direito ao recurso enquanto garantia de defesa em processo criminal (artigo 32º, nº 1 da constituição)". A oposição de acórdãos foi decidida pelo Ac. nº 429/2016, no sentido de julgar "inconstitucional a norma que estabelece a irrecorribilidade do acórdão da Relação que, inovatoriamente face à absolvição ocorrida em 1ª instância, condena os arguidos em pena de prisão efetiva não superior a cinco anos, constante do artigo 400º, nº 1, alínea *e)*, do Código de Processo Penal, na redação da Lei nº 20/2013, de 21 de fevereiro, por violação do direito ao recurso enquanto garantia de defesa em processo criminal".

Anteriormente o STJ fixou jurisprudência no sentido de que "em julgamento de recurso interposto de decisão absolutória da 1ª instância, se a relação concluir pela condenação do arguido deve proceder à determinação da espécie e medida da pena, nos termos das disposições conjugadas dos artigos 374º, nº 3, alínea *b)*, 368º, 369º, 371º, 379º, nº 1, alíneas *a)* e *c)*, primeiro segmento, 424º, nº 2, e 425º, nº 4, todos do Código de Processo Penal" (Ac. nº 4/2016 de 21 de janeiro). O conflito de jurisprudência aqui resolvido

[271] Sobre esta questão, Damião da Cunha, "A estrutura dos recursos na proposta de revisão do CPP – algumas considerações", p. 296 e ss., e Manero de Lemos, "O direito ao recurso da decisão condenatória enquanto direito constitucional e direito humano fundamental", p. 935 e ss. E, ainda, já sobre a redação vigente, Figueiredo Dias, "Por onde vai o Processo Penal português: por estradas ou por veredas?", p. 78 e ss. e Sandra Oliveira e Silva, "As alterações em matéria de recursos, em especial a restrição de acesso à jurisdição do Supremo Tribunal de Justiça – garantias de defesa em perigo?", p. 282 e ss.

não apaga, porém, a questão de saber se é constitucionalmente conforme a norma que veda a recorribilidade do acórdão condenatório da relação. Tanto mais quanto o Ac. do TC nº 429/2016 se limitou a resolver uma divergência jurisprudencial, não havendo pronúncia no sentido da declaração de inconstitucionalidade da norma com força obrigatória geral.

d) De acórdãos condenatórios proferidos, em recurso, pelas relações, que confirmem decisão de 1ª instância e apliquem pena de prisão não superior a 8 anos – alínea *f)*. O critério da irrecorribilidade funda-se na concordância de sentido das duas decisões (ambas são condenatórias) e na gravidade da *pena concretamente aplicada* ao arguido no tribunal de recurso. Ainda que a concretamente aplicada seja a correspondente à pena única do concurso.

Este critério tem contra ele o facto de, no momento da condenação, o arguido não saber se lhe é ou não acessível o duplo grau de recurso, ressalvados os casos, muitíssimo limitados, em que ao crime corresponda pena de prisão com limite mínimo superior a 8 anos. O que tem repercussões evidentes no direito de defesa do arguido, do ponto de vista da estratégia de defesa. O caminho inicialmente traçado de interposição de recurso em matéria de facto e de direito para o tribunal da relação, seguida de interposição para o STJ em matéria de direito, pode ser obstaculizado se, entretanto, a condenação na 2ª instância for em pena de prisão não superior a 8 anos. O que é tanto mais pertinente quanto ao arguido é dada a possibilidade de recorrer diretamente para o STJ, tendo em vista o reexame da matéria de direito. Só o critério da gravidade abstrata da pena permitiria ultrapassar este obstáculo. Em suma e, em geral, com palavras de Figueiredo Dias: "a imprevisibilidade que o novo regime comporta não deixará de afetar a estratégia do eventual interessado na interposição do recurso para o Supremo e poderá coenvolver o risco de a Relação ser tentada a aplicar uma pena tal que inviabilize um recurso para a instância superior e assim, do mesmo passo, o reexame da sua própria decisão"[272].

A jurisprudência entende que, interposto recurso em segundo grau para o STJ de acórdão condenatório em pena única superior a 8 anos, não pode ser objeto deste a matéria decisória referente aos crimes e às penas parce-

[272] Cf. "Sobre a revisão de 2007 do Código de Processo Penal Português", p. 381.

lares inferiores a 8 anos de prisão. Este entendimento é questionável em face do critério de determinação da pena única do concurso, por pressupor a gravidade da pena concreta aplicada a cada um dos crimes (artigo 77º do CP) e do próprio critério de recorribilidade em segundo grau. Este assenta na gravidade da *pena concreta* aplicada ao arguido pela relação, sendo certo que tal gravidade resulta também das penas aplicadas aos vários crimes em concurso. Além de que a letra do artigo 400º, nº 1, alínea *f)* do CPP não consente esta interpretação, violando as disposições conjugadas dos artigos 29º e 32º, nº 1, da CRP[273]. O critério da irrecorribilidade, decorrente das alíneas *d), e)* e *f)* do nº 1 do artigo 400º do CPP assenta na natureza dos acórdãos proferidos, em recurso, pelas relações, atento o dispositivo da decisão (cf. artigo 374º, nº 3, alínea *b)* do CPP) – acórdãos absolutórios ou condenatórios, *no seu todo*. São os acórdãos, no seu todo e não uma parte deles, que são recorríveis ou irrecorríveis, de harmonia com o estabelecido no artigo 402º, nº 1, do CPP, segundo o qual o recurso interposto de uma sentença (de um acórdão) abrange toda a decisão, com ressalva do disposto no artigo 403º Nos casos em que o legislador entendeu restringir a admissibilidade do recurso a *uma parte* da decisão, tal é previsto de *forma expressa*. É o que sucede quanto à parte relativa à indemnização civil, de acordo com os nºs 2 e 3 do artigo 400º

Aquele entendimento jurisprudencial cria uma outra exceção à regra da recorribilidade das decisões, que coloca o intérprete no âmbito da analogia constitucionalmente proibida[274].

As alíneas *d), e)* e *f)* do nº 1 do artigo 400º do CPP determinam a inadmissibilidade do recurso em função da natureza ou da gravidade da pena aplicada, sem qualquer alusão aos casos em que a sanção aplicada é a medida de segurança de internamento ou a suspensão da execução do internamento (artigos 91º e 98º do CP). De harmonia com o princípio geral da recorribilidade (artigo 399º do CPP) e em face do disposto naquele artigo 400º, é de concluir pelo duplo grau de recurso sempre que o acórdão da relação seja condenatório, ou seja, sempre que aplique uma daquelas sanções (cf. artigo 376º, nº 3, do CPP). Independentemente de

[273] Cf., porém, Ac. do TC nº 186/2013.

[274] Sobre isto, Sandra Oliveira e Silva, "As alterações em matéria de recursos, em especial a restrição de acesso à jurisdição do Supremo Tribunal de Justiça – garantias de defesa em perigo?", p. 296 e ss.

a condenação ser em medida de segurança não privativa da liberdade, em medida de segurança de internamento sem limite mínimo de duração (artigos 91º, nº 2, do CP e 501º, nº 1, do CPP) ou em medida de segurança com determinado limite máximo de duração (artigos 92º, nº 2, do CP e 501º, nº 1, do CPP). E independentemente também da natureza absolutória ou condenatória da decisão de 1ª instância.

Por outras palavras: por força das disposições conjugadas dos artigos 399º e 400º, nº 1, do CPP, é de concluir que só é irrecorrível o acórdão absolutório da relação, ou seja, aquele em que ao inimputável não é aplicada uma qualquer medida de segurança (artigo 376º, nº 3, do CPP). Duvidamos que se trate aqui, verdadeiramente, de uma opção político-criminalmente fundada. Tratar-se-á, antes, do esquecimento a que são habitualmente votadas as medidas de segurança aplicáveis a inimputáveis em razão de anomalia psíquica. Algo que a opção por um sistema sancionatório tendencialmente monista poderá ajudar a explicar. Além de ser evidente que aquela solução do duplo grau de recurso, quando esteja em causa a aplicação a um inimputável de uma medida de segurança, é fruto da substituição, em 2007, sem mais, do critério da gravidade da *pena aplicável* ao crime pelo da natureza ou gravidade da *pena aplicada*.

O critério vigente também contende com os casos de condenação em pena relativamente indeterminada, por neste tipo de condenação não se poder propriamente identificar a *pena aplicada* ao agente. Não será, porém, defensável atender à *pena que concretamente caberia ao crime*, na formulação do artigo 90º, nº 3, do CP. Uma tal interpretação esbarrará sempre com a possibilidade de o agente condenado em pena relativamente indeterminada poder estar privado da liberdade para lá da duração daquela pena. Além de que, a partir do momento em que se mostrar cumprida a pena que concretamente caberia ao crime, o regime de execução da sanção segue regras da execução da medida de segurança de internamento. Por outro lado, na medida em que o princípio da legalidade criminal se estende, *na medida imposta pelo seu conteúdo de sentido*, ao processo penal, é de concluir que em caso de condenação em pena relativamente indeterminada não há qualquer restrição à admissibilidade de recurso em segundo grau.

A substituição do critério da gravidade da *pena aplicável* ao crime pelo da natureza ou gravidade da *pena aplicada* tem também repercussões relativamente às decisões em que o arguido é uma pessoa coletiva ou equiparada, por esta ser condenada, em regra, na pena principal de multa (artigos 11º, 90º-A, nº 1, 90º-B, nºs 1, 2 e 3, e 90º-F do CP). O acórdão absolutório da relação é sempre irrecorrível (artigo 400º, nº 1, alínea *d)*, do CPP); o acórdão condenatório da relação que aplique uma pena de multa é sempre irrecorrível, independentemente do seu montante, por se tratar de pena não privativa da liberdade.

2.2. Poderes de cognição

Os poderes de cognição do tribunal de recurso variam consoante este seja interposto junto do tribunal da relação ou do STJ. O artigo 428º do CPP estabelece que as relações conhecem *de facto e de direito*; o artigo 434º deste Código estatui que o recurso interposto para o STJ visa exclusivamente o *reexame da matéria de direito*. Para a relação pode ser interposto um recurso de *apelação*; para o STJ interpõe-se um recurso de *revista*.

a) Não obstante esta repartição, deve notar-se que o recurso para a relação pode visar exclusivamente matéria de direito, uma vez que não é só o objeto do recurso que determina a competência do tribunal para dele conhecer. Assim e independentemente de o tribunal recorrido ter sido o singular, o coletivo ou o de júri, o recurso interpõe-se para a relação, ainda que vise exclusivamente o reexame da matéria de direito, se a pena aplicada em 1ª instância não for superior a 5 anos (artigos 427º e 432º, nº 1, do CPP). A competência do STJ está reservada para os casos de maior gravidade.

Por outro lado, o recurso para o STJ, não obstante ser de revista, visando exclusivamente o reexame de matéria de direito, pode ter como fundamentos, desde que o vício resulte do texto da decisão recorrida, por si só ou conjugada com as regras da experiência comum, a insuficiência para a decisão da matéria de facto provada; a contradição insanável da fundamentação ou entre a fundamentação e a decisão; ou erro notório na apreciação da prova (artigo 410º, nº 2, do CPP). O que faz do recurso interposto para o STJ um *recurso de revista ampliada* ou *alargada* (ampliada ou alargada aos vícios atinentes à matéria de facto previstos nesta disposição legal)[275].

[275] Para esta designação, cf. Figueiredo Dias, "Para uma reforma global do processo penal português. Da sua necessidade e de algumas orientações fundamenais", p. 240, e Cunha Rodrigues, "Recursos", p. 393.

É certo que este recurso de revista ampliada ou alargada foi pensado, logo na versão primitiva do CPP, em função da opção no sentido do grau único de recurso, tendo em vista, designadamente, o interposto do tribunal coletivo e do júri para o STJ. Tal não invalida, porém, que deva continuar a ser de revista alargada ou ampliada (e não exclusivamente de revista) o recurso interposto em segundo grau de acórdão do tribunal da relação[276]. De resto, abona neste sentido quer o disposto no artigo 434º do CPP sobre os poderes de cognição do STJ quer o artigo 410º, nº 2, deste Código. Esta disposição legal, enquanto norma integrante da tramitação unitária dos recursos, admite expressamente o conhecimento dos vícios aí previstos, mesmo nos casos em que a lei restrinja a cognição do tribunal de recurso a matéria de direito.

É jurisprudência constitucional constante que o duplo grau de jurisdição abrange quer a matéria de direito quer a *matéria de facto* (entre outros, Acs. nºs 265/94 e 573/98). Desta exigência constitucional não decorre, porém, a obrigatoriedade de renovação de prova perante o tribunal de recurso, nem tão-pouco a reapreciação de provas gravadas ou registadas (entre outros, Ac. nº 573/98). A exigência constitucional é suficientemente cumprida através da previsão legal de um recurso de revista alargada como aquele que se prevê no nº 2 do artigo 410º do CPP[277].

b) O princípio do duplo grau de recurso estende-se hoje também às decisões proferidas pelo tribunal de júri. Pode apelar-se primeiro para a relação e recorrer depois, em matéria de direito, para o STJ. Sucedia de forma diferente até 2007.

Entre 1998 e 2007 e não obstante haver triplo grau de jurisdição quanto às decisões do tribunal coletivo, dos acórdãos do tribunal de júri havia recurso direto para o STJ, visando exclusivamente a matéria de direito (artigos 432º, alínea *c)*, e 434º do CPP, na versão então vigente). Em face do poder que a relação tem de modificar a decisão de 1ª instância em matéria de facto (artigos 428º e 431º do CPP), a extensão do princípio do

[276] Neste sentido, Medina de Seiça, "A reforma dos recursos em matéria penal: breves observações sobre a 'revista' para o Supremo Tribunal de Justiça", p. 635 e ss.

[277] Sobre isto, com mais referências jurisprudenciais, Maria João Antunes/ Nuno Brandão/Sónia Fidalgo, "A reforma do sistema de recursos em processo penal à luz da jurisprudência constitucional", p. 610 e ss.

duplo grau de recurso ao tribunal de júri questiona-nos sobre a conformidade constitucional de alguns pontos do regime legal, por referência ao artigo 207º da CRP[278]. A questão não estará propriamente na admissibilidade de recurso em matéria de facto, mas antes na modificabilidade da matéria de facto por um tribunal de recurso cuja composição não é integrada por jurados.

O princípio democrático em que se alicerça a garantia constitucional de julgamento pelo júri, a evolução histórica desta instituição e o que colhemos sobre ela em outros ordenamentos jurídicos apontam no sentido de os juízes *leigos* terem competência decisória, pelo menos, quanto à *matéria de facto* e de competir aos jurados não apenas a *primeira*, mas também a *última palavra* quanto à decisão em matéria de facto. A garantia constitucional do julgamento pelo júri, enquanto esta significa que a *última palavra* em matéria de facto cabe ao júri (também ao júri), não é respeitada quando um tribunal de recurso, composto exclusivamente por juízes de direito, *modifique*, além do previsto no artigo 410º, nº 2, do CPP, a matéria de facto fixada também pelo júri quando proferiu a sua *primeira palavra*[279].

O regime que vigorou até 2007 não era isento de críticas, até do ponto de vista jurídico-constitucional, nomeadamente por o arguido poder ser julgado pelo tribunal de júri e perder assim o acesso a um duplo grau de recurso, a mero requerimento do ministério público ou do assistente[280]. O TC julgou não inconstitucionais as normas dos artigos 432º, alínea *c)*, e 434º do

[278] A extensão do duplo grau de recurso ao tribunal de júri, equiparando-o, para este efeito, ao tribunal coletivo, foi imediatamente censurada do ponto de vista doutrinal. Assim, COSTA ANDRADE, *"Bruscamente no Verão Passado", a reforma do Código de Processo Penal. Observações críticas sobre uma Lei que podia e devia ter sido diferente*, p. 45 e s., DAMIÃO DA CUNHA, *Constituição Portuguesa Anotada*, ponto II, alínea *d)*, FIGUEIREDO DIAS, "Sobre a revisão de 2007 do Código de Processo Penal", p. 381, e HENRIQUES GASPAR, "Processo Penal: reforma ou revisão; as ruturas silenciosas e os fundamentos (aparentes) da descontinuidade", pp. 360 e 363.

[279] Assim, MARIA JOÃO ANTUNES/NUNO BRANDÃO/SÓNIA FIDALGO/ANA PAIS, "Garantia constitucional de julgamento pelo júri e recurso de apelação", p. 325 e ss. Expressamente no sentido de que os vícios do artigo 410º, nº 2, do CPP não serão "corrigíveis" por renovação da prova, por falta de participação de leigos no tribunal de recurso, DAMIÃO DA CUNHA "Algumas questões do atual regime de recursos em processo penal", p. 289.

[280] Assim, DAMIÃO DA CUNHA, "A estrutura dos recursos na proposta de revisão do CPP – algumas considerações", p. 256.

CPP, por referência quer ao artigo 32º, nº 1, quer ao artigo 13º da CRP (Ac. nº 175/2004). Não apreciou, porém, especificamente, a questão atinente à ausência de um duplo grau de jurisdição pleno em matéria de facto, por via de requerimento de intervenção do júri apresentado apenas pelo ministério público ou pelo assistente[281].

3. Recursos extraordinários

O CPP prevê dois recursos extraordinários: o de *fixação de jurisprudência* (artigo 437º e ss.) e o de *revisão* (artigo 449º e ss.).

a) O recurso de *fixação de jurisprudência* é da competência do pleno das secções criminais do STJ (artigos 11º, nº 3, alínea *c)*, e 437º, nº 1, do CPP). Tem lugar quando, no domínio da mesma legislação, o STJ proferir dois acórdãos que, relativamente à mesma questão de direito, assentem em soluções opostas; ou quando, também no domínio da mesma legislação, um tribunal da relação proferir acórdão que esteja em oposição com outro, da mesma ou de diferente relação, ou do STJ, e dele não for admissível recurso ordinário, salvo se a orientação daquele acórdão estiver de acordo com a jurisprudência já anteriormente fixada pelo STJ. Os acórdãos consideram-se proferidos no domínio da mesma legislação quando, durante o intervalo da sua prolação, não tiver ocorrido modificação legislativa que interfira, direta ou indiretamente, na resolução da questão de direito controvertida (artigo 437º, nºs 1, 2 e 3).

O recurso, com justificação na unidade do direito, é interposto do acórdão proferido em último lugar para o pleno das secções criminais do STJ, por meio de requerimento. Porém, de acordo com a jurisprudência fixada no Ac. nº 5/2006, de 20 de abril, "no requerimento de interposição de recurso extraordinário de fixação de jurisprudência (artigo 437º, nº 1, do Código de Processo Penal), o recorrente, ao pedir a resolução do conflito (artigo 445º, nº 1), não tem de indicar «o sentido em que deve fixar-se jurisprudência» (artigo 442º, nº 2)".

A decisão que resolver o conflito tem eficácia somente no processo em que o recurso foi interposto e nos processos cuja tramitação tiver sido suspensa nos termos do nº 2 do artigo 441º, cabendo ao tribunal de

[281] Sobre isto, Maria João Antunes/Nuno Brandão/Sónia Fidalgo, "A reforma do sistema de recursos em processo penal à luz da jurisprudência constitucional", p. 615 e ss.

recurso rever a decisão recorrida ou reenviar o processo. Não constitui, pois, jurisprudência obrigatória para os tribunais judiciais (artigo 445º, nºs 1, 2 e 3, primeira parte, do CPP). Porém, estes tribunais devem fundamentar as divergências relativas à jurisprudência fixada, sendo diretamente recorrível para o STJ qualquer decisão proferida contra esta jurisprudência, sendo mesmo caso de recurso obrigatório para o ministério público (artigos 445º, nº 3, parte final, e 446º, nºs 1 e 2, do CPP).

Na versão primitiva do CPP e até 1998, a decisão que resolvesse o conflito jurisprudencial tinha eficácia no processo em que o recurso foi interposto e *constituía jurisprudência obrigatória para os tribunais judiciais*. Segundo a Proposta de Lei que esteve na origem das alterações introduzidas naquele ano, alterou-se "o regime do recurso para uniformização da jurisprudência, valorizando as ideias de independência dos tribunais e de igualdade dos cidadãos perante a lei e evitando os riscos de rigidez jurisprudencial"[282].

b) O conhecimento do pedido de recurso de *revisão* compete às secções criminais do STJ (artigos 11º, nº 4, alínea *d)*, 455º, 456º e 457º do CPP).

Muito embora a CRP acautele somente a injustiça da condenação, consagrando que *os cidadãos injustamente condenados têm direito, nas condições que a lei prescrever, à revisão da sentença* (artigo 29º, nº 6), o legislador previu, no artigo 449º, um conjunto mais alargado de fundamentos deste recurso extraordinário, sem prejuízo da natureza excecional do recurso de revisão, nomeadamente por não ser admissível revisão com o único fim de corrigir a medida concreta da sanção aplicada (artigo 449º, nº 3, do CPP)[283].

De acordo com as alíneas *c)*, *d)*, *e)*, *f)* e *g)* do nº 1 do artigo 449º, é admissível a revisão da sentença *condenatória*, transitada em julgado, quando os factos que serviram de fundamento à condenação forem inconciliáveis com os dados como provados noutra sentença e da oposição resultarem *graves dúvidas sobre a justiça da condenação*; se descobrirem novos factos ou

[282] Cf. *Projeto de Revisão do Código de Processo Penal. Proposta de Lei apresentada à Assembleia da República*, p. 28.

[283] Sobre este aspeto do regime do recurso de revisão, Damião da Cunha, *O caso julgado parcial. Questão da culpabilidade e questão da sanção num processo de estrutura acusatória*, pp. 107 e ss. e 120 e ss.

meios de prova que, de per si ou combinados com os que foram apreciados no processo, suscitem *graves dúvidas sobre a justiça da condenação*; se descobrir que serviram de fundamento à *condenação* provas proibidas nos termos dos nºs 1 a 3 do artigo 126º[284]; seja declarada, pelo TC, a inconstitucionalidade com força obrigatória geral de norma de conteúdo menos favorável ao arguido que tenha servido de fundamento à *condenação*; uma sentença vinculativa do Estado Português, proferida por uma instância internacional, for inconciliável com a *condenação* ou suscitar *graves dúvidas sobre a sua justiça*.

Segundo as alíneas *a)* e *b)* do nº 1 do artigo 449º, é admissível a revisão da sentença transitada em julgado, *condenatória ou absolutória*, quando uma outra sentença transitada em julgado tiver considerado falsos meios de prova que tenham sido determinantes para a decisão; uma outra sentença transitada em julgado tiver dado como provado crime cometido por juiz ou jurado e relacionado com o exercício da sua função no processo.

Ao conhecimento do pedido de revisão corresponderá uma decisão de negação ou de autorização da mesma. Neste caso, há o reenvio do processo ao tribunal de categoria e composição idênticas às do tribunal que proferiu a decisão a rever que se encontrar mais próximo (artigos 455º, nº 2, 456º e 457º, nº 1, do CPP).

O artigo 465º do CPP dispõe, desde 2007, que tendo sido negada a revisão ou mantida a decisão revista, não pode haver nova revisão com o mesmo fundamento. Na versão primitiva do Código, dispunha-se, mais amplamente, que não podia haver nova revisão, se a não requeresse o Procurador-Geral da República. Para a alteração foi decisivo o julgamento de inconstitucionalidade constante do Ac. do TC nº 301/2006, segundo o qual a norma do artigo 465º do CPP, "na dimensão de que não pode haver um segundo pedido de revisão com novos fundamentos de facto, não anteriormente invocados, se o não requerer o Procurador-Geral da República", viola o artigo 29º, nº 6, da CRP[285].

[284] Sobre a introdução, em 2007, deste fundamento, criticamente, Costa Andrade, *"Bruscamente no Verão Passado", a reforma do Código de Processo Penal. Observações críticas sobre uma Lei que podia e devia ter sido diferente*, p. 90 e ss. Cf., ainda, Conde Correia, *O «Mito do Caso Julgado» e a Revisão Propter Nova*, p. 568 e s., especialmente nota 1095.

[285] Em sentido concordante, entendendo haver anteriormente uma restrição inadmissível do direito fundamental à revisão da sentença penal condenatória injusta, Conde Correia, *O «Mito do Caso Julgado» e a Revisão Propter Nova*, p. 543, nota 1046.

BIBLIOGRAFIA

ANA PAIS, "Os programas de *compliance* e o risco de privatização do processo penal. Em especial, a problemática da "prova emprestada" e o princípio *nemo tenetur se ipsum accusare*", *Estudos em Homenagem ao Prof. Doutor Manuel da Costa Andrade*, II, Boletim da Faculdade de Direito da Universidade de Coimbra, 2017, p. 663 e ss.

ANABELA RODRIGUES, "A defesa do arguido: uma garantia constitucional em perigo no 'admirável mundo novo'", *Revista Portuguesa de Ciência Criminal*, 2002, p. 549 e ss.

— "A fase de execução das penas e medidas de segurança no direito português", separata do *Boletim do Ministério da Justiça*, Nº 380, 1988.

— "A fase preparatória do processo penal – tendências na Europa. O caso português", in *Estudos em Homenagem ao Prof. Doutor Rogério Soares*, Boletim da Faculdade de Direito da Universidade de Coimbra, STVDIA IVRIDICA, 61, p. 941 e ss.

— "A jurisprudência constitucional portuguesa e a reserva do juiz nas fases anteriores ao julgamento ou a matriz basicamente acusatória do processo penal", in *XXV Anos de Jurisprudência Constitucional Portuguesa*, Coimbra Editora, 2009, p. 47 e ss.

— "O inquérito no novo Código de Processo Penal", in *O Novo Código de Processo Penal. Jornadas de Direito Processual Penal*, Almedina, 1988, p. 61 e ss.

ARANTZA LIBANO BERISTAIN, "La práctica del análisis de perfiles de ADN a personas distintas al imputado en el proceso penal" *Justicia*, 2010, Num. 3-4, p. 207 e ss.

CASTANHEIRA NEVES, *Sumários de Processo Criminal*, Coimbra, edição policopiada, 1968.

CLÁUDIA SANTOS, *A Justiça Restaurativa. Um modelo de reação ao crime diferente da Justiça Penal. Porquê, para quê e como?*, Coimbra Editora, 2014.

— "A mediação penal, a justiça restaurativa e o sistema criminal – algumas reflexões suscitadas pelo anteprojeto que introduz a mediação penal 'de adultos' em Portugal", *Revista Portuguesa de Ciência Criminal*, 2006, p. 85 e ss.
— "A 'redescoberta' da vítima e o direito processual penal português", in *Estudos em Homenagem ao Prof. Doutor Jorge de Figueiredo Dias*, Volume III, Boletim da Faculdade de Direito de Coimbra, Coimbra Editora, 2010, p. 1133 e ss.
— "Assistente, recurso e espécie e medida da pena. Acórdão do Tribunal da Relação de Coimbra, de 12 de Dezembro de 2007", *Revista Portuguesa de Ciência Criminal*, 2008, p. 137 e ss.
— "Beccaria e a Publicização da Justiça Penal à Luz da Contemporânea Descoberta da Vítima (a alteração ao Código de Processo Penal introduzida pela Lei nº 130/2015, de 4 de setembro, e o sentido da nova definição de vítima", *Revista da Faculdade de Direito da Universidade Lusófona do Porto*, v. 7, nº 7 (2015), p. 129 e ss.
— "Os crimes de corrupção de funcionários e a Lei nº 32/2010, de 2 de setembro ('É preciso mudar alguma coisa para que tudo continue na mesma?')", in *As Alterações de 2010 ao Código Penal e ao Código de Processo Penal*, Centro de Estudos Judiciários, Coimbra Editora, 2011, p. 10 e ss.
— "Prazos de duração máxima do inquérito (as consequências para a sua violação) – Acórdão do Tribunal da Relação de Lisboa de 09-07-2015", *Revista Portuguesa de Ciência Criminal*, 2016, p. 547 e ss.
— "Prisão preventiva – Habeas corpus – Recurso ordinário. Acórdão do Supremo Tribunal de Justiça de 20 de fevereiro de 1997", *Revista Portuguesa de Ciência Criminal*, 2000, p. 303 e ss.
Conde Correia, "Apreensão ou arresto preventivo dos proventos do crime?", *Revista Portuguesa de Ciência Criminal*, 2015, p. 505 e ss.
— *Da proibição do confisco à perda alargada*, Imprensa Nacional Casa da Moeda, 2012.
— "Inquérito: a manutenção do paradigma ou uma reforma encoberta?", *Revista Portuguesa de Ciência Criminal*, 2008, p. 189 e ss.
— *O «Mito do Caso Julgado» e a Revisão Propter Nova*, Coimbra Editora, 2010.
— "Prazos máximos de duração do inquérito, publicidade e segredo de justiça: uma oportunidade perdida!", in *As Alterações de 2010 ao Código Penal e ao Código de Processo Penal*, Centro de Estudos Judiciários, Coimbra Editora, 2011, p. 153 e ss.
Conde Correia/Rui do Carmo, "Recorribilidade do despacho de não concordância com a suspensão provisória do processo", *Revista do Ministério Público*, Nº 142, 2015, p. 9 e ss.
Costa Andrade, *A vítima e o problema criminal*, Separata do volume XXI do Suplemento ao Boletim da Faculdade de Direito da Universidade de Coimbra, 1980.

— *"Bruscamente no Verão Passado", a reforma do Código de Processo Penal. Observações críticas sobre uma Lei que podia e devia ter sido diferente*, Coimbra Editora, 2009.

— "Consenso e oportunidade (reflexões a propósito da suspensão provisória do processo e do processo sumaríssimo)", in *O Novo Código de Processo Penal. Jornadas de Direito Processual Penal*, Almedina, 1988, p. 319 e ss.

— "Domicílio, intimidade e Constituição", *Revista de Legislação e de Jurisprudência*, Ano 138º, Nº 3953, p. 97 e ss.

— "Métodos ocultos de investigação (*Plädoyer* para uma teoria geral)", in *Que futuro para o direito processual penal? Simpósio em Homenagem a Jorge de Figueiredo Dias, por ocasião dos 20 anos do Código de Processo Penal Português*, Coimbra Editora, 2009, p. 525 e ss.

— "*Nemo tenetur se ipsum accusare* e direito tributário. Ou a insustentável indolência de um acórdão (nº 340/2013) do Tribunal Constitucional", *Revista de Legislação e de Jurisprudência*, Ano 144º, Nº 3989, p. 121 e ss.

— "O Novo Código Penal e a Moderna Criminologia", in *Jornadas de Direito Criminal. O Novo Código Penal Português e Legislação Complementar*, Centro de Estudos Judiciários, 1983, p. 185 e ss.

— *Sobre as proibições de prova em processo penal*, Coimbra Editora, 1992.

Costa Andrade/Maria João Antunes, "Da apreensão enquanto garantia processual penal da perda de vantagens do crime", *Revista de Legislação e de Jurisprudência*, Ano 146º, Nº 4005, p. 360 e ss.

— "Da natureza processual penal do arresto preventivo", *Revista Portuguesa de Ciência Criminal*, 2017, p. 135 e ss.

Costa Pinto, "Depoimento indireto, legalidade da prova e direito de defesa", in *Estudos em Homenagem ao Prof. Doutor Jorge de Figueiredo Dias*, Volume III, Boletim da Faculdade de Direito de Coimbra, Coimbra Editora, 2010, p. 1041 e ss.

— "O estatuto do lesado no processo penal", in *Estudos em Homenagem a Cunha Rodrigues*, Coimbra Editora, 2001, p. 687 e ss.

— "Segredo de Justiça e acesso ao Processo", in *Jornadas de Direito Processual Penal e Direitos Fundamentais*, Almedina, 2004, p. 67 e ss.

Cristina Líbano Monteiro, *Perigosidade de inimputáveis e «in dubio pro reo»*, Coimbra Editora, STVDIA IVRIDICA, 24, 1997.

Cunha Rodrigues, "Recursos", in *O Novo Código de Processo Penal. Jornadas de Direito Processual Penal*, Almedina, 1988, p. 381 e ss.

Dá Mesquita, "A prova em processo penal e a identificação de perfis de ADN – da recolha para comparação direta entre amostra problema e amostra referência às inserções e interconexões com a base de dados", *Revista Portuguesa de Ciência Criminal*, 2014, p. 551 e ss.

— "A utilizabilidade probatória no julgamento *das declarações processuais anteriores do arguido* e a revisão de 2013 do Código de Processo Penal", in *As alterações de 2013 aos Código Penal e de Processo Penal: uma Reforma «Cirúrgica»?*, Coimbra Editora, 2014, p. 133 e ss.

Damião da Cunha, "A estrutura dos recursos na proposta de revisão do CPP – algumas considerações", *Revista Portuguesa de Ciência Criminal*, 1998, p. 251 e ss.

— "A jurisprudência do Tribunal Constitucional em matéria de escutas telefónicas. Anotação aos Acórdãos do Tribunal Constitucional nºs 407/97, 347/01, 411/02 e 5289/03", *Jurisprudência Constitucional* 1, p. 50 e ss.

— "A mais recente jurisprudência constitucional em matéria de escutas telefónicas – mero aprofundamento de jurisprudência? Anotação aos Acórdãos do Tribunal Constitucional nºs 426/05 e 4/06", *Jurisprudência Constitucional* 8, p. 46 e ss.

— "A participação dos particulares no exercício da ação penal (alguns aspetos)", *Revista Portuguesa de Ciência Criminal*, 1998, p. 593 e ss.

— "Algumas questões do atual regime de recursos em processo penal", *Revista Portuguesa de Ciência Criminal*, 2012, p. 261 e ss.

— "Breves notas acerca do regime de impugnação de decisões sobre medidas de coação. Comentário à decisão do Tribunal da Relação de Évora, de 24-09-2009", *Revista Portuguesa de Ciência Criminal*, 2009, p. 313 e ss.

— "Inimputabilidade e incapacidade processual em razão de anomalia psíquica", in *Homenagem de Viseu a Jorge de Figueiredo Dias*, Coimbra Editora, 2011, p. 89 e ss.

— *Medidas de combate à criminalidade organizada e económico-financeira. A Lei nº 5/2002, de 11 de janeiro de 2002*, Porto, Universidade Católica Editora, 2017, p. 51 e ss.

— *O caso julgado parcial. Questão da culpabilidade e questão da sanção num processo de estrutura acusatória*, Universidade Católica, Porto, 2002.

— *O Ministério Público e os Órgãos de Polícia Criminal no Novo Código de Processo Penal*, Universidade Católica, Porto, 1993.

— "Prazos de encerramento do inquérito, segredo de justiça e publicidade do processo", in *As Alterações de 2010 ao Código Penal e ao Código de Processo Penal*, Centro de Estudos Judiciários, Coimbra Editora, 2011, p. 119 e ss.

Damião da Cunha/Jorge Miranda/Rui Medeiros, *Constituição Portuguesa Anotada*, Tomo III, Wolters Kluwer/ Coimbra Editora, 2007, anotação ao artigo 207º

Eduardo Correia, "Breves reflexões sobre a necessidade de reforma do Código de Processo Penal, relativamente a reús presentes, ausentes e contumazes", *Revista de Legislação e de Jurisprudência*, Ano 110º, Nº 3592.

— *Processo Criminal*, Coimbra, edição policopiada, 1954.

Eduardo Talamini, "Prova emprestada no processo civil e penal", *Revista de Informação Legislativa*, 1998, out/dez, p. 145 e ss.

ELIANA GERSÃO, "Júri e participação dos cidadãos na justiça", *Revista do Ministério Público*, Nº 41, 1990, p. 23 e ss.

FÁTIMA MATA-MOUROS, *Juiz das Liberdades. Desconstrução de um Mito do Processo Penal*, Almedina, 2011.

FARIA COSTA, "As Relações entre o Ministério Público e a Polícia: a Experiência Portuguesa", *Boletim da Faculdade de Direito*, vol. LXX, p. 221 e ss.

— "Diversão (desjudiciarização) e mediação: que rumos?", separata do vol. LXI (1985) do *Boletim da Faculdade de Direito da Universidade de Coimbra*.

— "*Habeas corpus* (ou a análise de um longo e ininterrupto 'diálogo' entre o poder e a liberdade)", *Linhas de Direito Penal e de Filosofia. Alguns cruzamentos reflexivos*, Coimbra Editora, 2005, p. 43 e ss.

— "Os códigos e a mesmidade: o Código de Processo Penal de 1987", in *Que Futuro Para o Direito Processual Penal. Simpósio em Homenagem a Jorge de Figueiredo Dias, por ocasião dos 20 anos do Código de Processo Penal Português*, Coimbra Editora, 2009, p. 441 e ss.

— "Um Olhar Cruzado entre a Constituição e o Processo Penal", in *A Justiça nos Dois Lados do Atlântico. Teoria e Prática do Processo Criminal em Portugal e nos Estados Unidos da América*, Fundação Luso-Americana para o Desenvolvimento, 1997, p. 187 e ss.

FERNANDA PALMA, "A constitucionalidade do artigo 342º do Código de Processo Penal (o direito ao silêncio do arguido)", *Revista do Ministério Público*, Nº 60, 1994, p. 101 e ss.

— "Direito penal e processual penal (o papel da jurisprudência constitucional no desenvolvimento dos princípios no caso português e um primeiro confronto com a jurisprudência espanhola)", in *La Constitución Española en el Contexto Constitucional Europeo*, Madrid, 2003, p. 1737 e ss.

— "Linhas estruturais da reforma penal – Problemas de aplicação da lei processual penal no tempo", *O Direito*, Ano 140º, 2008, I, p. 9 e ss.

— "O Problema Penal do Processo Penal", in *Jornadas de Direito Processual Penal e Direitos Fundamentais*, Almedina, 2004, p. 41 e ss.

FERNANDO TORRÃO, *A Relevância Político-Criminal da Suspensão Provisória do Processo*, Almedina, 2000.

— "Admissibilidade da suspensão provisória do processo nas situações previstas no artigo 16º, nº 3, do CPP (Fundamentos de política criminal e caminhos técnico-processuais a partir de uma hipótese prática)", in *Estudos em Homenagem ao Prof. Doutor Jorge de Figueiredo Dias*, Volume III, Boletim da Faculdade de Direito de Coimbra, Coimbra Editora, 2010, p. 1205 e ss.

FIGUEIREDO DIAS, "Autonomia do Ministério Público e seu dever de prestar contas à comunidade", *Revista Portuguesa de Ciência Criminal*, 2007, p. 191 e ss.

— *Direito Processual Penal*, Coimbra Editora, Clássicos Jurídicos, reimpressão, 2004.

— *Direito Processual Penal*, Lições coligidas por Maria João Antunes, Secção de textos da Faculdade de Direito da Universidade de Coimbra, 1988-89.
— "La protection des droits de l'homme dans la procedure penale portugaise", separata do *Boletim do Ministério da Justiça*, 1980.
— "Le rôle du Ministère Public en justice pénale", *Revue Internationale de Criminologie et de police technique*, 1995, Nº 4, p. 387 e ss.
— "O Novo Código de Processo Penal", *Textos Jurídicos – I*, Ministério da Justiça, 1987.
— "Os novos rumos da política criminal e o direito penal português do futuro", *Revista da Ordem dos Advogados*, 43, 1983, p. 5 e ss.
— "Os princípios estruturantes do processo e a revisão de 1998 do Código de Processo Penal", *Revista Portuguesa de Ciência Criminal*, 1998, p. 199 e ss.
— "Para uma reforma global do processo penal português. Da sua necessidade e de algumas orientações fundamentais", in *Para uma Nova Justiça Penal*, Almedina, 1983, p. 189 e ss.
— "Por onde vai o Processo Penal português: por estradas ou por veredas", in *As conferências do Centro de Estudos Judiciários*, Almedina, 2014, p. 49 e ss.
— "Revisitação de algumas ideias-mestras da teoria das proibições de prova em processo penal (também à luz da jurisprudência constitucional portuguesa)", *Revista de Legislação e de Jurisprudência*, Ano 146º, Nº 4000, p. 3 e ss.
— "Sobre a revisão de 2007 do Código de Processo Penal Português", *Revista Portuguesa de Ciência Criminal*, 2008, p. 367 e ss.
— "Sobre o sentido do princípio jurídico-constitucional do 'juiz natural'", *Revista de Legislação e de Jurisprudência*, Ano 111º, 1978-1979, Nºs 3610-3633, p. 84 e ss.
— "Sobre os sujeitos processuais no novo Código de Processo Penal", in *O Novo Código de Processo Penal. Jornadas de Direito Processual Penal*, Almedina, 1988, p. 3 e ss.
Figueiredo Dias/Costa Andrade, *Criminologia. O homem delinquente e a sociedade criminógena*, Coimbra Editora, 1984.
Figueiredo Dias /Maria João Antunes, "La notion européenne de tribunal indépendant et impartial. Une aproche à partir du droit portugais de procédure penal" *Revue de science criminelle et de droit pénal compare*, nº 4, 1990, p. 731 e ss.
Figueiredo Dias/Nuno Brandão, "Irrecorribilidade para o STJ: redução teleológica permitida ou analogia proibida? Anotação ao acórdão do Supremo Tribunal de Justiça de 18 de fevereiro de 2009", *Revista Portuguesa de Ciência Criminal*, 2010, p. 623 e ss.
— "Uma instrução inadmissível", *Revista Portuguesa de Ciência Criminal*, 2009, p. 643 e ss.

Germano Marques da Silva, "A publicidade do processo penal e o segredo de justiça. Um novo paradigma?", *Revista Portuguesa de Ciência Criminal*, 2008, p. 257 e ss.

— *Curso de Processo Penal* II, Verbo, 2011.

— *Direito Processual Penal Português. Do Procedimento (Marcha do Processo)*, Universidade Católica Editora, 2015.

— *Direito Processual Penal Português. Noções e Princípios Gerais. Sujeitos Processuais. Responsabilidade Civil conexa com a Criminal. Objeto do Processo*, Universidade Católica Editora, 2017.

— "Registo da prova em processo penal", *Estudos em Homenagem a Cunha Rodrigues*, Coimbra Editora, 2001, p. 801 e ss.

— "Sobre a liberdade no processo penal ou do culto da liberdade como componente essencial da prática democrática", in *Liber Discipulorum para Jorge de Figueiredo Dias*, Coimbra Editora, 2003, p. 1365 e ss.

Gomes Canotilho/Vital Moreira, *Constituição da República Portuguesa Anotada*, volumes I e II, Coimbra Editora, 2007.

Gustavo Badaró, "Prova emprestada no processo penal e a utilização de elementos colhidos em Comissões Parlamentares de Inquérito", *Revista Brasileira de Ciências Criminais*, 106, 2014, p. 157 e ss.

Helena Moniz, "Os problemas jurídico-penais da criação de uma base de dados genéticos para fins criminais", *Revista Portuguesa de Ciência Criminal*, 2002, p. 237 e ss.

Helena Mourão, "Da delimitação subjetiva do direito ao recurso em matéria penal – Fundamento e legitimidade para recorrer", *Anatomia do Crime*, 2017, Nº 5, p. 9 e ss.

— "*Efeito-à-distância* das proibições de prova e declarações confessatórias – o acórdão nº 198/2004 do Tribunal Constitucional e o argumento 'the cat is out of the bag'", *Revista Portuguesa de Ciência Criminal*, 2012, p. 689 e ss.

— "O *efeito-à-distância* das proibições de prova no Direito Processual Penal português", *Revista Portuguesa de Ciência Criminal*, 2006, p. 575 e ss.

Henriques Gaspar, "Processo penal: reforma ou revisão; as ruturas silenciosas e os fundamentos (aparentes) da descontinuidade", *Revista Portuguesa de Ciência Criminal*, 2008, p. 347 e ss.

Henriques Gaspar/Santos Cabral/Maia Costa/Oliveira Mendes/ /Pereira Madeira/Pires da Graça, *Código de Processo Penal Comentado*, Almedina, 2016.

Inês Ferreira Leite, "Segredo ou Publicidade? A tentação de Kafka na Investigação Criminal portuguesa", *Revista do Ministério Público*, Número 124, 2010, p. 5 e ss.

INÊS MAGALHÃES, "O princípio da reserva de juiz no âmbito da mediação penal em Portugal. Breve esboço acerca das implicações jurídico-constitucionais", in *Os Novos Atores da Justiça Penal*, Almedina, 2016, p. 73 e ss.

JOANA COSTA, "O princípio *nemo tenetur* na Jurisprudência do Tribunal Europeu dos Direitos do Homem", *Revista do Ministério Público*, Número 128, 2011, p. 117 e ss.

LAMAS LEITE, *A Mediação Penal de Adultos. Um Novo «Paradigma» de Justiça. Análise Crítica da Lei nº 21/2007, de 12 de junho*, Coimbra Editora, 2008.

— "Alguns claros e escuros no tema da mediação penal de adultos" *Revista Portuguesa de Ciência Criminal*, 2014, p. 577 e ss.

— "Segredo de justiça interno, inquérito, arguido e seus direitos de defesa" *Revista Portuguesa de Ciência Criminal*, 2006, p. 539 e ss.

LOBO MOUTINHO, *Arguido e imputado no processo penal português*, Universidade Católica Editora, 2000.

LOBO MOUTINHO/JORGE MIRANDA/RUI MEDEIROS, *Constituição Portuguesa Anotada*, Tomo I, Wolters Kluwer/ Coimbra Editora, 2010.

MANERO DE LEMOS, "O direito ao recurso da decisão condenatória enquanto direito constitucional e direito humano fundamental", in *Estudos em Homenagem ao Prof. Doutor Jorge de Figueiredo Dias*, Volume III, Boletim da Faculdade de Direito de Coimbra, Coimbra Editora, 2010, p. 923 e ss.

MARIA JOÃO ANTUNES, "A falta do arguido à audiência de julgamento e a revisão do Código de Processo Penal, *Revista Portuguesa de Ciência Criminal*, 1998, p. 215 e ss.

— "Abertura da audiência para aplicação retroativa de lei penal mais favorável", *Revista Portuguesa de Ciência Criminal*, 2008, p. 333 e ss.

— "Abertura da instrução por parte do assistente em caso de procedimento dependente de acusação particular. Anotação ao Acórdão do Tribunal da Relação do Porto de 27-06-2012", *Revista Portuguesa de Ciência Criminal*, 2014, p. 617 e ss.

— "Capacidade processual penal do arguido (Portugal)", in *Trastornos mentales y justicia penal. Garantías del sujeto passivo con transtorno mental en el processo penal*, Aranzadi, 2017, p. 521 e ss.

— "Conhecimento dos vícios previstos no artigo 410º, nº 2, do Código de Processo Penal. Acórdão do Supremo Tribunal de Justiça, de 6 de Maio de 1992", *Revista Portuguesa de Ciência Criminal*, 1994, p. 111 e ss.

— "Direito ao silêncio e leitura, em audiência, das declarações do arguido", *Sub Judice*, nº 4, 1992, p. 25 e s.

— "Direito Penal Clássico vs. Direito Penal do Inimigo: Implicações na Investigação Criminal", in *III Congresso de Investigação Criminal. Investigação Criminal – Novas Perspetivas e Desafios. Livro de Atas*, ASFIC/PJ, 2012, p. 117 e ss.

— "Direito Penal, Direito Processual Penal e Direito da Execução das Sanções Privativas de Liberdade e jurisprudência constitucional", *Julgar*, 21, 2013, p. 89 e ss.
— "Direito processual penal – 'direito constitucional aplicado'", in *Que Futuro Para o Direito Processual Penal. Simpósio em Homenagem a Jorge de Figueiredo Dias, por ocasião dos 20 anos do Código de Processo Penal Português*, Coimbra Editora, 2009, p. 745 e ss.
— "La reforme de la procedure penale et la protection des droits de l''homme au Portugal", *Revue Internationale de Droit Penal*, 1993, p. 1271 e ss.
— "O segredo de justiça e o direito de defesa do arguido sujeito a medida de coação", in *Liber Discipulorum para Jorge de Figueiredo Dias*, Coimbra Editora, 2003, p. 1237 e ss.
— "Oposição de maior de 16 anos à continuação de processo promovido nos termos do artigo 178º, nº 4, do Código Penal", *Revista do Ministério Público*, Ano 26, Número 103, p. 21 e ss.
— "Sobre a irrelevância da oposição ou da desistência do titular do direito de queixa (artigo 178º-2 do Código Penal). Acórdão da Relação do Porto de 10 de Fevereiro de 1999", *Revista Portuguesa de Ciência Criminal*, 1999, p. 315 e ss.
Maria João Antunes/Joana Costa, "Comentário à Proposta de Diretiva do Parlamento Europeu e do Conselho relativa ao reforço de certos aspetos da presunção de inocência e do direito de comparecer em tribunal em processo penal (com (2013) 821 final)", in *A Agenda da União Europeia sobre os Direitos e Garantias da Defesa em Processo Penal: a "segunda vaga" e o seu previsível impacto sobre o direito português. Comentários*, Instituto Jurídico da Faculdade de Direito de Coimbra, 2015 (*e*-book), p. 21 e ss.
Maria João Antunes/Nuno Brandão/Sónia Fidalgo, "A reforma do sistema de recursos em processo penal à luz da jurisprudência constitucional", *Revista Portuguesa de Ciência Criminal*, 2005, p. 609 e ss.
Maria João Antunes/Nuno Brandão/Sónia Fidalgo/Ana Pais, "Garantia constitucional de julgamento pelo júri e recurso de apelação", *Revista de Legislação e de Jurisprudência*, Ano 145º, Nº 3999, p. 316 e ss.
Mário Tenreiro, "Considerações sobre o objeto do processo penal", *Revista da Ordem dos Advogados*, Ano 47, 1987, p. 997 e ss.
Medina de Seiça, "A reforma dos recursos em matéria penal: breves observações sobre a 'revista' para o Supremo Tribunal de Justiça", *Revista Portuguesa de Ciência Criminal*, 2006, p. 621 e ss.
— "Legalidade da prova e reconhecimentos 'atípicos' em processo penal: notas à margem de jurisprudência (quase) constante", in *Liber Discipulorum para Jorge de Figueiredo Dias*, Coimbra Editora, 2003, p. 1387 e ss.
Mouraz Lopes, *Garantia Judiciária no Processo Penal. Do Juiz e da Instrução*, Coimbra Editora, 2000.

NUNO BRANDÃO, "A nova face da instrução", *Revista Portuguesa de Ciência Criminal*, 2008, p. 227 e ss.

— "Medidas de coação: o procedimento de aplicação na revisão do código de processo penal", *Revista Portuguesa de Ciência Criminal*, 2008, p. 81 e ss.

PEDRO CAEIRO, *Fundamento, conteúdo e limites da jurisdição penal do Estado. O caso português*, Wolters Kluwer/Coimbra Editora, 2010.

— "Legalidade e oportunidade: a perseguição penal entre o mito da 'justiça absoluta' e o fetiche da 'gestão eficiente do sistema", *Revista do Ministério Público*, Nº 84, 2000, p. 31 e ss.

PETER RIESS, "Derecho constitucional y proceso penal", in *Constitución y sistema acusatório. Un estudio de derecho comparado* (Kai Ambos/Eduardo Montealegre Lynett, comps.), Universidad Externado de Colombia, 2005.

PEDRO SOARES ALBERGARIA, "Anomalia psíquica e capacidade do arguido para estar em juízo", *Julgar*, núm.1, 2007, p. 173 e ss.

PINTO ALBUQUERQUE, *Comentário do Código de Processo Penal à luz da Constituição da República e da Convenção Europeia dos Direitos do Homem*, Universidade Católica Editora, 2011.

Projeto de Revisão do Código de Processo Penal. Proposta de Lei apresentada à Assembleia da República, Ministério da Justiça, 1998.

RITA ALFAIATE, "Crimes sexuais contra menores: questões de promoção processual", in *Estudos em Homenagem ao Prof. Doutor Jorge de Figueiredo Dias*, Volume III, Boletim da Faculdade de Direito de Coimbra, Coimbra Editora, 2010, p. 715 e ss.

RODRIGO SANTIAGO, "As *medidas de garantia patrimonial* no Código de Processo Penal de 1987", in *Liber Discipulorum para Jorge de Figueiredo Dias*, Coimbra Editora, 2003, p. 1521 e ss.

ROXIN/SCHÜNEMANN, *Strafverfahrensrecht*, C.H.Beck, München, 2014.

RUI PATRÍCIO, *O princípio da presunção de inocência do arguido na fase do julgamento no atual processo penal português (Alguns problemas e esboço para uma reforma do processo penal português)*, Associação Académica da Faculdade de Direito de Lisboa, 2000.

RUI PEREIRA, "O Domínio do Inquérito pelo Ministério Público", in *Jornadas de Direito Processual Penal e Direitos Fundamentais*, Almedina, 2004, p. 119 e ss.

SANDRA OLIVEIRA E SILVA, *A Proteção de Testemunhas no Processo Penal*, Coimbra Editora, 2007.

— "As alterações em matéria de recursos, em especial a restrição de acesso à jurisdição do Supremo Tribunal de Justiça – garantias de defesa em perigo?", in *As alterações de 2013 aos Código Penal e de Processo Penal: uma Reforma «Cirúrgica»?*, Coimbra Editora, 2014, p. 257 e ss.

— "*Nemo tenetur se ipsum accusare* e direito tributário: das (iniludíveis) antinomias à harmonização (possível)", *Estudos em Homenagem ao Prof. Doutor Manuel da*

Costa Andrade, II, Boletim da Faculdade de Direito da Universidade de Coimbra, 2017, p. 833 e ss.

Silva Dias, "A tutela do ofendido e a posição do assistente no processo penal português", in *Jornadas de Direito Processual Penal e Direitos Fundamentais*, Almedina, 2004, p. 55 e ss.

— "Criminalidade organizada e combate ao lucro ilícito", in *2º Congresso de Investigação Criminal*, Almedina, 2010, p. 23 e ss.

Silva Dias/Vânia Costa Ramos, *O direito à não auto-incriminação* (nemo tenetur se ipsum accusare) *no processo penal e contra-ordenacional português*, Coimbra Editora, 2009.

Sónia Fidalgo, "Determinação do perfil genético como meio de prova em processo penal", *Revista Portuguesa de Ciência Criminal*, 2006, p. 115 e ss.

— "Medidas de coação: aplicação e impugnação (Breves notas sobre a *revisão da revisão*)", *Revista do Ministério Público*, Ano 31, Número 123, p. 247 e ss.

— "O Consenso no processo penal: reflexões sobre a suspensão provisória do processo e o processo sumaríssimo", *Revista Portuguesa de Ciência Criminal*, 2008, p. 277 e ss.

Sousa Mendes, "A prova penal e as regras da experiência", in *Estudos em Homenagem ao Prof. Doutor Jorge de Figueiredo Dias*, Volume III, Boletim da Faculdade de Direito de Coimbra, Coimbra Editora, 2010, p. 997 e ss.

— "A utilização em processo penal das informações obtidas pelos reguladores dos mercados financeiros", *Estudos em Homenagem ao Prof. Doutor Manuel da Costa Andrade*, II, Boletim da Faculdade de Direito da Universidade de Coimbra, 2017, p. 587 e ss.

— *Lições de Direito Processual Penal*, Almedina, 2013.

Susana Aires de Sousa, "*Agent provocateur* e meios enganosos de prova. Algumas reflexões", in *Liber Discipulorum para Jorge de Figueiredo Dias*, Coimbra Editora, 2003, p. 1207 e ss.

— "Neurociências e processo penal: verdade *ex machina?*", *Estudos em Homenagem ao Prof. Doutor Manuel da Costa Andrade*, II, Boletim da Faculdade de Direito da Universidade de Coimbra, 2017, p. 882 e ss.

Teresa Beleza, "Prisão preventiva e direitos do arguido", in *Que Futuro Para o Direito Processual Penal. Simpósio em Homenagem a Jorge de Figueiredo Dias, por ocasião dos 20 anos do Código de Processo Penal Português*, Coimbra Editora, 2009, p. 671 e ss.

Teresa Beleza/Helena Melo, *A mediação penal em Portugal*, Almedina, 2012.

Winfried Hassemer, "Processo penal e direitos fundamentais", in *Jornadas de Direito Processual Penal e Direitos Fundamentais*, Almedina, 2004, p. 15 e ss.

INDICE